W0189423

Lebensart *genießen*

in und um Würzburg

© 2012 selekt, 96052 Bamberg
1. Auflage, November 2012
Alle Rechte vorbehalten.
ISBN 978-3-9813799-3-8
Printed in Germany

Titelbild: Festung Marienberg aus Schokolade und Marzipan, nach einem Entwurf von Anna Kaerlein-Seip.
Foto: Eva Hagen; Gestaltung: Claudia Collin / artcollin und ADM Service Bamberg

Lebensart *genießen*

in und um Würzburg

Herausgegeben
von Oliver van Essenberg

Essen Trinken Ausgehen

Wohnen Mode Schmuck

Kunst Kultur Natur

 selekt

Inhalt

Editorial

Sie kennen Würzburg und Mainfranken noch nicht? Dann ist dieses Buch etwas für Sie. Sie kennen sich in dieser Region bereits aus und wohnen schon seit Jahren hier? Dann ist dieses Buch gerade etwas für Sie.

Als ich im Jahr 2009 in meiner Heimatstadt Bamberg am ersten Band der Reihe „Lebensart genießen" arbeitete, veränderte sich mein Blick auf vieles. Ich bin mir ziemlich sicher, dass es Ihnen beim Lesen dieses Buchs über Würzburg und die Umgebung genauso geht. Jeder hat seine Lieblingsplätze, die er – mehr oder weniger gerne – mit anderen teilt. Durch Empfehlungen lassen sich lohnenswerte Entdeckungen machen. Aber durch Informationen lässt sich auch Bekanntes neu kennen lernen.

Das Ganze ist mehr als die Summe seiner Teile. Die Einzelteile verhalten sich zueinander wie Puzzlestücke, die zusammengesetzt ein Bild ergeben: Würzburg und Mainfranken als Genussregion.
Das Buch erhebt keinen Anspruch auf eine erschöpfende Abbildung, sondern will durchaus subjektiv aufgefasst werden. Bei der Auswahl haben mich Würzburger und Nicht-Würzburger unterstützt. Maßgeblich waren dabei neben allen Geschmacksvorlieben klare Qualitätskriterien: Es wurden besonders handwerklich arbeitende Betriebe und Hersteller berücksichtigt, weil diese ein tiefes Verständnis für die Machart der Produkte mitbringen – wobei ein guter Händler ebenfalls über viel Know-how verfügen sollte. Als weiteres Kriterium spielte das Angebot bzw. das Programm eine Rolle. Hier zählen: Regionalität, Naturnähe, Vielfalt. Zu guter Letzt war auch die Atmosphäre eines Ortes entscheidend. Insgesamt sollten nicht zu viele ähnliche Adressen, sondern jeweils ein bis zwei herausragende Vertreter einer bestimmten Richtung vorgestellt werden.

Wichtig war mir der Blick über den Tellerrand hinaus. Die von den Betrieben intellektuell und finanziell unterstützten Porträts wurden daher verknüpft mit Gastbeiträgen profilierter Autoren – rund um die Themen Lebensart und Genuss. Schließlich geht es nicht nur um Kulinarisches, sondern auch um Ausstattung und Design sowie um Kunst, Kultur und Natur.

Wein und Weinkultur bilden einen roten Faden, der sich in so unterschiedlichen Aspekten wie Architektur, Einrichtung, Tischkultur, Handwerkskunst und der Naturlandschaft wiederfindet. Die markante Regionalküche (Unter-)Frankens und der Wein fügen sich in eine Tradition ein, die bis zum ersten Kochbuch und dem ersten Weinbuch in deutscher Sprache zurückreicht. Beide Werke sind in Würzburg erschienen, und die Geschichte ist bis heute erlebbar.

Oliver van Essenberg,
Oktober 2012

Gründlich herbipolensiert

Der Glanz des Würzburger Wesens. Und Unwesens

von Joachim Fildhaut

Wer ist der typische Würzburger? Die Frage klingt nach vorschneller Verallgemeinerung. Zur Erhebung sicherer Erkenntnis formuliert man sie besser um und fragt: Wo ist der typische Würzburger? Nun, er wird sich wohl in einer typischen Würzburger Institution aufhalten, als da wäre die Weinstube, denn wo, wenn nicht dort …?

Betrachten wir einen – nein: ein jeden! – dieser traditionellen gastronomischen Gemütlichkeitshorte als ein Schachbrett oder ein ähnlich strukturiertes Spielfeld. Die Figuren führen von der Eingangstür her ihre Züge aus, hier insbesondere den ersten, die Wahl des freien Stuhls. Die Strategie der einheimischen Spielfigürchen ist leicht vorauszusagen. Jeder strebt – das gibt die Grundanordnung vor – immer gleich eine Gruppe von Stühlen an, denn diese sind je einem Tisch zugeordnet. Fast hundertprozentig sicher setzt sich der Würzburger auf den Stuhl eines leeren Tisches. Ebenso hält es der nächste Spieler und so fort, bis alle Tische von mindestens einer, aber möglichst auch nicht mehr als einer Figur besetzt sind. Ausnahmen können bei Figuren gleicher Farbe unterlaufen. Es sind dies Kneipengäste, die sich kennen. Sie gruppieren sich oft um einen gemeinsamen Tisch.

Jetzt ist jeder Tisch besetzt. Es beginnt die dramatische Phase. Neuankömmlinge stehen vor der Aufgabe, sich „dazuzusetzen". Wer in dieser Königsdisziplin des Wirtshausgangs bestehen will, muss sich einer harten Blickprobe unterziehen. Angeschaut wird aber nicht er, sondern der Rest des Kneipenraums, ob denn dort wirklich kein Tisch mehr frei ist. Fällt diese Prüfung negativ aus, können zwei Würzburger unterschiedlicher Farbe, also Unbekannte, an einem und demselben Tisch Platz nehmen. Verbrüdern werden sie sich dort, im geschlossenen Raum, aber keinesfalls vor Schankschluss.

Dieser drollige Vorgang ist charakteristisch für das Verhalten des Würzburgers in der Stadt. Wie anders, wenn man dem urbanen Ureinwohner auf dem Lande begegnet, wo statt Kneipenstühlen lange Holzbänke auf Geselligkeit warten. Beim Weinfest! Hier wird der Neuankömmling, der ratlos zwischen den Tischreihen steht, förmlich mit dem Glasbecher herbeigeordnet. Die Leute rutschen zusammen. Schultern werden geklopft. Man möchte diese offenherzigen Gemüter zunächst für überfreundliche Dorfbewohner halten, aber nein, es stellt sich heraus: Die Weinfeste des Umlands werden von lauter Städtern frequentiert.

Die Würzburger bilden ein ausgesprochen feierfreundliches Völkchen. Der gute Frankenwein löst ihnen die Zunge, ja, er befreit sie von ihrer Gesellschaftsunlust, dem Drang, sich selbst einzuigeln. Seitdem der Würzburger dies erkannt hat, holte er seine geliebten Dorfweinfeste quasi in einem Akt der Selbstbefreiung mitten in die City hinein – es entstanden Weindorf, Weinparade, und die Schoppentage unserer großen Güter schwollen volksfestartig an. Das will als Symptom einer gutartigen Veränderung erscheinen.

Unsere Beobachtungen seien hier mit aller gebotenen Sorgsamkeit zusammengefasst und verallgemeinert: Der Würzburger liebt das Fremde erst einmal nicht allzu heiß und innig. Ihm fehlen Leichtigkeit und Offenheit für einen spontanen Zugang zum Unbekannten. Allerdings, positive Folgeerscheinung: Dass sich der

◄ Würzburgerin, einen Fremdkörper akzeptierend: Der Künstler Alfred Görich stellte 1996 einen Monolithen vor dem Dom aus.

Hiesige zur Akzeptanz des Neuen immer recht mühsam – und gegen seinen eigenen Appetit – durchbeißen muss, das hat für alle Beteiligten mittelfristig dann doch einen großen Vorteil. Wie ein Vorverdauen funktioniert dieser Annäherungsprozess. Denn wenn das Neue, das Unbekannte nun einmal da ist und da bleibt, dann hat es Zähigkeit und Eigensinn genug bewiesen, dann ist es vielleicht doch eines von uns und dann, ja dann wird es franconisiert, herbipolensiert, dass es eine Art hat. Denn dann ist es ja selbst schon werzbercherisch. Als solches wird es spätestens nach einigen Jahrzehnten stolz vorgeführt, sei es nun der Glacispark, die Aufforstung des Steinberg-Kamms, das Ämterhochhaus oder die Kfz-Sperrung der Domstraße. Waren alles mal große Aufreger! Heute machen sie den liebenswürdigen Charme unserer Heimat aus. Ein entfernter flüchtiger Beobachter, der Lesereisende Max Goldt, fasste es in den Seufzer: „Die Würzburger immer mit ihrem Würzburg-Getue."

„Wiederaufbau" und selektiver Blick

Man kann all das, was den Würzburger als ein etwas schwergewichtiges, scheues Igeltierchen erscheinen lässt, mit demselben Recht aber auch viel freundlicher sehen. Sogleich stellt sich das angebliche „Getue" als Heimatverbundenheit dar, die Nicht-Neu-Gier als Vorsicht, der Eigensinn als Charakterfestig-, wenn nicht sogar Verlässlichkeit. Und nein, in Würzburg trägt man keineswegs Scheuklappen. Sollte sich einmal so etwas wie ein verschmälerter Horizont abzeichnen, so ist das eine Folge der Würzburger Fähigkeit, sich aufs Wesentliche zu konzentrieren.
A propos Perspektivenlehre! Was das Festhalten am Gewohnten, was den Würzburger Traditionalismus anbelangt: Den begünstigt das äußere Erscheinungsbild der Alt(!)stadt ungemein. Ihre Zerstörung am 16. März 1945 und ihre stilistisch völlig durchmischte Wiederherstellung, der so genannte „Wiederaufbau", schufen eine Kulisse, die den selektiven Blick begünstigt, ja fast erzwingt. Naturgemäß guckt eine überwältigende Mehrheit eher auf die Rekonstruktionen barocker Bauwerke als auf die elegantesten Kuben zwischen Spannbetonträgern. Man hat gelernt, über letztere hinwegzublicken oder sie als etwas auf seine eigene, verschrobene Weise Altes

und Gediegenes anzuerkennen; so wie ja tatsächlich die Kassettenfelder mancher modernen Fassade mit abstrakten Fachwerkstrukturen ausgepinselt sind: Novocain für die Netzhaut.
Soweit verhält sich der Würzburger ruhig. Wenn jedoch heute ein weiterer Neubau ansteht, so lenken dessen Pläne die Aufmerksamkeit voll und unverstellt auf die Architektur des 20. Jahrhunderts, und das in den eigenen Mauern! Jetzt fällt dem Zeitgenossen auf, dass er ja in Wirklichkeit überhaupt nicht in einem Schmuckkästchen lebt, sondern eher in einer Tischschublade mit Fächern für prunkvolle

Topfuntersetzer ebenso wie für halbleere Batterien. Das Wehgeschrei schallt laut. Kurz: Waren die Trümmer- und Schutt-generationen noch unmittelbar von den Folgen des Bombardements traumatisiert, so die späteren vom Fleckerlteppich einer wieder nutzbar gemachten Stadt.

Die Neigung, nur das schöne Alte wahr-zunehmen, changiert mit der verwandten Sinnesregung, nur das Alte als schön wahr-zunehmen. Unter solchen Voraussetzungen greift das Neue den Organismus des Würz-burgers ganz logisch als „Fremdkörper" an. Auch wenn die Würzburger, wie wir gesehen haben, im Grunde ihrer Herzen keineswegs xenophob sind, so können sie sich einen „Fremdkörper" doch nicht als interessanten Körper, beispielsweise als Element einer harmonischen Spannung, denken. Aber das liegt zum Glück ja nur daran, dass sie die Neu-Erscheinungen gar nicht aufmerksam betrachten wollen oder können. Und das wird, wie die Geschich-te des Würzburger Lokalcharakters von seinen Anfängen zur Jetztzeit lehrt, ganz gewiss noch kommen. In der Zwischenzeit macht es sich der Würzburger angenehm. Und davon versteht er erwiesenermaßen sehr viel.

Das Sitzen am Fluss lehrt den Umgang mit dem Wandel, dem sehr allmählichen Wandel. Die Festung wurde schließlich auch nicht in einem Tag, sondern in 550 Jahren erbaut.

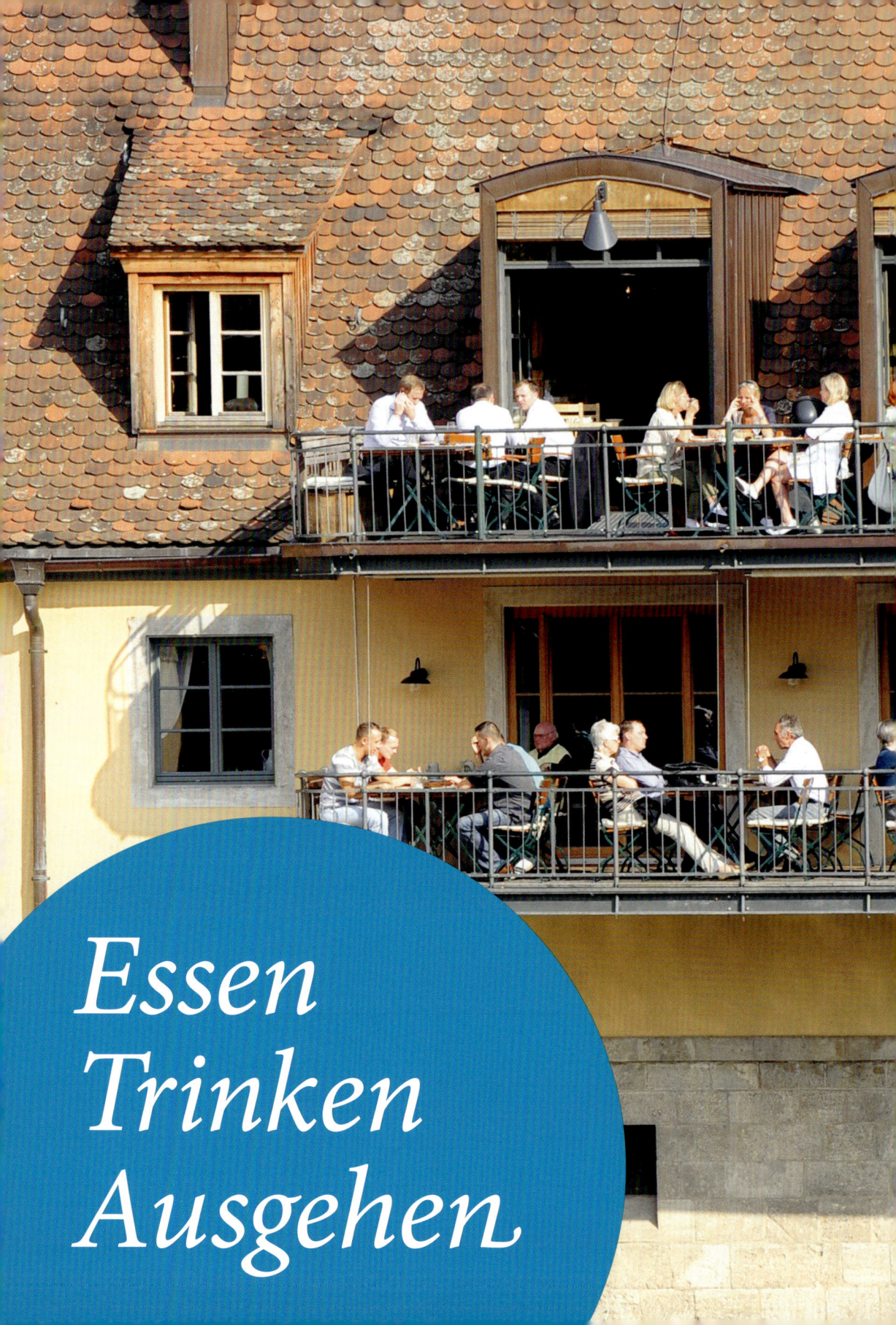

Essen
Trinken
Ausgehen

Wege zu den Schätzen der Region

Ein Plädoyer für Frische, Qualität und Nachhaltigkeit

von Otto Geisel

Unweigerlich hängen mit dem Thema Genuss, neben vielen positiv-emotional besetzten Begriffen, auch Schlagworte wie Opulenz und Übersättigung oder gar Verschwendung und Maßlosigkeit zusammen. Diese Widersprüche können sich bereits dann auflösen, wenn man beginnt, Geschmack und Genuss für sich selbst zu definieren. Der „Slow Food"-Gründer und „Terra Madre"-Visionär Carlo Petrini merkt hierzu an: „Es ist zu kurz gegriffen, wenn man Geschmack nur am Gaumen erfassen will." Und er führt weiter aus: „Ich will die Geschichte des Produktes und derer, die dahinter stehen, kennen!"

Dass dann auch ethische Aspekte, so wie die Achtung vor der Kreatur, eine entscheidende Rolle bei der Geschmacks- und Genussdefinition spielen, liegt auf der Hand. In Wirklichkeit aber liegen selbst hochwertigste Lebensmittel nicht immer nur in der Hand der Menschen, welche sie zu schätzen wissen, sondern sie landen in größter Sorglosigkeit leider viel zu oft in der Tonne, wie die aktuelle Diskussion um weggeworfene Lebensmittel zeigt. Die zeitgemäße Antwort auf diesen unappetitlichen Missbrauch liefert der Konsument, der sich der regional erzeugenden Landwirtschaft zuwendet. Und hier hat die Region rund um Würzburg unglaublich viel zu bieten, wie das größte „Slow Food"-Convivium Deutschlands „Hohenlohe-Tauber-Main-Franken" genussvoll und akribisch zugleich aufzuzeigen weiß.

Als Argumente, die immer wieder als „Entschuldigung" für sorglose Ernährung genannt werden, müssen in aller Regel der „viel zu hohe" Preis für „gute", regional erzeugte Lebensmittel und die „fehlende Zeit" für deren Zubereitung herhalten. Letzteres ist bei einer durchschnittlichen TV-Berieselung von dreieinhalb Stunden pro Bundesbürger eigentlich kaum vorstellbar, und wer einmal direkt beim Erzeuger eingekauft hat, weiß, wie bereichernd dieses sinnvolle und sinnliche Erlebnis ist und er weiß auch, dass der Landwirt mit absolut nachvollziehbaren und recht stabilen Preisen überzeugen kann.

Lebensmittel aus artgerechter Herkunft

Der persönliche Bezug zum Hersteller bewirkt fast automatisch, dass Nahrung wieder wertgeschätzt wird und man somit auch sorgsam und sorgfältig mit den Gaben der Natur umgeht. Zudem wird beim Selberkochen urplötzlich klar, dass selbst ein feines Essen nicht viel kosten muss, sowohl zeitlich als auch finanziell. Beispielsweise braucht man für ein Ragout vom Hohenloher Weiderind mit breiten Nudeln – so wie es auch Sternekoch Hu-

Der Weideochse vom Limpurger Schlag fühlt sich im Hohenloher Land wohl. Die Kühe werden auch als Mütter geschätzt für ihre gute Milch. Die Tiere sind kräftig und liefern dank Weidehaltung und gutem Futter hervorragendes Fleisch.

Ländliche Idylle im Hohenloher Land.

bert Retzbach in der Bad Mergentheimer Victoria-Vinothek preiswert anbietet – nicht wirklich einen ganzen Ochsen vom Limpurger Schlag „Boeuf de Hohenlohe" und auch kein (teures) Filet. Bereits wenige Gramm (günstiges) Rinderhackfleisch, allerdings aus bester artgerechter Herkunft und aus Weidehaltung, können für viel Geschmack sorgen.

Diese sinnlichen und wirtschaftlich sinnvollen Erfahrungen führen wie von selbst zu einem weiteren Ergebnis: Niemand käme auf die aberwitzige Idee ein solches Lebensmittel mit eindeutiger Herkunft, nämlich der vor unserer Haustüre, verschwenderisch einzusetzen, geschweige

denn es wegzuwerfen. Diese Haltung wird im Würzburger Umland im Allgemeinen mit der typisch konservativ-fränkischen, speziell aber auch mit unverkennbarer Hohenloher Beschaulichkeit gelebt und weiterentwickelt. So profiliert sich diese Region wie kaum eine andere in Deutschland mit unzähligen kleinen und eigenständigen Winzerbetrieben, vielen guten Besenwirtschaften und besonders vitalen Bauernhöfen. Eigentlich ein Vorzeigemodell, denn die bundesrepublikanische Ernährungswirklichkeit ist in weiten Teilen nach wie vor von der Schlaraffenland-Denke der Wirtschaftswunderzeit geprägt, wo einem, bildhaft gesprochen, gebratene Tauben ins Maul flogen: Jede noch so ausgefallene Spezialität soll demnach beliebig oft und ohne saisonale Begrenzung zur Verfügung stehen – wie auch immer und egal wo produziert.

Die aufgetürmten, nicht unbedingt wohlkomponierten Teller bei der Schlacht um das kalte Buffet waren und sind das geschmacklose Zeichen dieses Irrweges. Erdbeeren und Tomaten hatten und haben anscheinend keine Saison mehr und verlieren in den Supermarkt-Regalen ihren letzten Rest an Süße sowie ihre Einzigartigkeit. Allgegenwärtige Honigmelonen mutierten zu gurkenähnlichem Gemüse. Alles war und ist verfügbar und wurde, wen wundert's, immer billiger und damit wertloser. Im öffentlichen Sprachgebrauch wird das Wort Discounter bereits als zeitgemäßes Synonym für Lebensmittelhandel verwendet.

Auch wenn seit dem Mauerfall nahezu ein Vierteljahrhundert vergangen ist: Die Auswirkungen der politischen Unkultur in vielen osteuropäischen Regionen sind noch heute spürbar. Gleichwohl kommt es dort zu ähnlichen Verwerfungen wie im Westen. Die von Versorgungsengpässen malträtierten Menschen mussten sich fast zwangsläufig zu „Genusszweiflern" entwickeln. Eine im Einklang mit Mensch und Natur stehende, fröhliche wie verantwortliche Genusskultur ist bis heute nur selten im gesellschaftlichen Bewusstsein angekommen. Beide Ströme, sowohl der aus Milch und Honig wie der aus dem kommunistischen Einheitssaucenteich, tragen das Verlangen nach stets verfügbaren Lebensmitteln und die Sehnsucht nach prall gefüllten Regalwänden in sich. Dass nahezu die Hälfte dieser Mittel zum Leben heute noch in der Tonne landet, kann eigentlich nur mit einer Vogel-Strauß-Haltung erklärt werden, nicht aber mit gutem Geschmack und Lebensart, welche Rücksicht auf Ressourcen, Umwelt und kulturelles Umfeld nimmt.

Hier stellt sich die große Herausforderung, allen voran an die wirklichen Genießer, Gastronomen und auch an die Studierenden des Foodmanagement-Bachelors am Campus Bad Mergentheim, denen es obliegt, einem veranwortungs- und genussvollen Bewusstsein wieder seinen angestammten Platz in der Lebensmittelkultur

zu geben. Die Ansätze hierfür können ganz unterschiedlich sein, wie zum Beispiel die Rückbesinnung auf den Reichtum der „Arme-Leute-Küche" zeigt. Damit ginge einher, dass das Resteverwerten keinen Tabubruch mehr für die „gute Küche" darstellt.

Geschmackssicheres Empfinden

Das kluge Reduzieren auf das Wesentliche, ob wirtschaftlich oder intellektuell-kreativ begründet, geht Hand in Hand mit ursprünglichen, unverwechselbaren Geschmackerlebnissen, deren natürliche Empfindung in uns allen angelegt ist. Es kann uns und unseren Kindern helfen, geschmackssicherer zu werden und „natürlich" von „unnatürlich" zu unterscheiden. Die Absurdität von Lebensmittel-Zusatzkennzeichnungen wie „naturidentische Aromastoffe", deren Herkunft niemals in der Natur, wohl aber im Chemiekasten zu suchen ist, würde sich dann von selbst entlarven.

Die in diesem Buch vorgestellten Produzenten und alle guten weiteren Adressen in dieser wahrhaftigen Genießerregion vermitteln nicht nur auf das Allerbeste die wunderbare Sinnlichkeit einer echten Genusskultur, sondern sie tragen durch ihre wertvolle Arbeit auch zu einem wieder größer werdenden Verantwortungsbewusstsein bei. Genuss, Verantwortung, Wirtschaftlichkeit und Kultur greifen ineinander. So gelingt fast eine Quadratur des Kreises.

Naturnähe tut den Fischen gut

Mit der Karpfenzucht als Hobby fing es an.
Ein idyllisches Bild vermittelt die in einem Tal
bei Volkach angelegte Teichlandschaft nach wie vor.

Fischzucht Gerstner
Im Seegrund 1
97332 Volkach
Tel. 09381 / 1090
www.
fischzucht-gerstner.de
info@
fischzucht-gerstner.de

Öffnungszeiten:
Montag bis Freitag
8 – 12 und 13 – 18 Uhr
(von Januar bis Ende
März nur bis 17 Uhr)
Samstag
8 – 13 Uhr

Heute ist die Fischzucht Gerstner dabei der vielseitigste und leistungsfähigste teichwirtschaftliche Betrieb Bayerns. Die naturnahe Bewirtschaftung wird in vierter Generation weitergeführt. Sie ist Voraussetzung für gesunde Fische in hoher Qualität.

Die weitläufige Teichanlage, die Peter Gerstner ab 1970 angelegt hat, ist umgeben von kulinarischen Anregungen. Weinberge und fruchtbare Obsthaine geben einen Vorgeschmack auf die Kompositionen, die die reiche Auswahl an Süßwasserfischen eröffnet. Viele qualitätsbewusste Restaurants der Umgebung führen die schmackhaften Fische des Familienbetriebs Gerstner auf ihrer Karte. Speziell für Angler und Teichwirte werden Besatzfische gezüchtet, für den Gartenteich Zierfische. Herzstück ist und bleibt der Speisefisch. Vier Fischzuchtmeister und über zehn Mitarbeiter vermehren über 30 verschiedene Fischarten und verkaufen sie in allen Größen, darunter Karpfen,

Saibling, Wels, Stör, Zander, Aal, Schleie und anderes mehr.

In rund 100 Teichen und auf einer Gesamtfläche von 100 Hektar wachsen die Fische bei Volkach miteinander auf. Die Teiche für Weißfische werden regelmäßig trockengelegt, ökologisch desinfiziert und mit Grasschnitt gedüngt. Das fördert die Produktion von Naturnahrung. Im Altmühltal befindet sich eine zusätzliche, quellnahe Teichanlage für Forellen, darunter erstklassige Regenbogenforellen. Für Michaela Gerstner-Scheller, die heute die Verantwortung innehat, beruhen vitale, schmackhafte Fische auf vielerlei günstigen Faktoren. „Aber das Wichtigste überhaupt", sagt sie, „sind qualifizierte Mitarbeiter".

Um die Ausbildung hat sich bereits ihr Vater besonders verdient gemacht. Als erster Teichwirt Bayerns wurde er für seine fachliche Kompetenz und seine Reformbemühungen mit dem goldenen Meisterbrief ausgezeichnet. Das verrät, weshalb die Fische gerade in diesem Betrieb so wohl gedeihen.

> *„Qualifizierte Mitarbeiter,*
> *vitale Fische"*
>
> *– Michaela Gerstner-Schellerer*

Was die Umwelt schützt,
hilft auch dem Geschmack

Wie viel Natur soll in einem Naturprodukt stecken? Die Antwort kann nur lauten: möglichst viel. Veit Plietz beherzigt diese Maßgabe als Öko-Gärtner seit 1983. In seiner Anfangszeit war er einer der wenigen demeter-Gärtner in Deutschland.

Ökokiste
Schwarzach

Am See 9
97359 Schwarzach
Tel. 09324 / 1030
www.oekokiste-schwarzach.de
info@oekokiste-schwarzach.de

Öffnungszeiten
Hofladen:
Montag, Dienstag
und Freitag
10 – 18 Uhr
Samstag
9 – 12 Uhr
Persönliche Telefon-beratung von Montag bis Freitag in der Zeit von 8 – 12 Uhr auch unter der o.g. Nummer

Wer die Tomaten der Ökokiste einmal probiert hat, kann verstehen, weshalb der Öko-Gärtner Veit Plietz (rechte Seite oben) so verrückt ist nach der Pflanze. Die Raritätengärtnerei in Schwarzach züchtet rund 200 verschiedene Sorten und bietet 80 zum Verkauf an. Auch sonst ist die Vielfalt des lieferbaren Sortiments nicht von schlechten Eltern.

Heute gibt es in der Region ein breites Netzwerk an ökologischen Betrieben, die den von Veit Plietz etablierten Lieferservice der Ökokiste als Verteiler ihrer Produkte nutzen. Derweil macht sich der Öko-Pionier auch um den Erhalt seltener Land-sorten verdient.

Macht die Vorreiterrolle auch ein biss-chen stolz? Stolz nicht direkt, aber die Entwicklung freut Veit Plietz, weil sie seine Glaubwürdigkeit unterstreicht. Er ist Öko-Gärtner aus Überzeugung, aber ohne verbissenen Ernst. Das Sortiment der 1995 gegründeten Ökokiste beschränkt sich nicht auf demeter-Produkte, sondern be-zieht auch andere Marken ein, in der Regel die „Premium-Verbandsmarken" – dazu zählen neben demeter vor allem Naturland, Bioland und Biokreis. Bei Bedarf befinden sich auch Lebensmittel mit der einfacheren

EU-Bio-Zertifizierung im Angebot. Doch Namen sind zweitrangig. Umwelt-schutz steht an vorderster Stelle. Gleich danach kommt der Geschmack. Beides hängt zusammen. Öko-Produkte, egal von welchem Hersteller, schmecken häufig aromatischer.

Als Vollsortimenter mit rund 1000 ver-schiedenen Artikeln deckt die Ökokiste den täglichen Bedarf zugleich umfassend ab. Einmal wöchentlich liefern die Fahrer die Bestellungen von Schwarzach aus in ei-nem Umkreis von 60 bis 70 Kilometern frei Haus vor die Tür. Der Kunde kann selbst bestimmen, was an Obst und Gemüse in den Produktkorb kommt. Er kann sich aber auch die Kiste von den Mitarbeitern auf bewährte Weise zusammenstellen lassen. In der Saison werden das Gemüse und das Obst früh geerntet, nachmittags gepackt

Formen sind die Aromen. Früher hatten viele Haushalte ihre eigenen Kultursorten, angepasst an das Klima der Region. Die Pflanzen wurden getauscht, gekreuzt und als Saatgut in andere Länder geschmuggelt, manchmal eingenäht in Kleidungsstücke, sodass eine unerschöpfliche Vielfalt heranwuchs. Etwa 10.000 verschiedene Tomatensorten sind so über die Jahrtausende entstanden, schätzen Experten. Eine Sorte, die einmal verschwunden ist, lässt sich nicht schnell wieder nachzüchten. Daher ist die Arbeit von Veit Plietz umso wichtiger. Die Ökokiste veranstaltet regelmäßig Führungen, die Einblicke in die faszinierende Vielfalt der Pflanzenwelt geben (Programme siehe Webseite). Zum Hofladen sind es von der Gärtnerei aus nur ein paar Schritte. Naturprodukte haben hier immer Saison.

und am nächsten Tag ausgefahren. Gerade bei Gemüse ist die Ökokiste sehr gut sortiert. Veit Plietz ist hier voll in seinem Element. Beim Besuch eines österreichischen Schaugartens bekam er 1995 einen Einblick in die Vielfalt alter Landsorten und fing sofort Feuer für sie. Rund 200 verschiedene Tomatensorten werden inzwischen in seiner Gärtnerei gezüchtet, 80 davon gibt es als Früchte zu kaufen, den Rest als Pflanzen. Die Begeisterung sprang auf Chilisorten über – 40 verschiedene zählt der Betrieb anno 2012 – und machte auch vor Gurken nicht Halt – hier kommt die Raritätengärtnerei auf stattliche 30 Sorten. So unterschiedlich wie Farben und

Vielfalt bereitet einen guten Boden

Als Dieter Kraus-Egbers 1981 seinen Biolandhof gründete, waren seine Eltern zunächst nicht begeistert von der Umstellung auf biologische Bewirtschaftung. Sie wussten aus eigener Erfahrung nur zu gut, wie viel Handarbeit damit verbunden ist und um wie viel leichter der Anbau mit Kunstdüngern und Spritzmitteln wäre.

**Biolandhof
Bärbel und Dieter
Kraus-Egbers**

Oberes Tor 21
97237 Oberaltertheim
Tel. 09307 / 1536

Öffnungszeiten
Hofladen:
Dienstag, Donnerstag
und Freitag
9 – 11.30 Uhr
Freitag zusätzlich
18 – 19 Uhr
Bauernmarkt:
Jeden ersten Samstag
im Monat in Würzburg,
Frankfurter Str. 87
8 – 12.30 Uhr

Unbestreitbare Vorzüge wie Gesundheit, Geschmack und die Beziehung zur Natur überzeugten inzwischen auch anfängliche Skeptiker.

Auch der Nachwuchs von Bärbel und Dieter Kraus-Egbers hat den grünen Weg eingeschlagen. Die Tochter lernte in einer Freiburger Bio-Gärtnerei und arbeitet von 2013 an mit ihrem Lebensgefährten am Hof mit. Mit sorgsamer Bodenpflege schafft der Drei-Generationen-Betrieb die Voraussetzungen für aromatische Produkte. „Durch die vielfältige Fruchtfolge, Gründüngung und Düngung mit Kompost wird das Bodenleben auf natürliche Weise aktiviert", erklärt Dieter Kraus-Egbers. Die Anbaufläche liefert ein ebenso vielfältiges wie feines Angebot: einheimisches Gemüse, Salate, Kartoffeln, Getreide. Das Futter für die Weideochsen und -Rinder

aus eigener Mutterkuhhaltung wird selber erzeugt. Der Verkauf des Fleisches erfolgt ausschließlich ab Hof. Freunde des zartgereiften Genusses sollten es sicherheitshalber rechtzeitig vorbestellen. Zudem gibt es vor Ort und auf dem Würzburger Bauernmarkt die passenden „Nebenprodukte", zusätzlich zu Gemüse, Getreide und Kartoffeln auch Brot, Eier und Obst. Ein gerüttelt Maß an Idealismus gehört für Dieter Kraus-Egbers zu seinem Beruf. „Man darf nicht zu sehr auf die Preise schauen, die auf dem Markt für ein Produkt gezahlt werden, sondern muss vor allem darauf achten, was für den Boden und die Pflanzen, die darauf wachsen, gut ist." Nur auf einem gesunden Boden wachsen gesunde Pflanzen, die Nutztiere und den Menschen gesund ernähren können.

Das fränkische Gelbvieh (unten links) ist bekannt für seine hervorragende Fleischqualität. Bärbel und Dieter Kraus-Egbers halten die Rinder auf der Weide und bauen auf ihren Äckern feines, aromatisches Gemüse und Kartoffeln an.

Das Geflügel rennt noch über das Feld

Genuss und der Respekt gegenüber dem, was wir essen, gehen Hand in Hand. Das gilt insbesondere auch im Hinblick auf die artgerechte Tierhaltung. Es ist schön, das Geflügel auf dem Hof der Familie Mahler durch die beschauliche Landschaft rennen zu sehen.

Geflügelhof Mahler
Stadtweg 6
97239 Mühlhausen
bei Estenfeld
Tel. 09367 / 1499
der-gefluegelhof@
web.de

Marktzeiten:
Jeden ersten
Samstag, Würzburger
Bauernmarkt
8 – 12.30 Uhr
Dienstag und Freitag
Am Unteren
Marktplatz, Würzburg
9 – 17 Uhr
Freitag
Am Schulhof,
Gerbrunn
14 – 17 Uhr

Artgerecht aufgewachsenes Geflügel schmeckt letztlich auch besser. Es übertrifft das bestenfalls durchschnittliche Angebot der Discounter bei weitem.

Dass der Kunde für bessere Nahrung etwas mehr bezahlen muss, versteht sich angesichts der Rahmenbedingungen eigentlich von selbst. Der Auslauf der Tiere lässt ihr Fleisch nicht fett werden. Die Gänse des Geflügelhof Mahler sind das ganze Jahr über draußen, die Hähnchen immer bei Sonnenschein. Nicht unwichtig ist auch, wovon die Tiere leben. Während in der industriellen Massenproduktion zum Teil Wachstumshormone und Antibiotika dem Futter beigemengt werden, setzt der naturnah arbeitende Geflügelhof auf eine abwechslungsreiche Mischung aus Mais, Weizen und Semmelbrösel vom Bäcker, ergänzt durch Gräser und Insekten, die es im Freien gratis gibt. Das Futter produziert der Hof auf eigenen, 20 Hektar großen Feldern. Die Äcker schließen größtenteils direkt an den Hof an. Auch die Lebensdauer der Tiere sagt einiges über die Qualitätsansprüche aus: Masthähnchen aus der Industrie werden im Extremfall in drei Wochen hochgezüchtet. Beim Geflügelhof dauert es drei Monate, bei den Langmasthähnen sogar acht Monate, bis sie schlachtreif sind. Dafür sind die Tiere deutlich gesünder und robuster.

Neben Enten, Gänsen, Hühnern und Puten hat der Geflügelhof Nudeln und Eier im Sortiment. Der Hof ist seit fünf Generationen in Familienbesitz und als Direktvermarkter auf mehreren Märkten präsent. Die Wege von der Schlachtung zum Verkauf sind kurz, auch in zeitlicher Hinsicht. So ist Frische stets garantiert.

Schon bei der Aufzucht der Tiere entscheidet sich, wie gut das Fleisch schmeckt. Michael Mahler (rechts) lässt seinem Geflügel viel Auslauf und Zeit zum Wachsen.

Eine Brache blüht auf

Auf dem Gelände der Bürgerbräu im Stadtteil Zellerau ist Vielfalt angesagt. Der Würzburger Bauernmarkt steht für ein außergewöhnlich breites kulinarisches Spektrum.

Würzburger Bauernmarkt

auf dem Gelände der Bürgerbräu

Frankfurter Str. 87 97082 Würzburg

Jeden ersten Samstag im Monat von 8 bis 12.30 Uhr

www.wuerzburger-bauernmarkt.de

Ein Markt mit frischen Produkten bietet die beste Möglichkeit, sich auf das Kochen und Genießen einzustimmen. Regionale, nachhaltige Erzeugung, entspanntes Einkaufen, persönlicher Kontakt mit dem Erzeuger sind Vorzüge, die vielen Märkten in Würzburg und Umgebung gemeinsam sind. Da das Angebot der Landwirte sehr eng an die Saison gebunden ist, wird der Jahresablauf bewusster erlebt als anderswo. Der 1992 gegründete Würzburger Bauernmarkt vereint diese Vorzüge. Seine Vielfalt geht dabei deutlich über das Spektrum vergleichbarer Märkte hinaus. Jeder Beschicker hat seinen individuellen Schwerpunkt. Der Anblick weckt sogleich Appetit: Fische aus heimischen Gewässern, Fleisch- und Wurstwaren von selbst aufgezogenen Tieren. Süße und pikante Kuchen und Feingebäcke, Brot, fruchtige Marmeladen, Würz- und Chilipasten. Gemüse, Obst und Getreide vom hofeigenen Feld, zum Teil

Barbara Hutten ist eine von rund 20 Beschickern, die auf dem überdachten Würzburger Bauernmarkt einen Stand hat. Sie bietet in immer wieder neuen Kreationen Kuchen und Gebäck, Süßes und Pikantes, mit Leidenschaft kreiert, an, unter anderem auch in der Würzburger Innenstadt (im Bild).

biologisch angebaut. Honig, Käse, Nudeln, Eier, Wein und Säfte erfreuen den Gaumen des Feinschmeckers. Lammfellprodukte, Blumensträuße und Kränze runden das Angebot ab. Sogar für Messerschärfen ist ein Fachmann anzutreffen. Viele Besucher beenden ihren Einkauf mit einem Espresso und einem netten Plausch.

Ausreichend Parkplätze und eine gute Verkehrsanbindung sind weitere Pluspunkte – die Straßenbahn der Linie 2 und 4 hält vor dem Eingang zum Gelände, Haltestelle „Sieboldmuseum". Es gibt mindestens ein Dutzend Gründe, auf dem Bauernmarkt einzukaufen und auf dem Gelände selbst einige lohnenswerte Ziele mehr. (s. rechts)

Frischer Wind in altem Gemäuer

Gut 100 Jahre lang stand das Gelände der Bürgerbräu Würzburg im Stadtteil Zellerau für Bier. 1886 siedelt sich hier das Bürgerbräu Würzburg an, der Gerstensaft lief gut. 1989 jedoch schlossen sich die Tore und ein Industriedenkmal blieb zurück.

Alte Bausubstanz für neue Zwecke umzunutzen, ist eine Herausforderung, die nicht nur an diesem Ort, sondern auch bei einem zweiten Großprojekt, der Umwandlung der Frankenhalle in der Äußeren Pleich, im Mittelpunkt steht (siehe Bericht Seite 218). Kunst und Kultur sind für die Standortentwicklung hier wie da von kaum zu unterschätzender Bedeutung. Mögen diese auch keine maximalen Renditen bringen, sind sie für die Identität eines Ortes mindestens genau so wichtig wie der Handel. Eine lebendige Kulturszene schafft, was keinem noch so tadellos ausgestatteten Einkaufspark gelingt: Strahlkraft, Zauber, Lebensqualität.

Insofern wird das, was Carsten Höfer, Besitzer der Sektkellerei Höfer (siehe S. 68-69), und das vielfach ausgezeichnete Architekturbüro archicult – breunig architekten auf dem Bürgerbräu-Gelände vorhaben, für viel frischen Wind sorgen. Die neuen Eigentümer, die das Gelände 2011 erwarben, wollen innerhalb von weniger als zehn Jahren einen Kristallisationspunkt für Kreativität im Würzburger Westen schaffen.

Die Voraussetzungen sind günstig, denn das Areal zeichnet sich schon jetzt durch eine Mischnutzung aus, die Gefahren einer monokulturellen Verödung jedenfalls nicht aufkommen lässt, als da wären: der Bauernmarkt, das Siebold-Museum mit einer Auswahl japanischer Kunst, das Theater „ensemble", Sport, Fotografie, Kunst, Handwerk, Kunsthandwerk. Im Konzept sind ab 2014 zusätzliche Atelierräume, reizvolle Orte für Veranstaltungen und eine „außergewöhnliche Gastronomie" vorgesehen. Konkretes kann sich jeder Gast selbst rauspicken. Es ist ohnedies interessant, das Gelände immer wieder zu besuchen. Denn so lässt sich am besten die spannende Entwicklung verfolgen.

www.buergerbraeu-
wuerzburg.de
www.hoefersekt.de

archicult –
breunig Architekten
Frankfurter Straße 87
90782 Würzburg
Tel. 0931 / 468830
www.archicult.de
info@archicult.de

Glückliches Schwein statt armer Sau

*Spezialitäten (1):
Eichelschwein*

von Georg Lang

Für einen richtig guten Schweinebraten sucht der Kenner spezielle Landgasthäuser auf, von denen er weiß, dass der Wirt noch eine kleine Landwirtschaft betreibt und eigene Schweine im Stall stehen hat. Sie werden in der Regel mit Kartoffeln aus dem eigenen Anbau gemästet. Das garantiert gutes, festes Fleisch von feinem Geschmack, das den Erzeugnissen großer Mastbetriebe weit überlegen ist. Trotzdem sollte man nicht darauf schwören, dass es nicht noch besseres gibt. Beste Qualität lässt sich nur dort erzeugen, wo Haltungsbedingungen und Fütterung möglichst artgerecht gestaltet werden. In der Stallhaltung wird das Schwein zum sprichwörtlichen „armen Schwein", weil es fressen muss, was ihm vorgeworfen wird, und zur „faulen Sau" in der erzwungenen Bewegungsarmut. Treibt man es dagegen auf die Weide wie in früheren Zeiten, rennt es mit Freuden herum und sucht eifrig, was es wirklich gerne frisst.

Aus den Einsichten, die er in seiner Diplomarbeit über die historische Schweinehaltung in der Waldweide gewann, entwickelte Hans Huss 2003 das Eichelschweinprojekt. Auf der Suche nach einem geeigneten Standort wurde er in Iphofen fündig. Dort steht in der Possenheimer Gemarkung ein Überrest des sogenannten „Mittelwaldes", einer alten Waldbewirtschaftungsform, die zur

Brennholzversorgung der Stadtbewohner und zur Eichelmast der Hausschweine gleichermaßen diente. Im Mittelwald überragen große alte Eichen als Einzelbäume halbhohes Gehölz anderer Baumarten, das alle zehn Jahre „auf den Stock gesetzt", das heißt als Brennholz kurz über dem Boden abgesägt wird, um dann erneut nachzuwachsen. Brennholz wird in diesem Wald bis auf den heutigen Tag geschlagen, die vielen Eicheln blieben jedoch seit langem ungenutzt. Ihr Austreiben führte zu erhöhtem Pflegeaufwand, so dass die Wiedereinführung der historischen Eichelmast zur Bestandspflege höchst willkommen war. Der überraschende wirtschaftliche Erfolg des ursprünglich kleinflächigen Projekts führte 2005 zur Gründung der „Eichelschwein GmbH" auf 22 Hektar Waldweide mit 200 Tieren und wurde 2012 um mehr als das Doppelte auf rund 50 Hektar erweitert.

Der Mittelwald als Nahrungslieferant

In den Genuss der Waldweide kommen die Schweine nur im Herbst von September bis November, wenn die Baumfrüchte reif sind. Die überragende Fleischqualität aus dieser Veredelungsmast ist nicht allein den Eicheln geschuldet, sondern auch allem, was die Schweine auf dem Boden zu fressen finden oder aus dem Boden wühlen. An Wurzeln und Würmern, Insekten und kleinen Säugetieren, aber auch an Gras und Baumrinde von totem Holz finden sie Gefallen. Das Wühlen ist im Mittelwald erwünscht, weil es den Boden lockert und allzu dichten Bewuchs verhindert. Der Mittelwald soll licht bleiben. Zugefüttert wird nur, wenn die Eicheln nicht reichen, oder um die Schweine zahm zu halten. Wenn sie sich vollständig alleine versorgen können, wildern sie nämlich in kurzer Zeit aus und lassen sich zum Schlachten kaum mehr einfangen. Zugefüttert wird eine Mischung aus Getreide, Erbsen und Ackerbohnen, während des übliche Kraftfutter aus Sojaprodukten und Tier- oder Fischmehl vollständig tabu ist.

Die Schweine entstammen der alten Haustierrasse „Schwäbisch-Hällisches Schwein", die für ihr besonders gutes Fleisch bekannt ist. Reinrassige Tiere dieses Schlages sind als Schlachtschweine sehr selten, weil sie in der Stallhaltung übermäßig viel Fett ansetzen. Auf der Waldweide dagegen lagern sie den wichtigen Geschmacksträger Fett in die Muskeln ein und bekommen so ein festes, kerniges Fleisch mit ganz geringem Wasseranteil und einzigartig aromatischem Wohlgeschmack. In der Gastronomie der Region hat es längst Furore gemacht. Auch der private Haushalt kann an der Delikatesse teilhaben. Frischfleisch gibt es

Ein frühes Beispiel für die historische Bedeutung der Eichelmast: Das Kalenderblatt aus dem Stundenbuch des Duc de Berry (franz. „Très Riches Heures") aus dem 15. Jahrhundert zeigt den Austrieb der Schweine in den Wald.

im Dezember und Januar, ab März werden fränkische Wurstwaren und feine Pâtés im Glas ausgeliefert, und Mitte des Jahres ist der luftgetrocknete Schinken fertig. Das Wagnis, eine ungeräucherte, luftgetrocknete Rohwurst herzustellen, hat mit der vorzüglichen, walnussgewürzten Eichelschweinsalami einen glücklichen Ausgang gefunden. Für alle Produkte empfiehlt es sich, schnell zu bestellen oder rechtzeitig vorzubestellen, denn das Angebot ist begrenzt und die Nachfrage groß.

Was aus einer Diplomarbeit alles werden kann! Die Eichelschwein GmbH verschickt die erlesenen Delikatessen auf Bestellung.

Bestellmöglichkeit:
Eichelschwein GmbH
Obere Hauptstr. 29
85354 Freising
Tel. 08161 / 4054020
www.eichelschwein.de
info@eichelschwein.de

Heimisches Wildbret –
Edles mit Variationen

Die Wildküche gilt zu Recht als fränkische Hochküche, wobei auch die Metzgereiprodukte Feinschmeckerstatus erreichen. Ihr Einsatz blieb meist besonderen Gelegenheiten vorbehalten.

**Wild- & Wurst-
manufaktur
Friedbert Bauer**

Am Dorfgraben 3
97241 Bergtheim
Tel. 09367 / 1337
www.wildundwurst
manufaktur.de
info@
wildundwurst
manufaktur.de

Öffnungszeiten
Hofladen (Kernzeiten):
Montag bis Freitag
9 – 18 Uhr
Samstag
9 – 13 Uhr

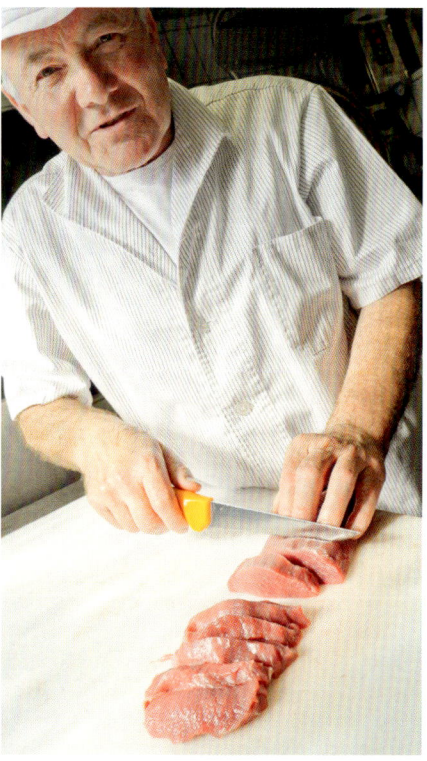

Friedbert Bauer aus Bergtheim ist es gelungen, das bislang ungenutzte Potenzial des heimischen Wildbrets optimal auszuschöpfen. Ob als Bestandteil eines Festmahls oder als Grundnahrungsmittel, ob als Saisonklassiker oder nach Lust und Laune: Die hochveredelten Fleisch- und Wurstwaren eignen sich für viele Anlässe. 30 Jahre lang war Friedbert Bauer als Vertriebsleiter in einem Großhandel beschäftigt, bis er die Nische erkannte, die in der wald- und wildreichen Region zu besetzen war. Als Jäger, Metzgermeister und Vertriebsprofi in einer Person konnte er zusammenführen, was zusammengehört. Seit 2002 betreibt er nun die Wild- & Wurstmanufaktur in Bergtheim „mit Sinn für guten Geschmack" und „Spitzenqualität". Wildfleisch ist ein tolles Produkt: vom Nährwert ausgezeichnet, aromatisch, dabei fettarm und leicht bekömmlich.

Nicht nur die Genießer, auch die Förster und Jäger, die über Wildverbiss an Bäumen klagen, können Friedbert Bauer dankbar sein: Das noch warme, erlegte Tier kommt über kurze Wege vom Jäger zu ihm, wird sachgemäß gekühlt, abgehängt, sauber zerlegt und kann anschließend korrekt

Was der Jäger und Metzgermeister Friedbert Bauer selbst gerne isst, findet sich ringsum in den Wäldern. Genießen können wir das Wildbret als Festtagsessen, aber auch zur Brotzeit.

„Längere Herstellung, bessere Qualität."
– Friedbert Bauer

reifen. Anders als die meisten seiner Kollegen verarbeitet der Bergtheimer auch die Nebenprodukte. Aus ihnen entstehen, nach traditionellen handwerklichen Methoden so schonend wie möglich hergestellt, Pasteten und feine Wurstsorten, darunter Wildschinken und Wildrohwürste. Alles geht naturbelassen – die Wildsülze zum Beispiel ohne Gelatine – in den Handel. „Da ist viel Können notwendig. Die Herstellung dauert daher zwar etwas länger, aber die Qualität macht sich bezahlt", führt Friedbert Bauer aus, der die Slow-Food-Philosophie lebt. Als „großen Gewinn" betrachtet er das Zusammenspiel mit der Gastronomie und dem Frankenwein. Er verfeinert die Delikatessen, so etwa die Bratwürste, teils mit Bränden, teils mit Weinen aus der Region. Weinhäuser und Gastronomen verwenden die Spezialitäten ihrerseits in der Küche und bieten sie mit einem passenden Glas an. Geräucherte Wildspezialitäten und eine Pastete können auch privat, etwa am Abend oder am Wochenende, sehr gut zu einem

Rotwein munden. Und dann erst die Steigerungen! Ein fruchtiger Blaufränkischer mit einem kräftigen Wildschweinragout, ein geschmeidiger Spätburgunder zum Rehrücken. Ein Fest für die Sinne. Von Anfang Mai bis Mitte Januar ist das Wild der Manufaktur frisch erhältlich. (Tief-)Gekühlt lassen sich die allermeisten Produkte das ganze Jahr über kaufen. Für seine Kunden hat Friedbert Bauer Rezepturen formuliert, die ein vollkommen saftiges, zartes Fleisch garantieren. Sie sind leicht nachvollziehbar und lassen sich ohne Stress nachkochen. Für ausreichend Sauce empfiehlt sich der vorzügliche Wildfond, der in einem Test der Zeitschrift „Beef" die namhaftesten Vergleichsprodukte aus Deutschland hinter sich gelassen hat. Wie die Nahrungsmittel eingesetzt werden, ist für Friedbert Bauer ein wesentlicher Bestandteil der Arbeit. Der Genuss ist auf beiden Seiten, beim Hersteller und beim Kunden, mit einer hohen Wertschätzung des Produkts verbunden.

Delikate Wildsülze

von Friedbert Bauer

Zutaten für 4 Personen

600 g delikate Wildsülze:
Bestes mageres Muskelfleisch vom Wildschwein, Reh und Hirsch schonend gegart und gewürfelt, kräftig gewürzt mit Salz, Pfeffer, Kümmel, Muskat, Liebstock und Zwiebel, mit eigenem Saft angereichert.

Empfehlung: Delikate Wildsülze in Scheiben schneiden und mit einer Vinaigrette übergießen.

Vinaigrette:
2 EL Frankenwein
2 EL Wildfond (alternativ: Fleischbrühe oder doppelte Menge Frankenwein)
½ TL Senf
Eine Prise Salz
½ TL Zucker
3 EL Speiseöl (Sonnenblumen oder Rapsöl)
mit Schneebesen verrühren
1 Schalotte und 1 El Schnittlauch dazu geben

Naturschutz für Feinschmecker

Wertschätzung und Nachhaltigkeit sind für das Ehepaar Silvia und Burkhard von Kannen seit langem etwas ganz Normales, um das sie kein großes Aufheben machen. Was erst in jüngster Zeit als Ausweis besonderer Qualität gilt, praktiziert der Betriebsleiter des von Kannen'schen Hofes bereits seit den späten 1960er Jahren: Sein Ziel war und ist es, hochwertige Lebensmittel unter Natur und Umwelt schonender Weise zu erzeugen.

Die Bronzeputen, die Burkhard von Kannen an seinem Hof in Hettstadt züchtet, zählen zu den gefährdeten Tierrassen. Deutschlandweit gibt es nur rund 1000 Exemplare.

Der im Nebenerwerb geführte Betrieb liegt im Ort Hettstadt, in sanfter Tallage westlich von Würzburg. Das A und O des „alternativen" Ansatzes beruht auf Boden schonender Bearbeitungstechnik, tiergerechten Haltungsformen und dem vollkommenem Verzicht auf gentechnisch veränderte Futtermittel. Es werden verschiedene alte Kartoffelsorten, historische Weizensorten und Tobinambur angebaut. In der Tierhaltung hat sich der Betrieb der Zucht und Haltung von Bronzeputen, Sulmtaler Hühnern und Kaninchen verschrieben.

Silvia und Burkhard von Kannen
97265 Hettstadt
0931 / 4676537
info@von-kannen-immobilien.de

Bronzeputen als auch Sulmtaler Hühner, die beide extensiv gehalten werden, weisen bedingt durch ein langsames Wachstum eine exzellente, von Feinschmeckern geschätzte Fleischqualität auf. Beide sind seltene, alte Haustierrassen und bleiben somit als wertvolle Genreserve erhalten. Auch die Kaninchen – Deutsche Riesen und Angorakaninchen – zieht der Hof in Weidehaltung auf und bietet diese als Spezialität in regionalen Feinschmeckerlokalen an. Im Jahr 2013 wird der Tierbestand um einige Dexterrinder, einer außergewöhnlichen Fleischrinderrasse, erweitert. Alle Produkte können direkt ab Hof erworben werden.

Der Betriebsleiter ist seit 1968 als Tierzüchter und Landwirt aktiv und setzt sich seit den 1970er Jahren, unter anderem beim Bund Naturschutz, bei Slow Food und der Gesellschaft zur Erhaltung alter Haustierrassen, für den Erhalt der genetischen Vielfalt unserer Umwelt und damit für unsere natürliche Lebensgrundlage ein.

Die heilige Vielfalt

Arbeit und soziale Aktivitäten stehen bei den Benediktinern in hohem Ansehen. „Ora et labora", „Bete und arbeite", lautet die zum geflügelten Wort gewordene Regel, die der Abt Benedikt von Nursia seinen Brüdern und Schwestern im frühen Mittelalter mit auf den Weg gab.

Klosterladen Münsterschwarzach

Schweinfurter Str. 40
97359 Münster-
schwarzach

Bäckerei und
Metzgerei
Tel. 09324 / 20491
Buchhandlung
Tel. 09324 / 20213
Kunsthandlung
Tel. 09324 / 20547

www.abtei-muenster
schwarzach.de
klosterladen@
vier-tuerme.de
buchhandlung@
vier-tuerme.de
goldschmiede@
vier-tuerme.de

Öffnungszeiten
Bäckerei und
Metzgerei
Dienstag
7.30 – 13 Uhr
(kein Fleisch)
Mittwoch
7.30 – 13 Uhr
Donnerstag
und Freitag
7.30 – 17.30 Uhr
Samstag
7.30 – 12 Uhr

Öffnungszeiten
Buch- und Kunst-
handlung
Montag bis Freitag
8.30 – 17.30
Samstag
8.30 – 12 Uhr
und 13 – 17 Uhr
Sonntag in der Zeit
von Ostern bis
Weihnachten
10.30 – 12 Uhr
und 13 – 17 Uhr

Das Lebensmodell der Benediktiner fußt auf dem Prinzip der Selbstversorgung, verbindet dieses aber mit einer ausgeprägten Weltoffenheit. Die Abtei Münsterschwarzach zeigt mit ihren Betrieben, wie aktuell die Rückbesinnung auf die überlieferten Kreisläufe heute erneut ist.

Die Buch- und Kunsthandlung lädt als Ausgangspunkt zu einer Entdeckung der Anlage ein. Bücher und Hefte dokumentieren die Geschichte der Abtei, die 816 gegründet wurde und ihr Erscheinungsbild mehrfach komplett veränderte. Der Kirchenbau wurde in seiner jetzigen Gestalt 1938 fertig gestellt. Die Münsterschwarzacher Benediktiner gehören zur 1884 gegründeten Kongregation von St. Ottilien, einer von 20 Ordensgemeinschaften, die sich in ihren Aktivitäten unterscheiden. Jedes Kloster ist in sich eine selbstständige Gemeinschaft. Zur überregionalen Bekanntheit der fränkischen Abtei hat vor allem die Prominenz eines Mönches beigetragen: Pater Anselm Grün. Mit des-

sen Erfolg nahm nicht nur der hauseigene „Vier-Türme-Verlag", der seine Autoren oft aus dem Kreis der Mitbrüder gewinnt, einen beachtlichen Aufschwung, sondern auch die Buchhandlung. Diese ist bestens bestückt mit Titeln, die das religiöse Leben in all seinen Facetten widerspiegeln. Im Regal finden sich, der weltoffenen Haltung entsprechend, auch Werke anderer Religionen wie der Koran, zudem Unterhaltungsromane und Belletristik. Auch wer als Gast des Hauses am umfangreichen Kursprogramm der Benediktiner teilnehmen möchte, erhält von der Einführung in die Kontemplation bis zum Meditationssitzkissen hier nützliche Unterstützung. Das Gästehaus bietet Durchreisenden, Radfahrern sowie allen am Klosterleben Interessierten Zimmer an. Tag für Tag zieht die Abtei Münsterschwarzach Orientierungssuchende, aber auch Neugierige an, die wissen möchten, wie Mönche heute leben – die meisten sind überrascht, dass es ganz normale Menschen sind, die sich

Im Kloster Münsterschwarzach lebt der Schöpfungs-
gedanke allenthalben fort. Im Klostergarten und im
Kreuzgang (linke Seite) vertiefen sich die Mönche in
ihren Glauben. Bei den Produkten des Klosterladens
(diese Seite) werden auch die Genießer fündig.

für ein Dasein im Kontrast zum Alltag ent-
schieden haben. Rund 80 Mönche haben in
Münsterschwarzach ihre Heimat gefunden.
Dazu kommen 320 Angestellte, unter ihnen
Verkäuferinnen, Krankenpfleger, Schreiner,
Gärtner, Tüncher, Spengler …, was eine
Gemeinschaft braucht, um existieren zu
können.

Öffnung für Gäste und Kunden

Die Bäckerei und die Metzgerei dienten
lange Zeit ausschließlich der Selbstversorgung der Mönche. Angesichts der Qualität,
die hier produziert wird, freut es einen, das
Angebot mit ihnen teilen zu können. Der
Anstoß für die Gründung des Klosterladens kam zum einen von Pater Anselm
Grün, zum anderen von den Herstellern
selbst. Metzgermeister Alfred Kolerus
und Bäckermeister Leo Stöckinger sahen
darin eine vielversprechende Möglichkeit,
die Betriebe wirtschaftlich auf eine breite
Basis zu stellen. „Traditionelles gepaart
mit Neuerungen", so umschreibt Leo
Stöckinger das Sortiment. Der Bäckermeister setzt auf Traditionen und orientiert sich
an Zyklen, die die Natur beziehungsweise
der benediktinische Kalender vorgibt. Am
23. November wird in Münsterschwarzach
in Erinnerung an die Schutzpatronin des
Ordens das Felicitasfest gefeiert. Es ist der
Stichtag für den ersten Christstollen. Viele
Kunden fragen schon früher danach, so
wie sie nach Erdbeerkuchen fragen, auch
wenn die Saison noch nicht gekommen
ist. Aber da macht der Bäckermeister nicht
mit. Neuen Richtungen verschließt er sich
deswegen nicht, etwa beim Weißbrot, das
in zahlreichen Varianten, sehr schön auch
in italienischer Zubereitung, angeboten
wird. Bei Brot und Brötchen hat man sich
darauf besonnen, den Teig lange zu führen,
was dem Geschmack gut tut.
Auch in Sachen Wein knüpft Münsterschwarzach an die Tradition an – seit
dem Sommer 2012 sind in der Abtei
wieder Klosterweine von den ehemaligen

Weinlagen des Klosters erhältlich. Rotwein verfeinert den Christstollen der Bäckerei und macht die Winzersalami der Metzgerei zu einer leckeren Spezialität. Aufgeschlossen gegenüber Neuerungen ist man auch bei Wurst und Fleisch. Als erste Metzgerei im Landkreis Kitzingen erhielt der Betrieb eine Zulassung, die ihm das Schlachten nach den strengen EU-Richtlinien erlaubt. Rinder werden in der Abtei gehalten, die in Muttermast großgezogenen Schweine liefert ein Betrieb aus dem Nachbarort. Wild kommt von Jägern aus der Region.
Kurze Wege und nachhaltige Kreisläufe sind dem Kloster, das sich energieneutral versorgt, ein großes Anliegen. Saubere und ehrliche Handwerksprodukte, die geschmacklich deutlich über dem Durchschnitt liegen, ebenso.

An diesem Maßstab lassen sich auch die anderen Produkte des Klosterladens messen, sei es der Käse, der zugekauft wird, das Gemüse, das die naturnah arbeitende Gärtnerei herstellt, der Kräuterlikör, den ein Bruder gebrannt hat, oder die Nudeln, die von einer befreundeten Abtei stammen. Persönliche Bekanntschaft und Transparenz ist dabei wichtiger als Sigelgläubigkeit.

Sinnliches und Sinnvolles: im Buchladen, in der Gold- und Silberschmiede, darunter auch ein Basilikumöl des Klosters.

Diese Devise gilt auch im Fair-Trade-Laden gleich nebenan. „Es ist der gemeinsame Geist, der uns sehr stark macht und uns bei der Arbeit unwahrscheinlich motiviert", sagt Wolfgang Keller als leitender Mitarbeiter der Abtei.
Der Geist ist lebendig. Andenken halten die Erinnerung wach. Beliebt sind Objekte aus der Gold- und Silberschmiede des Klosters. Ob christlich oder künstlerisch individuell gestaltet. Die Goldschmiedemeisterin Sabine Bechtel, die den Kunsthandwerksbetrieb leitet, und ihre Kollegen, verstehen sich auf beides. Im Kunstraum der Buch- und Kunsthandlung werden die Schmuckstücke präsentiert. Hier findet auch die fachmännische Kundenberatung statt. Hochwertige Einzelanfertigungen, zum Beispiel von Trauringen, gehören ebenso zum Repertoire der Gold- und Silberschmiede wie die Herstellung und die Aufarbeitung von sakralem Gerät. In der Buch- und Kunsthandlung wimmelt es nur so von Andenken und Zeichen. Denn einen zweiten Schwerpunkt bildet hier die christliche (Handwerks-)Kunst. Für alle Situationen, von der Wiege bis zur Bahre, gibt es Symbole – Kreuze, Engel, Kerzen … – alles in erstaunlicher Vielfalt.

Eine Wiege der deutschen Wein- und Kochkunst

von Johannes Gottfried Mayer

Aus dem Zusammenwirken von Wein, Küche und Medizin sind in Würzburg wegweisende Werke entstanden

In Würzburg wird seit langem Genuss und Lebenskunst gepflegt. Dies bezeugen zwei Werke aus dem Mittelalter, denn aus Würzburg stammen sowohl das älteste Weinbuch als auch das älteste Kochbuch in deutscher Sprache. Hier kann man sogar für soziale Zwecke Wein trinken und gut speisen, vor allem in den beiden großen alten Spitälern der Stadt, dem Bürgerspital und dem Juliusspital.

Das Bürgerspital zum Hl. Geist geht auf eine Stiftung des Würzburger Patriziers Johannes von Steren (1270-1329) zurück, der im Jahr 1316 ein Anwesen am heutigen Standort Ecke Theaterstraße/Semmelstraße zur Versorgung bedürftiger Menschen stiftete. Der Fürstbischof Gottfried von Hohenlohe bestätigte in einer Urkunde vom 23. Juni 1319 die Exemption mit einer Verwaltung des „Neuen Spitals" durch drei bürgerliche Pfleger. Damit war erstmalig eine Institution der Sozialfürsorge außerhalb der Kirche geschaffen worden. Für die Erhaltung des Spitals spielte der Weinbau eine wichtige Rolle. Durch viele Zustiftungen besaß das Bürgerspital im 16. Jahrhundert 58 ha Ackerland und 10 ha Weinberge. Im Verlauf des 19. Jahrhunderts gelang es, die Weinbergsfläche auf 35 ha zu erweitern. 1933 umfasste das gesamte Weingut 75 ha. So wurde das Bürgerspital – neben dem Juliusspital – zu einem der größten Weingüter in Deutschland. Eine weitere bedeutende Einnahmequelle stellen die sehr beliebten Restaurationen der Spitäler dar.

Ein Spital war nicht einfach das Krankhaus des Mittelalters und der frühen Neuzeit, es handelte sich vielmehr um eine umfassende soziale Einrichtung. Im Spital kamen Obdachlose genauso unter wie durchziehende Pilger, alte pflegebedürftige Menschen und natürlich auch Kranke. Durch Zahlungen und

Das Bürgerspital in einer Ansicht um das Jahr 1600. Es wurde an dieser Stelle vom Würzburger Patrizier Johannes von Steren im Jahr 1316 gegründet und lag damals noch am nördlichen Rand der Stadt in einer von Gärten geprägten Umgebung.

Stiftungen konnten wohlhabende Bürger sich eine großzügige Altersversorgung in eigenen Räumen im Spital sichern. Auch Fürstbischöfe besaßen ein soziales Gewissen. Der für die Entwicklung Würzburgs so entscheidende Fürstbischof Julius Echter von Mespelbrunn gründete neben der Universität auch das Juliusspital im Jahr 1576 und umschrieb sein Stiftungsziel folgendermaßen: „Mangel zu spüren für das arme, abgearbeitete und unvermögliche Volk, auch alte, kranke und pesthafte und verlassene Leute und Vorsorge geschehen zu lassen, wie es die jetzige jüngste Zeit erfordern will." Auch das Juliusspital erhielt zu seiner dauerhaften Versorgung von Beginn an Weinberge. Das Weingut konnte in seiner wechselvollen Geschichte ständig vergrößert werden. Der Wein aus Würzburg wurde schon im Spätmittelalter gerühmt. So schreibt der Nürnberger Arzt und Historiker Hartmann Schedel in seiner Weltchronik von 1493 über das Frankenland: „An vielen Orten sind die Berge mit Weingärten besetzt, die einen guten Wein hervorbringen, vor allem bei Würzburg."

Das Weinbuch des Gottfried von Franken

Die Quellen über Essen und Trinken im Mittelalter sind nicht sehr üppig, umso höher ist deshalb die Tatsache zu werten, dass sowohl das älteste in deutscher Sprache verfasste Kochbuch, als auch das erste Weinbuch des Mittelalters aus Würzburg stammen. Wohl noch kurz vor 1300 verfasste ein gewisser Gottfried, der in der Literatur auch Gottfried von Franken oder von Würzburg genannt wird, sein Pelz- und Weinbuch mit dem Titel „Liber de insertione arborum" (Buch vom Pelzen = Veredeln oder Pfropfen von Obstbäumen). Dieses Werk besitzt als zweiten Teil ein Weinbuch, das sich vor allem mit der Arbeit des Kellermeisters auseinandersetzt. Es ist ein völlig selbstständiger Teil, der auch einzeln überliefert wurde. Der lateinische Originaltext wurde nicht nur bald ins Deutsche, sondern zudem ins Englische, Tschechische und Spanische übersetzt. Es war also ein Werk von europäischer Geltung. Wein war vor der landesweiten Versorgung der Bevölkerung mit sauberem Trinkwasser von größter Bedeutung. Reines Wasser aus Brunnen in Städten konnte Krankheitserreger enthalten, so war der Wein das sicherste Getränk, oder wie Louis Pasteure – auf

Grabplatte des Johannes von Steren (1270-1329).

Rezeptseiten aus dem ,Buch von guter Spise' das in dem berühmten Hausbuch des bischöflichen Pronotars Michael de Leone, entstanden nach 1340, überliefert wird. Es ist das älteste Kochbuch in deutscher Sprache.

den das Pastorisieren zurückgeht – sagte: Wein ist das sauberste Getränk der Welt. Auch Wasser mit Wein vermischt war noch sicherer als reines Wasser. Deshalb war Wein für die Gesundheit äußerst wertvoll, und daher baute man Reben an, wo immer es ging. Wenn man den für heutige Verhältnisse sehr hohen jährlichen Verbrauch von Wein an Fürstenhöfen, Klöstern und Häusern des Großbürgertums, wie er aus den Rechnungsbüchern hervorgeht, beurteilen will, so muss eben jene besondere Bedeutung berücksichtigt werden. Die Menschen waren deshalb noch keine Alkoholiker, das gilt übrigens auch noch für den Geheimrat Johann Wolfgang von Goethe, der den Würzburger Wein bekanntlich besonders schätzte. Bier stellte immer nur die zweite Wahl dar, weil es bei weitem nicht so haltbar war. Wurde der Wein sauer oder gar schimmlig, so gebrauchte man jedes nur denkbare

Gartenansicht des Juliusspitals aus dem 18. Jahrhundert. Im Mittelteil befand sich vor dem Bau der Residenz auch die Stadtwohnung des Fürstbischofs. Der Garten war zugleich botanischer Garten der Universität.

Mittel, um ihn wieder trinkbar zu machen. Dieses Thema nimmt bei Gottfried von Franken großen Raum ein. Man scheute sich nicht, Wein mit Honig zu süßen, mit Gewürzen wie Muskat oder Gewürznelken zu verfeinern, ihn zu filtern – wobei Gottfried von Franken einen Kohlefilter beschreibt – oder sogar ihn aufzukochen. Daneben war Wein in der Heilkunde ein unersetzlicher Bestandteil. Es gab zum einen Arzneiweine, wobei Arzneipflanzen wie Salbei, Wermut oder Andorn in Wein eingelegt wurden. Beliebt waren in der Medizin Kräutertees, die mit Wein hergestellt wurden. Einzelne Kräuter oder Kräutermischungen wurden in Wein gekocht; den abgeseihten Trank nahm dann der Patient zu sich. Auch Gottfried von Franken beschreibt solche arzneilichen Kräuterweine.

In späteren Zeiten befassten sich namhafte Persönlichkeiten in Würzburg mit dem Weinbau. So der Botaniker Julius von Sachs (1832-1897), der über die Schädigung der Weinstöcke durch die Reblaus und die Schutzwirkung von Räucherungen gegen Frühjahrsfröste forschte. Noch viel berühmter wurde sein Schüler Hermann Müller-Thurgau (1850-1927), der – allerdings nicht mehr in Würzburg – die nach ihm benannte Rebsorte entwickelte.

Das erste deutsche Kochbuch

Etwa 50 Jahre nach Gottfried von Würzburg, im Verlauf der 40er Jahre des 14. Jahrhunderts, entstand das Hausbuch des bischöflichen Pronotars Micheal de Leone, der sich nach dem Löwenhof in der Dominikanergasse (Nr. 6) benannt hatte. Es überliefert – neben Liedern Walthers von der Vogelweide und anderen Texten – auch das „Buch von guter Spise", das älteste erhaltene Kochbuch in deutscher Sprache überhaupt. Es enthält 96 Rezepte, die, mit zeitgemäßen Modifikationen zubereitet, sicherlich heute noch munden. Sie geben einen Einblick in die leicht gehobene Küche des 14. Jahrhunderts, wie sie in Klöstern oder in der bürgerlichen Küche gebräuchlich war. An den großen Höfen speiste man noch üppiger.

Dass Würzburg in dieser Zeit ein wichtiger Ort für deutsche Sachliteratur gewesen sein muss, bezeugt noch ein weiterer Autor: Ortolf von Baierland. Er war Wundarzt am Dietrich Spital, dem Vorläufer des Juliusspitals, das am Oberen Markt angesiedelt war. Sein „Arztbuch", das er kurz vor 1300 verfasste, also etwa zeitgleich mit Gottfrieds Pelz- und Weinbuch, stellt eine Zusammenfassung des damaligen medizinischen Wissens in der Volkssprache dar. Es wurde zum bedeutendsten medizinischen Werk deutscher Sprache des Mittelalters überhaupt. So kamen damals Wein, Koch- und Arzneikunst zusammen, drei Aspekte, die auch heute noch für Würzburg von großer Bedeutung sind.

Altehrwürdige Stiftung, junger Geist

Jahrhunderte alte Tradition, das „Geburtshaus des Bocksbeutels" und ehrwürdige Gewölbe, in denen der weltweit älteste, authentische Wein anno 1540 aufbewahrt wird, zeugen von der bedeutsamen Rolle des Würzburger Bürgerspitals. Von „altfränkischer" Mentalität ist man weit entfernt. Das Weingut pflegt einen jungen Geist und setzt, für Franken eher untypisch, starke Akzente beim Riesling.

Weingut Bürgerspital

Theaterstr. 19
97070 Würzburg
Tel. 0931 / 3503441
weingut@
buergerspital.de
www.
buergerspital.de/
weingut

Weinhaus

Ecke Theater-/
Semmelstraße
Tel. 0931 / 3503403
weinhaus@
buergerspital.de
www.
buergerspital.de/
weinhaus

Öffnungszeiten:
Montag
9 – 18 Uhr
Dienstag bis Samstag
9 – 24 Uhr
Sonntag
11 – 24 Uhr

Johannes von Steren, ein Würzburger Patrizier, legte 1316 mit einem Heim für pflegebedürftige und alte Menschen den Grundstein für das Spital. Eine nach ihm benannte Weinserie verweist noch heute auf den selbstbewussten Bürgersohn. Erste Weinberge sind seit 1334 dokumentiert. Dienten sie damals noch zur Eigenversorgung der Heimbewohner, unterstützt das Weingut heute gemeinsam mit den Liegenschaften die Stiftung und die dazugehörigen Wohnheime. So hilft jeder erfolgreiche Jahrgang, den sozialen Auftrag fortzusetzen. Eine segensreiche Einrichtung von beachtlicher Größe: Mit rund 120 Hektar Anbaufläche zählt das Bürgerspital zu den deutschen Top Ten.

Nach und nach hat sich das Haus Weinberge in den besten Steillagen gesichert. Sie heißen Würzburger Stein, Innere Leiste, Pfaffenberg und Randersackerer Teufelskeller und liegen alle auf der Südseite. Ganze 30 Prozent gehören dem Riesling, dessen Anteil in Franken sonst bei etwa vier bis fünf Prozent liegt. Ein Paradeprodukt: Die Rieslinge aus dem Weinberg am Stein beeindrucken durch ein feines und lang anhaltendes Aroma. Robert Haller, seit 2007 Weingutsleiter im Traditionsbetrieb, schreibt das unter anderem dem Muschelkalkboden zu. Durch diesen werde „die Säurespitze gekappt". Daher wirkt der Riesling wesentlich weicher als die typischen Vertreter dieser Rebsorte, wie sie im Rheingau und an der Mosel produziert werden, ohne Mineralität und Salzigkeit einzubüßen.

Wie überall gilt auch hier die Erkenntnis: Ohne harte Arbeit im Weinberg keine hervorragenden Weine. Trotz großer

„Es müssen viele Faktoren zusammentreffen, um einen großen Wein entstehen zu lassen. Die bedeutendsten sind aber exzellente Standorte und leidenschaftliche Winzer, die dem Berg die Qualitäten abtrotzen, die unabdingbar für einen Spitzenwein sind."
– Robert Haller

Anbauflächen ist gutes Handwerk gefragt. Aufwendige Handarbeit am Rebstock, am Boden und bei der Lese. Nur so können die Menschen der Natur ein hochwertiges Produkt abringen. Aus vertrauten Rebsorten entstehen dichte und feinmineralische Weine mit zunehmend besserem Alterungspotenzial. Im Rahmen des seit 1969 bestehenden Wettbewerbs „International Wine and Spirit Competition" wurde das Bürgerspital 2011 sogar als bester deutscher Produzent des Jahres ausgezeichnet. Die Verbindung von Tradition und Innovation trägt das Haus auch mit dem im November 2011 eröffneten Weinhaus nach außen. Einen Besuch im Keller muss man buchen. Es ist eine reizvolle Erfahrung. Oben herrscht buntes städtisches Treiben. Unten taucht man in ein Paralleluniversum ein. Hier werden die inneren Werte des Hauses auf den Punkt gebracht. Modernste Technik und dunkles Gewölbe, blitzende Stahltanks und imposante Eichenholzfässer, verlockende Schatzkammern und einladende Säle, die für Feiern und Weinseminare genutzt werden. Das eine wie das andere hat hier seinen Platz gefunden.

Die Weinberge im Würzburger Stein sind weltberühmt und liefern hervorragende Weine. Der Stein ist ca. 85 Hektar groß, sehr steil, mit einer Steigung von 30 bis 75 Prozent. Dem Bürgerspital gehören ca. 32 Hektar, davon acht Hektar Stein-Harfe, dem Herzstück der Weinlage (Bild oben).

Im Haus, das als Geburtsstätte der fränkischen Bocksbeutelflasche gilt, ruhen einige Schätze, so vor allem der Steinwein anno 1540 (rechts unten).

Mehr als ein Weingut, ein Gesamtkunstwerk

Weingut Juliusspital
Klinikstr. 1
97070 Würzburg
Tel. 0931 / 3931400

Vinothek
„Weineck Julius Echter"
Koellikerstr.1/2
97070 Würzburg
Tel. 0931 / 3931450

weingut@
juliusspital.de
www.juliusspital.de

Öffnungszeiten
Vinothek
Montag bis Freitag
9.30 – 18.30 Uhr
Samstag
9 – 16 Uhr

Dem Juliusspital kann sich der Genießer auf verschiedenste Weise nähern. Ein Weg führt über das breite Angebot an Weinen zur Vielfalt der fränkischen Lagen, ein anderer von der grandiosen Architektur zu den Sehenswürdigkeiten im Park und im Gebäude selbst. Ein weiterer von der Stiftung und dem sozialen Auftrag zur Geschichte des Spitals. Und alle Wege verbinden sich am Ende zu einem einzigartigen Gesamtkunstwerk, mit der Weinkultur als Höhepunkt.

Am 12. März 1576 legte der Würzburger Fürstbischof Julius Echter von Mespelbrunn den Grundstein der Stiftung, die gemeinnützige und mildtätige Zwecke erfüllen sollte: die Pflege von Armen und Bedürftigen. Das Spital wandelte sich zu einer modernen medizinischen und karitativen Einrichtung. Von der wegweisenden wissenschaftlichen Bedeutung zeugt heute noch der Bau der Alten Anatomie, die sich im Gartenpavillon der Parkanlage befand. Die Geschichte der Stiftung würde alleine ein Buch füllen, immer aber geht sie so aus: Der Wille zur Erhaltung ist stärker als Zerstörungen durch Brände und Kriege.

Von den Schicksalsschlägen, auch den Verheerungen des Zweiten Weltkriegs, hat sich die Stiftung stets wieder erholt. Durch die gewachsene Historie hat sie vielmehr an Gewicht gewonnen.
Darauf lässt sich ein Glas erheben und an die Jahrhunderte alte Tradition des Weinbaus denken. Neben Landwirtschaft und Forsten trägt der Wein nicht nur zum Genuss, sondern auch zur Finanzierung des sozialen Auftrags bei. Und das 170 Hektar starke Weingut, nach dem Konglomerat der Hessischen Staatsbetriebe immerhin das zweitgrößte Weingut Deutschlands, meistert seine Aufgabe mit

Bravour. Die Weinberge verteilen sich auf das gesamte fränkische Anbaugebiet und hier auf alle Paradelagen mit berühmten Namen wie „Würzburger Stein", „Randersackerer Pfülben", „Escherndorfer Lump", „Rödelseer Küchenmeister" und „Iphöfer Julius-Echter-Berg". Flagge zeigt das Weingut mit dem Silvaner. Kein anderes Weingut der Welt kann so viele Silvaner aus so vielen Lagen – mehr als zehn an der Zahl – repräsentieren.

Generell verfügt das Haus über eine breit abgesicherte Weinkompetenz: vom leichten, duftigen Gutswein über die Weine im Lagenbereich, die die Schichtstufenlandschaft des Trias zum Ausdruck bringen, bis zu den Top-Gewächsen, wo das Weingut bestrebt ist, auf gleicher Höhe mit den besten trockenen Weißweinen der Welt zu liegen. Die Auszeichnungen, u.a. mit dem Bundesehrenpreis und dem Staatsehrenpreis, reihen sich wie eine Perlenkette aneinander. Sie sind das Verdienst eines Teams, in dem jeder Winzermeister seine Weinberge genau kennt und jeder Kellermeister weiß, wo der Wein herkommt und wie er sich entwickelt. Weingutsleiter Horst Kolesch versteht sich als Regisseur des Ganzen – „Regisseur" ist im Burgundischen auch die Bezeichnung für einen Gutsverwalter.

Mehrmals im Jahr verwandelt sich das schlossartige Ensemble wirklich in eine Bühne. Ein Highlight bilden die Kulturtage im Mai. Führungen an Wochenenden und Weinproben laden dazu ein, hinter die Kulissen zu schauen und den Flaschen bis in das sagenhafte Kellergewölbe nachzusteigen. Mit einem Glas von einer Weinprobe lässt sich der Aufstieg vorbereiten.

Eine Bühne, auf der jeder seinen Platz hat: Weingutsleiter Horst Kolesch (ganz links) mit seinen Mitarbeitern bei einer Pause. Die Holzfässer im Keller sind nicht nur Show, sondern werden auch genutzt. Das Weingut Juliusspital atmet viel Geschichte. Auf die Anfänge der Stiftung anno 1576 verweist die Steinerne Stiftungsurkunde im Durchgang zum Hof (unten rechts).

Als das Holz auf Reisen ging

"Werzborch" und die Flößer

von Birgit Jauernig

"Ein robusteres, derberes, hochstämmigeres Geschlecht als das der Flößer hier zu Lande hat die ganze Provinz nicht aufzuweisen."

Dieses Zitat aus der "Bavaria" von 1865 ist nur eine von zahllosen Charakterisierungen im Laufe der Jahrhunderte. Die Vorstellung vom Flößer als einem urwüchsigen, naturverbundenen Mann, stolz, trink- und rauflustig, ein Frauenheld obendrein, zieht sich durch die Zeiten. Die Männer, die nur mit einer eisenbewehrten Stange die großen Flöße auf dem Main lenkten, zogen mit ihrer meist stattlichen Erscheinung die Blicke der Frauen auf sich und weckten Fernweh und Abenteuerlust bei den Männern. Die "Hetzfelder Flößerzunft", eine 1905 in Heidingsfeld gegründete Gemeinschaft von Künstlern und Kunstfreunden um die Brüder Schiestl, wählte den Flößer zur Leitfigur und widmete ihm zahlreiche Lieder, Gedichte und Grafiken.

Vom Mittelalter bis zur Mitte des 20. Jahrhunderts versorgten die Flößer aus dem Frankenwald ganz Mainfranken mit Bauholz, Brettern und den verschiedensten Holzprodukten vom Fassholz bis zu den

Linke Seite: Die rasante
Fahrt mit dem großen
Mainfloß durch die
Würzburger Floßgasse
(Fotografie von 1936).

Diese Seite:
„Des Flößers Maienlust"
Der Kirchenmaler
Eulogius Böhler bildete
für eine Festschrift der
„Hetzfelder Flößerzunft"
zur Maifeier 1910 ein
Mainfloß mit Flößern ab.
Im Hintergrund sind als
Wahrzeichen Würzburgs
die Festung Marienberg,
der Aussichtsturm
Frankenwarte und
das Käppele, wie die
Wallfahrtskirche Mariä
Heimsuchung genannt
wird, zu sehen.

Weinbergspfählen. Die Entwicklung einer Stadt hing früher in hohem Maße von einer guten Versorgung mit dem damals wichtigsten Rohstoff, dem Holz, ab. Per Floß wurde das Bauholz für die Würzburger Residenz mitsamt den Schieferplatten für die Dachdeckung geliefert. Und es war wieder Floßholz, das nach der Zerstörung Würzburgs 1945 das große Deckengemälde Tiepolos in der Residenz vor dem Einsturz rettete.

Enorme „Würzburger Stücke"

„Der ganze Main war hölzern", erinnerte sich ein Flößer aus dem Frankenwald, der seit seiner Schulzeit jedes Jahr vom Frühling bis in den Herbst hinein auf dem Floß stand. Um 1872 passierten jährlich über 2000 Flöße die Floßgasse der mainaufwärts gelegenen Stadt Schweinfurt. Die großen Mainflöße hießen „Würzburger Stücke"

und waren bis zu elf Meter breit und 130 Meter lang. Addiert man sie, so trieb gegen Ende des 19. Jahrhunderts Jahr für Jahr ein Floß von 270 km Länge auf dem Main, bestehend aus rund 1.670.000 Festmetern Holz.

Der einst flache und breite Main war wie zum Flößen geschaffen. An seinen Quellflüssen lagen große Wälder, und der Holzbedarf seiner Anwohner wuchs mit jedem Kilometer flussabwärts. Erst mit der Kanalisierung, die sich ab 1820 von Mainz beginnend flussaufwärts vorarbeitete, wurde es für die Flößer zunehmend ungemütlich: Die zahlreichen Staustufen bilden für die schwer manövrierfähigen Flöße gefährliche Hindernisse und nahmen außerdem die natürliche Strömung weg. Auf den kanalisierten Strecken mussten die Flöße geschleppt werden. Auch der zuneh-

Mainfloß bei Ochsenfurt, 1936: Das ganze Körpergewicht mussten die Flößer einsetzen, um mit dem Floßbaum das schwere Floß zu lenken. Dabei stießen sie die eiserne Spitze in den Grund des Flusses und nutzten die Hebelwirkung aus.
Alle Bilder dieses Beitrags stammen aus dem Archiv des Flößermuseums Unterrodach.

mende Schiffsverkehr, den die Mainkorrektur fördern wollte, behinderte die Flößerei beträchtlich. Legendär waren die Konflikte zwischen Flößern und der Besatzung der „Mainkuh", des Kettenschleppbootes; sie endeten nicht selten vor Gericht.

Würzburg hatte mit seinem ab 1889 modernisierten Wehr und der neuen Floßgasse eine besondere Herausforderung für die Flößer parat. Um den städtischen Mühlen so wenig Wasser wie möglich zu entziehen, wurde die Schleuse nur kurz geöffnet und das Floß schoss ohne Vorwasser durch die enge Floßrinne geradewegs auf eine Flussbiegung zu. Was für die staunenden Zuschauer auf der Alten Mainbrücke ein willkommenes Schauspiel darstellte, war für die wenigen Männer auf den gewaltigen Flößen ausgesprochen gefährlich.

Mit fortschreitender Kanalisierung gaben die Flößer in den 1950er Jahren endgültig auf. Die Männer, die das abwechslungsreiche und unabhängige Leben auf dem Floß gewohnt waren, konnten sich nur schwer mit der Monotonie eines normalen Arbeitsplatzes anfreunden und suchten sich lieber eine Arbeit in den Wäldern und in der Baubranche, oft weitab von ihrer Heimat.

Die Menschen am Main hielten im Frühjahr vergebens Ausschau nach den ersten Flößen und verloren mit den kühnen Männern aus dem Frankenwald ihren Traum von Unabhängigkeit und Abenteuer. Und die Stämme, die früher in Gestalt eines einzigen Mainfloßes aus rund 800 Festmetern Holz lautlos und energiesparend mit der Strömung trieben, müssen heute auf 16 Langholzfahrzeuge verteilt werden.

Büttnerei Aßmann
Mühlweg 4
97776 Eußenheim
Tel. 09353 / 7194
www.holzfass-assmann.de
info@holzfass-assmann.de
Termine nach Vereinbarung

Feinstes Holz veredelt Weine

Fassbauer waren einst in so gut wie jeder Stadt zu Hause. Bis moderne Edelstahltanks in die Brauereien und Weinkeller einzogen. Seitdem sind Fassbauer rar geworden – sehr rar.

Karl Aßmann vor dem fachmännisch eingeschnittenen Holz. Die getrockneten Latten, sogenannte Dauben, werden nach dem Zuschneiden mit Metallreifen zum Fass aufgesetzt. Wasserdampf macht das Holz formbar, Feuer trocknet es wieder.

Die Büttnerei in Eußenheim bei Karlstadt ist der einzige Betrieb in Bayern, der noch Holzweinfässer herstellt. Aussterben wird das alte Handwerk deswegen nicht. Anders als beim Bier, das in ausgepichten, geschmacksneutralen Fässern gelagert wird, darf, ja muss man bei Wein, der im Holzfass lag, den Unterschied schmecken. Das für ein Weinfass verwendete Holz gehört zum Edelsten überhaupt: gut riechendes, 200 Jahre altes Eichenholz regionaler Herkunft, vom Regen ausgewaschen und über Jahre an der Luft getrocknet. Bis zu 50 Prozent eines Stammes kommen als Abfall auf die Seite. So bleibt nur astreines, feinporiges Holz übrig. Die Holzreste verwendet die Büttnerei unter anderem für das Toasten. Die Hitze setzt Vanillin und Phenole frei, jene Röstaromen, die als Barrique-Noten, speziell bei Rotweinen

erwünscht sind. Über die Feinheiten der Holzbearbeitung entscheidet Andreas Aßmann in Abstimmung mit dem Winzer. Als anspruchsvoller Fassbauer ist es sein Anliegen „nicht nur Fässer zu verkaufen", sondern diese wie ein Kunsthandwerker „nach den Wünschen der Kunden zu kreieren", und zwar in unterschiedlichen Größen von 5 Litern bis 4.000 Litern Fassungsvermögen. Der wesentliche Vorteil der Fasslagerung besteht darin, dass der Wein durch das Holz atmen kann und somit schneller reift.

Die Büttnerei ist relativ jung: 1945 von Josef Aßmann gegründet, wurde sie 1996 von Karl Aßmann an Andreas Aßmann übergeben. Das Handwerk ist indes weit über 2000 Jahre alt und auch in Zukunft unverzichtbar. Obwohl die Europäische Union das Holzchips-Verfahren zugelassen hat, bei dem der Weinmacher ohne Holzfass auskommt – ganz richtig: mit Holzchips –, ist die Nachfrage nach Holzfässern seit den 1990er Jahren wieder gestiegen. Während die Büttnerei Aßmann anfangs 10 bis 20 Barrique-Fässer pro Jahr herstellte, verlassen inzwischen 400 den Betrieb. Bei guter Pflege hält ein Fass problemlos 100 Jahre. Dank der Reparaturdienste der Büttnerei kann es uns alle um Längen überleben.

Steinernes Weltkulturerbe, flüssige Weinkultur

Jeder Weinkeller ist auf seine Weise anders. Manche ähneln einer blitzsauberen Fabrikanlage, andere haben den rustikalen Charme einer Bauernhütte. Wieder andere sehen aus wie, oder besser sind Katakomben.

Staatl. Hofkeller Würzburg

Rosenbachpalais
Residenzplatz 3
97070 Würzburg
Tel. 0931 / 3050923
www.hofkeller.de
hofkeller@
hofkeller.bayern.de

Öffnungszeiten
Vinothek:
Montag bis Freitag
9 – 18 Uhr
Samstag
9 – 14 Uhr

Wer den Staatlichen Hofkeller unter der Residenz besucht, taucht in ein Paralleluniversum ein. Verschlungene Gänge, 891 Meter lang, überwölbt von bis zu acht Meter hohen Decken mit einer Spannweite von bis zu zehn Metern, eingetaucht in Kerzenlicht, gesäumt von kunstvoll beschnitzten Holzfässern …
Der Traum eines Weinliebhabers.

Die Geschichte des Weinguts reicht in das Jahr 1128 zurück. Die Besitzer wechselten seitdem mehrfach. Dabei befand sich das traditionsreiche Haus immer in der Hand der Mächtigen. Zunächst der Kirche,

dann der Bischöfe und Fürstentümer, der bayerischen Krone und schließlich, ab 1918, des Staates. Seit 2005 leitet ein Weinmanager die Geschicke. Der gebürtige Moselaner und Oenologe Michael Jansen, der 23 Jahre lang in einem internationalen Weinunternehmen in verantwortlichen Positionen tätig war, richtete den Hofkeller nach klaren wirtschaftlichen Prinzipien aus. Der Geschäftsführer orientiert sich an Zahlen, weiß aber auch, wofür die Zahlen stehen. Immerhin handelt es sich bei Wein um ein organisches Produkt, das sich nicht bis ins letzte Detail berechnen lässt. Von Jahr zu Jahr und von Wein zu Wein

1719 erhielt Balthasar Neumann von Johann Philipp Franz von Schönborn den Auftrag zum Bau der Residenz einschließlich eines „vorzüglichen Weinkellers". Der Staatliche Hofkeller pflegt die Tradition mit Freude und entwickelt sie weiter – innen und außen, oben und unten. In der Mitte der drei Fässer auf dem oberen Bild: das legendäre Beamtenfass mit einem Fassungsvermögen von 50.000 Litern.

muss jede Sorte einzeln erwogen werden. Bei einem gewachsenen Weingut mit 120 Hektar Größe, dessen Weinberge sich weit über Unterfranken, vom Spessart bis in den Steigerwald, verteilen, eine Herausforderung. Das Hofkeller-Team nimmt diese mit innovativem Schwung an. Michael Jansen ist mit Leidenschaft sehr nah am Wein dran, besucht regelmäßig die Weinberge, probiert sämtliche 120 Weine nach der Gärphase und bei der Jungweinprobe mit aus und berät sich mit den Kellermeistern. Experimente im Keller, etwa bei Cuvées und mit Spontanvergärung, stehen nicht im Widerspruch zur Traditionsverbundenheit, sondern ergänzen sich damit.
Eine Besonderheit des Hofkellers besteht nicht zuletzt darin, dass er als einziges frän-

kisches Weingut Weine auf vier verschiedenen Gesteinsformationen anbaut, während andere höchstens drei vorweisen können. Neben Buntsandstein, Muschelkalk und Keuper wird das Urgestein, eine Mischung aus allen drei Bodentypen, genutzt. Es begünstigt rassige, säurebetonte Weine mit viel feiner Frucht. „In Abhängigkeit von der Sorte kann das Terroir aus dem Boden herausgeschmeckt werden. Das macht die Sache so spannend", führt Jansen aus. Der Riesling vom Urgestein, ein Steckenpferd des Hauses, kommt kernig und fruchtig daher, jener vom Muschelkalk weicher. Der Stil der Weißen ist hier wie dort klar und fruchtbetont, ob bei Riesling, Silvaner, Weißburgunder oder einer der anderen klassischen Rebsorten. Nur fünf Prozent davon baut der Hofkeller im Holzfass aus. Beim Rotwein ist es die gesamte Produktion. Die nächsten Weine warten schon darauf probiert zu werden, bei einem Menü, zu einem schönen Film, bei einer Führung... Für einen Besuch des Kellers gibt es tausend Gründe. Wie für einen Besuch des beinahe 1000 Jahre alten Weingutes auch.

„Ich bin mit Leidenschaft sehr nah dran am Wein."
– Weingutsdirektor Michael Jansen

Wahlverwandtschaften

„Sende mir noch einige Würzburger, denn kein anderer Wein will mir schmecken", schrieb Goethe in einem Brief an seine Frau Christine über seinen Lieblingstropfen, den Steinwein.

Weingut am Stein
Ludwig Knoll
Mittlerer
Steinbergweg 5
97080 Würzburg
Tel. 0931 / 25808
mail@
weingut-am-stein.de
www.
weingut-am-stein.de

Öffnungszeiten
WeinWerk:
Montag bis Freitag
14 – 20 Uhr
Samstag
10 – 17 Uhr
Januar bis März:
Montag bis Freitag
14 – 18 Uhr
Samstag
10 – 14 Uhr

Er hätte wohl auch in Zeiten progressiver Weinerlebniswelt seine Freude daran. „Die Lage allein ist eine Verpflichtung, da muss man auf Qualität setzen", weiß Ludwig Knoll vom Weingut am Stein. Die Architektur und der Wein haben sein Domizil in kurzer Zeit zu einem Lieblingsort vieler Weinliebhaber gemacht. Da ist es ganz egal, dass der Steinwein nur einen geringen Teil des Sortiments ausmacht.

Sein zupackendes Talent konnte Ludwig Knoll früh unter Beweis stellen: 1988 übernahm er, erst 18 Jahre alt, den noch relativ kleinen Familienbetrieb, parallel zum Studium der Oenologie in Geisenheim. Der Vater ließ dem Sohn sämtliche Freiheiten und so konnte der junge Winzer zusammen mit seiner Frau Sandra an allen Ecken und Enden eigene Akzente setzen. In Sandra Knolls Worten heißt das: „Engagement, Freude, heimisches Qualitätsbewusstsein." Mutig investierte das Paar in die Zukunft. In der Spitzenlage am Stettener Stein, 20 Kilometer westlich von Würzburg, erwarb es einen großen Teil neuer Flächen, insgesamt 14 Hektar. Hinzu kommen Weinberge an der Inneren Leiste, am Randersackerer Sonnenstuhl und kleine Parzellen am Würzburger Stein selbst. 2007 ging für Ludwig Knoll ein lang gehegter Wunsch in Erfüllung: Die komplette Bewirtschaftung wurde anspruchsvollen, biodynamischen Richtlinien angepasst. Der Winzer erwartete sich von der Umstellung nicht nur gesündere Rebstöcke, sondern authentischere Weine. Die starke Selektion der Trauben und eine verlängerte Maischestandzeit unterstützen den ausdrucksstarken, klaren Geschmack. Silvaner führen

Auch das ist das
Weingut am Stein:
der Stettener Stein,
westlich von Würzburg.

das Programm an, gefolgt von Burgundern
– ein Faible des Ehepaars Knoll – dann
Rieslingen und Müller-Thurgaus. Eine
Klasse für sich stellen die ausgezeichneten
Weine aus 40 bis 70 Jahre alten Reben dar,
die nach dem Sohn Vincenz „Vinz" getauft
wurden. Der Tochter Antonia ist ebenfalls
eine Linie gewidmet. Enge Bande bestehen
zum Weingut Rainer Sauer in Escherndorf.
Beide bauen einen Teil ihrer Ernte in einem
luftdurchlässigen Beton-Ei aus und produzieren damit hochkarätige, mineralische
Weißweine.

Es ist schwer, zu unterscheiden, was schö-
ner ist: der Wein oder das Erlebnis, das ein
Besuch des Weingutes am Stein bietet. „Der
Wein steht immer im Mittelpunkt", sagt
Ludwig Knoll aufgrund der zahlreichen
Besichtigungsanfragen. Die Weinerlebnis-
welt, einschließlich Kelterhaus, Apparte-

*„Die Lage allein ist
eine Verpflichtung."
– Ludwig und
Sandra Knoll*

ment, Küchenhaus, Vinothek und Einkauf,
ist aber auch ungemein attraktiv. Sie zieht
neben dem etablierten Stammpublikum
erfreulich viele junge Menschen an, die
gerne in spektakulärem Ambiente feiern,
sich aber eben auch für Weinseminare und
Spaziergänge durch die Weinberge interessieren (wichtig: rechtzeitig anmelden).
Ganz nebenbei lädt das Weingut zusammen mit Bernhard Reiser, dem Chef des
Restaurants „REISERS", zu vorzüglichen
Kochabenden ein.

Was wäre Franken ohne Bocksbeutel?

Der Bocksbeutel ist eine der merkwürdigsten Flaschen, die es auf der Erde gibt.
Seine Herkunft wird häufig auf Franken gemünzt, jedoch gibt es keine Nachweise. Somit ist das genaue Aufkommen nicht vollständig geklärt.

von Markus Mergenthaler

Die Urform aller Gefäße ist die Kugel. So sind Platt-, Feld-, und Pilgerflaschen und der Bocksbeutel zu den Urformen der Gefäße zu rechnen. Sie sind im Prinzip nichts anderes als eine auf den Seiten flachgedrückte Kugel mit einem mehr oder weniger langen Hals und einer Standfläche. Materialien wie Leder, Holz, Ton, Metall oder Glas wurden zur Herstellung innerhalb eines Zeitraumes von über 3000 Jahren verwendet. Die jeweiligen Besitzer nutzten ihre Flasche für verschiedenste Flüssigkeiten wie Wasser, Most, Wein oder Bier.

Um die sonderbare bauchig und flach-gedrücke Flaschenart, die man in Franken als Bocksbeutel bezeichnet, herzustellen, wurden Form und Material dem jeweili-gen Zeitgeschmack und dem technischen Fortschritt angepasst, der den Wohlstand des Besitzers der Flasche mit einschloss. In fast jedem Buch, Aufsatz oder Katalog über Flaschen, Glas oder Wein finden sich Hin-weise und Bemerkungen zu dieser eigenar-tigen Gefäßform. Dass der Bocksbeutel als Weinbehältnis in Franken erfunden wurde, ist jedoch leider nicht so ganz richtig, denn bereits vor Christi Geburt kennt man diesen Flaschentyp.

Bei dem Wein aus dem Würzburger Bürgerspital, der 1726 in Flaschen mit Siegel abgefüllt wurde, dürfte es sich wohl um die ersten gesiegelten Glasbocksbeutel in Franken handeln. Schon zuvor finden sich um 1600 Flaschen dieser Art in Frank-reich, den Niederlanden und England. Zweifelsohne entwickelte sich jedoch der Bocksbeutel ab dem 18. Jahrhundert zum

Synonym für fränkische Weinkultur. Er gilt weltweit als Symbol für fränkische Individualität und bürgt für hervorragende Qualität des Inhaltes.

Historische Vorläufer: Feld- und Pilgerflaschen

Klassische Archäologen behaupten, dass die Ursprünge der seltsamen Flasche mit Bauch schon in der Antike liegen. Bereits dort verwendete man Vorratsgefäße aus Ton, teilweise auch aus Glas in runder Form. Vielfach hatten diese Flaschen kei-nen flachen Boden, anders als der uns heu-te bekannte Bocksbeutel. Man konnte das Gefäß dank extra angebrachter Ösen oder Henkel aufhängen. Die Behältnisse konn-

Bocksbeutel mit Prägung Weingut Bürgerspital Würzburg 1319, Anfang 20. Jh.

Von links nach rechts: Englisches Dekantiergefäß in Bocksbeutelform, um 1890 – Bauchiges Trinkgefäß aus Spanien, um 1900 in der Art eines „Porron" – Bocksbeutel mit Bauchsiegel, Staatliche Hofkellerei Würzburg, um 1920 – Bocksbeutel England um 1850.

ten so am Körper, am Sattel von Last- oder Reittieren hängen und dem Reisenden mit nahezu einem Handgriff zur Verfügung stehen. Sie dienten zur Aufbewahrung von Getränken und Tinkturen aller Art, man verwendete die Flaschen bei der Feldarbeit, im Alltag und auf Reisen, in Fachkreisen nennt man diese auch häufig „Feld- und Pilgerflaschen". Aus dieser Zeit, vermutet man, kommt auch die ungewöhnliche Form der

Pilgerflasche, Keramik; römisch, 1. Jh. v. Chr.

Bocksbeutelflasche mit dem flachgedrückten Bauch und dem angesetzten Hals. Das Gefäß fand vor allem als Flasche am Gürtel Verwendung. Wäre die Flasche mit einem kugelrunden Bauch versehen, würde diese am Gürtel ständig hin und her rollen und den Träger bei der Arbeit oder auf Reisen stören.

Neben Ton und Glasflaschen gab es auch edlere Ausformungen in Silber und Zinn, aufwendig verziert mit Gravuren. Ab dem 17. Jahrhundert existierten in Europa bereits Bocksbeutelflaschen mit Boden und Emailbemalungen. Besonders Barock und Rokoko bedienten sich des Bocksbeutels als Malgrund. Die Flaschenform eignete sich in allen erdenklichen Größen zur Aufbewahrung von alkoholischen Getränken, also Wein, Bier, Schnaps und Likör, aber auch für Wasser und in jüngster Zeit sogar für Schnupftabak.

Mit dem 15. Jahrhundert beginnt die Produktion der gläsernen Weinflaschen, und im 18. und 19. Jahrhundert setzen sich diese als „Massenprodukt" und damit als Abfüllflaschen allmählich durch. In dieser Zeit entstanden auch die gläsernen Siegel auf Flaschen als der erste Hinweis auf den Abfüller des Weines. Heute sind es Millionen von Flaschen mit dieser sonderbaren Form, die in den Glasfabriken für verschiedenste Weinanbaugebiete weltweit produziert werden. Zum Beispiel kennt man Bocksbeutel in England, Holland, Chile, Portugal, Zypern, Rumänien, Nordamerika, selbst in Australien. Natürlich wird er in diesen Ländern nicht ausschließlich für Wein verwendet, sondern unter anderem häufig für Whisky.

„Booksbüdel", „Buggesbüdel", „Bugsbeutel"

Woher aber kommt überhaupt der Begriff Bocksbeutel? Um es gleich vorwegzunehmen: Hierfür gibt es keine plausible Erklärung. Am unglaubwürdigsten ist die im ländlichen Sprachgebrauch in jüngerer Zeit verbreitete Meinung, dass der Name vom Hodensack des Ziegenbockes abstammen würde. Dazu nur so viel: Wer weiß denn heute noch, wie der Beutel eines Bockes aussieht?

Die wohl eindeutigsten Erklärungen befinden sich in einer Publikation aus dem Jahr 1970. Hermann Jung beschreibt zunächst eine Begebenheit im 7. Jahrhundert. Da ist die Rede von Benediktinerinnenklöstern in Ochsenfurt und Kitzingen, denen die Klosterknechte statt Gebetsbuchtaschen weinabgefüllte „Booksbüdel" oder „Buggesbüdel" (Buchflaschen) nachgetragen haben sollen. Bugges entspricht dem Buchsbaum, das würde bedeuten, dass es Flaschen aus Buchsbaum waren. Im Mainzer Römisch Germanischen Zentralmuseum in Mainz findet sich tatsächlich eine solche Flasche des 6. Jahrhunderts aus Buchsbaum. Sie stammt aus einer Grabung im Kölner Dom, aus dem Grab eines fränkischen Knaben. Das ist eine Variante wie der Name „Bocks-

Bocksbeutel mit Schultersiegel, Juliusspital Würzburg, um 1850.

Die meisten Objekte dieses Beitrags stammen aus der Sammlung Karl Schneider, Volkach.

Bocksbeutel mit langem Hals, „Gosebierflaschen" Leipzig, um 1920.

beutel" entstanden sein könnte. Eine andere, die ebenfalls sehr glaubwürdig erscheint, besagt, dass der Name Bocksbeutel vom „Bugsbeutel" abgeleitet ist. Dieser Name verweist auf die Eigenschaft der Flasche als Trageflasche, die mit einem Gurt am „Bug" befestigt wurde.

Viele Weinliebhaber und Sammler haben sich mit dem Bocksbeutel beschäftigt und würdigen diesen als Flasche, egal ob mit oder ohne Inhalt, in ihrer ganz eignen Weise. Doch eines ist klar erkennbar: Schaut man in die Geschichte, gibt es wohl kaum ein anderes Gefäß, das so viel Aufmerksamkeit auf sich gezogen hat wie dieses.

Fränkisches Terroir vom Meeresgrund

Wer sich heutzutage in einer Runde von Weinfreunden interessant machen und als Kenner ausweisen will, der kommentiert einen guten Tropfen nicht mit dem üblichen Vokabular, sondern betont: „Eindeutig vom Terroir geprägt." Die Gretchenfrage, was denn eigentlich Terroir ist, stellt man besser nicht.

**Weingut
Schmitt's Kinder**
Am Sonnenstuhl 45
97236 Randersacker
Tel. 0931 / 7059197
www.
schmitts-kinder.de
info@
schmitts-kinder.de

**Weingut
Johann Ruck**
Marktplatz 19
97436 Iphofen
Tel. 09323 / 800880
www.ruckwein.de
post@ruckwein.de

**Weingut
J. Störrlein & Krenig**
Schulstraße 14
97236 Randersacker
Tel. 0931 / 708281
www.stoerrlein.de
info@stoerrlein.de

**Weingut
Fürst Löwenstein**
Schlosspark 5
63924 Kleinheubach
Tel. 09371 / 9486600
www.loewenstein.de
weingut@
loewenstein.de

**Weingut
Rudolf Fürst**
Hohenlindenweg 46
63927 Bürgstadt
Tel. 09371 / 8642
www.weingut-rudolf-
fuerst.de
weingut-rudolf-
fuerst@t-online.de

Wie eine Pelzkappe bedeckt der Wald die Iphöfer Kalb.

Denn solche „Kenner" wissen kaum, dass vieles hineinspielt in diesen modischen Begriff. Neben den Bodenformationen sind es eine Reihe von Kriterien, die das Wachstum der Reben und die Stilistik und Art des Weines bestimmen – nicht zuletzt der Winzer selbst, der einige richtungsweisende Entscheidungen treffen muss, von der Anordnung der Rebzeilen über die Erziehung, die Blattarbeit, den Erntezeitpunkt und die Erntemenge. Ist diese groß, macht es keinen Unterschied, wo der Wein gewachsen ist. Er wird im besten Fall noch als „süffig" durchgehen, aber keine merkliche Terroirprägung entfalten. Und strapaziert der Winzer einen Wein zu sehr mit Schönungsmaßnahmen oder übertreibt er es mit süßer Kosmetik, bleibt ebenfalls kaum mehr etwas vom ursprünglich möglichen Charakter übrig. Ganz zu schweigen

vom zu massivem Einsatz neuen Holzes, der den Eindruck erwecken kann, der Wein stamme aus einer Schreinerwerkstatt …
Aber es gibt natürlich das Gegenteil: Weine, deren Herkunft sich in der Nase bereits mitteilt und die in ihrer Geschmacksnote viel Eigenständigkeit erkennen lassen. Damit sind wir wieder beim Terroir. Der Begriff leitet sich ab vom lateinischen Terra (Erde, Boden, Land). Die Franzosen haben daraus Terroir gemacht und meinen damit das ortstypische Zusammenspiel einer Reihe natürlicher Faktoren. Wichtig ist indes, dass die Winzer ihr Terroir verstehen und erkennen, welche Sorten hier am besten gedeihen.
In Franken ist der Untergrund gut bekannt – und uralt. Vor rund 225 Millionen Jahren entstanden die hier weit verbreiteten Gesteinsformationen Buntsandstein,

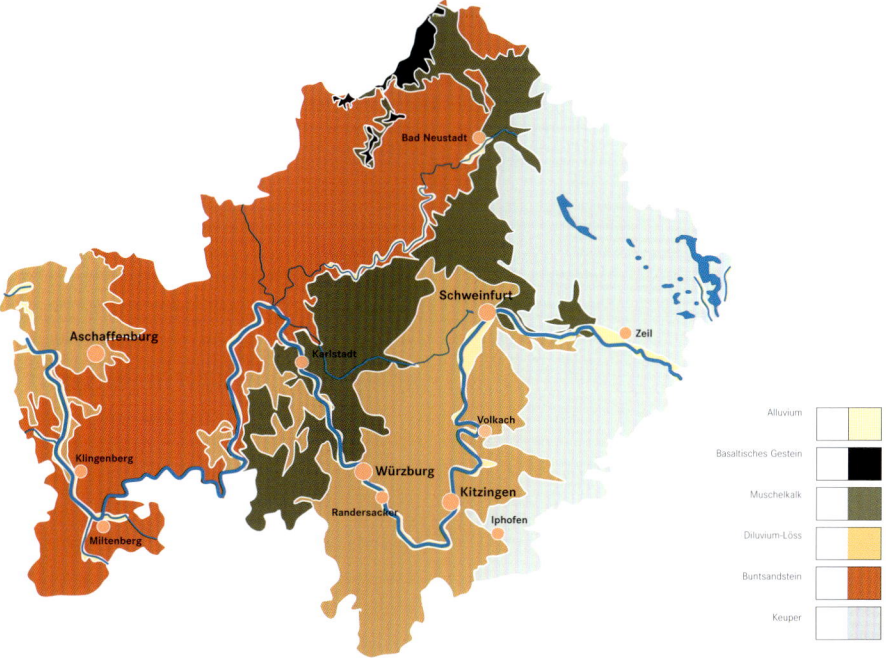

Alluvium		
Basaltisches Gestein		
Muschelkalk		
Diluvium-Löss		
Buntsandstein		
Keuper		

Vom Stein zum Wein: Das frühe Erdmittelalter hinterließ vor rund 225 Millionen Jahren die Formation „Trias". Der Untergrund besteht im Wesentlichen aus Buntsandstein (Stein unten links), Muschelkalk (Stein in der Mitte) und Keuper (oben links).

Muschelkalk und Keuper. Das war in einer Zeit, als Unterfranken noch vom Meer bedeckt war. Leben gab es schon auf der Erde, wie Funde von Meerestieren aufzeigen. Auch Echsen, Schildkröten, Krokodile und Saurier fristeten damals bereits ihr Dasein. „Trias" (Dreiheit) nannte die Wissenschaft später dieses Erdzeitalter.

Der Begriff „Trias" steht außerdem für ein Quintett aus Weinfranken. Die beteiligten Winzer und Hobby-Geologen sehen sich als „Überzeugungstäter." Ihre Zielsetzung ist es, so das schriftlich fixierte Motto, „den Böden bei aller Unterschiedlichkeit große, klar strukturierte trockene Weine abzugewinnen." Mit im Boot auf dem einstigen Meer sitzen die Weingüter Fürst Löwenstein in Kleinheubach, Johann und Hansi Ruck aus Iphofen, Schmitt's Kinder, Störrlein & Krenig in Randersacker sowie Rudolf Fürst in Bürgstadt. Muschelkalk herrscht bei Störrlein und Schmitt vor, Keuper bei den Rucks im Steigerwald. Das Weingut des Fürsten Löwenstein kann in der bemerkenswerten Terrassenlage Homburger Kallmuth Buntsandstein und Muschelkalk vorweisen. Beim bürgerlichen Fürst finden sich in der Renommierlage Centgrafenberg Buntsandstein-Verwitterungsböden (ideal für Spät- und Frühburgunder) sowie Formationen, die mit rotem, fruchtbaren Lehm vermischt sind (gut geeignet für Weißweine).

Bei den weißen Sorten kommt neben dem Silvaner der Riesling und Weiße Burgunder in Frage, bei Rot steht Spätburgunder im Fokus. Vor allem mit ihrem Silvaner schieben die „Trias"-Winzer einen Trend an. Die frühere fränkische Hauptsorte, die dann vom Müller-Thurgau überholt wurde, hat in den letzten Jahren auf breiter Front qualitativ deutlich zugelegt und ist heute wieder ein Aushängeschild Frankens. Was sie drauf hat, wird gelegentlich bei Jahrgangsvergleichsproben deutlich gemacht. Selbst ein fast 20 Jahre gereifter Silvaner Kabinett trocken macht dann noch Spaß. Ein zehnjähriger Silvaner Marke „Großes Gewächs" kann sich als großer Wein entpuppen, mit mehr Raffinesse als in seiner Jugend, weil die Reife viele Facetten im Geschmack deutlicher macht.

Doch zurück zu den Trias-Winzern und ihren Böden, die in bestimmten Lagen besonders gute Eigenschaften entwickeln. Vater und Sohn Johann und Hansi Ruck sind stolz auf ihre Fluren im Iphöfer Julius Echter Berg, wo die über 25 Jahre alten Silvaner-Stöcke vom Keuper-Untergrund profitieren und gehaltvolle, tiefgründige Weine liefern. Die Randersackerer Karl Schmitt und sein Junior Martin Schmitt machen „große substanzreiche Weine"

Der Randersackerer Pfülben (Pfühl = althochdeutsch: das Kissen) und der Homburger Kallmuth (rechte Seite): zwei Paradelagen am Main aus dem Quintett der Winzergruppe Trias.

und haben dafür im Muschelkalk der Lage Pfülben, nahe am wärmespeichernden Main, beste Voraussetzungen. In der Nachbarschaft setzen Armin Störrlein und Schwiegersohn Martin Krenig auf die Muschelkalkverwitterungsböden im Randersackerer Sonnenstuhl, die ausgeprägte wärmespeichernde Eigenschaften haben.

Eine Art Naturdenkmal ist der Homburger Kallmuth mit seinen zwölf Kilometer langen Steinmauern, die in ihrer Anordnung an ein Amphitheater erinnern. Der mineralisch anmutende Riesling und der würzige, elegante Silvaner wachsen hier in einem submediterranen Klima und sind oft großes Theater im Glas. Dr. Stephanie Erbprinzessin zu Löwenstein musste in die Bresche springen, als ihr Mann Carl Friedrich Erbprinz zu Löwenstein im April

2010 tödlich verunglückte. Jetzt sorgt sie gemeinsam mit einem professionellen Team für den Fortbestand des Weingutes und die Erhaltung des Kallmuth. Die Weine werden im neuen Keller am Schloss in Kleinheubach ausgebaut.

Bleibt noch Frankens Rotwein-Fürst als Fünfter im Bunde zu nennen. Paul Fürst und Sohn Sebastian machten den Bürgstädter Centgrafenberg mit seinem Buntsandstein zu einer der Toplagen in Deutschland. Im Frühjahr 2012 ließen sie zudem deutlich werden, dass man auch innerhalb einer solchen ranghohen Fläche noch differenzieren kann. Bis zum Weingesetz von 1971 gab es innerhalb des Centgrafenberg einige Flurnamen, die besonders geschätzt wurden. Dazu gehörte der Hundsrück, auf dessen sieben Hektar immer besonders guter Spätburgunder

wuchs. Fürst tat sich mit einigen Kollegen zusammen, die hier ebenfalls Besitz hatten. Sie betrieben die eigenständige Eintragung der Fläche in die Lagenrolle, um den Hundsrück wieder als Bürgstadter Spitzenlage auf dem Etikett nennen zu dürfen. Denn ansonsten ist die Deklarierung solcher „Filetstücke" weinrechtlich verboten. Mit einem kleinen Trick machte Paul Fürst die Lage schon vorher bekannt, als er den hier gewachsenen Spätburgunder ab Jahrgang 2003 mit der Bezeichnung „Hunsrück" in den Verkauf brachte. Die meisten Weinfreunde vermuteten einen Hinweis auf die Herkunft des Holzes für die Barriques, in denen dieser Wein lag: Eiche aus dem Landstrich zwischen Rhein und Mosel.

Die Winzergruppe „Trias" bei der Jahrespräsentation 2012 ihrer Weine in Randersacker (v. li.): Paul Fürst, Johann Ruck, Stephanie Erbprinzessin zu Löwenstein, Hansi Ruck, Karl M. Schmitt, Armin Störrlein.

Das Glück des Augenblicks

Wenn ein Winzer mit Visionen auf eine mächtige Lage trifft, können große Weine entstehen. Vielleicht sogar perfekte Weine? „Der perfekte Wein ist immer eine Sache des Augenblicks", sagt der Escherndorfer Winzer Horst Sauer, der die Suche nach dem perfekten Wein bis heute nicht aufgegeben hat. Auch wenn das Glück, das der Genuss vermittelt, eine flüchtige Erfahrung bleibt.

Wie in der Kunst gibt es auch beim Genießen Momente, die Menschen an die Grenze der Sprache bringen. „Wir müssen versuchen, genau das in den Wein reinzulegen. Damit er das auslöst", lautet Horst Sauers Idee vom Wein. Am Anfang seiner Laufbahn, in den frühen 1980er Jahren, habe er den Weinbau noch eher als Spielwiese seiner Begeisterung betrachtet. Heute verfolgt er indes mit großer Leidenschaft und Genauigkeit den Plan, den er für jeden seiner Weine hat. Die Klaviatur der klassischen fränkischen Rebsorten beherrscht kaum ein Anderer auf einem vergleichsweise hohen Niveau.

Vom Basissegment bis zum edelsüßen Spitzenwein bringt Horst Sauer diese in sämtlichen Qualitätsstufen in die Flasche. Damit erntete er nicht nur den Ruf eines „Weltklassewinzers", sondern auch den Status als „der" Franke unter den Winzern. Mehr als andere Rebsorten spiegelt der Silvaner die zurückhaltenden Qualitäten des fränkischen Menschen wider. „Man muss sich länger mit ihm beschäftigen", so Horst Sauer, „um seine wahren Eigenschaften kennen zu lernen." Der Winzer aus Escherndorf passt gut in dieses Bild. Wenn er feinsinnig, aber zugleich bodenständig über seine Arbeit und die Freude am Wein philosophiert, entdeckt man hinter dem bescheidenen Franken irgendwann den Weinkünstler. Und so wird manche Probe im Haus zu einem Weinerlebnis.

Das Weingut, das in Escherndorf in den steilen Berg hineingebaut wurde, hat so gut wie alle Auszeichnungen erhalten, die es zu gewinnen gibt, Horst Sauers Ehrung zum

**Weingut
Horst Sauer**
Bocksbeutelstr. 14
97332 Escherndorf
Tel. 09381 / 4364
www.weingut-horst-sauer.de
mail@weingut-horst-sauer.de

Öffnungszeiten:
Montag bis Freitag
9 – 12 Uhr und
13 – 18 Uhr
Samstag
11 – 17 Uhr

Erdverbunden und dem Irdischen
entrückt: Horst Sauer hat sein Gut in den
Escherndorfer Lump hineingebaut.
Unten: die Schatzkammer des Hauses.

„Wir wollen Ecken und Kanten haben."
– Sandra und Horst Sauer

„besten Weißweinwinzer der Welt" inklusive. Droht
da nicht die Gefahr abzuheben? Horst Sauer wiegt sich
nicht in Selbstsicherheit: „Wenn man als Winzer glaubt,
man kann es, hat man schon verloren." Es komme
jedes Jahr aufs Neue darauf an, ganz realistisch und
fokussiert das Bestmögliche aus den Vorgaben der
Natur zu machen. Denn letztlich gebe die Natur, nicht
der Mensch den Ton an.

Herz ist, wo die Heimat ist. Die Mainschleife, die wunderbare Lage des Escherndorfer Lumps, die Familie.
Tochter Sandra stieg 2006, nach ihrem Studium in
Geisenheim und Erfahrungen in Australien, in den
elterlichen Betrieb ein. Sie ist für die Burgunder und
die Großen Gewächse zuständig. Dabei ist es ihr wichtig, dass der Wein grünliche Aromen, mehr Säure und
Druck am Gaumen mitbringt. Horst Sauers Domäne
sind die edelsüßen Weine und der Silvaner „Sehnsucht". Er setzt mit gelben bis apricotfarbenen Tönen
betont fruchtige Akzente. Die Arbeit an den Weinen
im Kabinett- und Spätlesebereich teilen sich beide.
„Wir wollen Ecken und Kanten haben und uns unseren
eigenen Stil bewahren", betont der Vater. Es sei schön,
wenn ein Kunde schmeckt, wie das Weingut tickt.
Wie genau, das muss niemand in Worte fassen. Auch
wenn der Genuss vorübergehend ist – der Eindruck,
den er zurücklässt, ist bleibend.

Freiraum für Weine von morgen

Heimlich, still und leise hat sich in Franken eine junge Generation von Winzern auf den Weg gemacht, um mit unkonventionellen Weinen in der großen deutschen Weinwelt mitzumischen.

Weingut Rainer Sauer

Bocksbeutelstr. 15
97332 Escherndorf
Tel. 09381 / 2527
www.weingut-rainer-sauer.de
info@weingut-rainer-sauer.de

Öffnungszeiten:
Montag bis Freitag
9 – 12 Uhr
und 13 – 18 Uhr
Samstag
9 – 17 Uhr
Sonn- und Feiertag
10 – 11.30 Uhr

Ein Betrieb, der das Potenzial der urfränkischen Rebsorte Silvaner hervorragend ausschöpft, ist das Weingut Rainer Sauer in Escherndorf.

Die Familie hat so etwas wie ein Leitthema. Mit Rainer Sauers Worten lässt es sich als „Dialog der Generationen" beschreiben. 1989 übernahm Rainer Sauer das Gut von seinen Eltern und baute es mit großem Engagement aus. Der Anteil des Silvaners an den über zehn Hektar umfassenden Anbauflächen in den Top-Lagen Escherndorfer Lump und Fürstenberg beträgt mittlerweile rund 60 Prozent. Auf den tiefgründigen Muschelkalkböden wachsen die Trauben zu hoher qualitativer Reife. Die traditionell hergestellten Weine, die den Charakter der Silvaner, Rieslinge und Müller-Thurgaus sehr schön ins Glas bringen, ist eine Stärke von Rainer Sauer. Sein Sohn Daniel hat indes sein eigenes, unverwechselbares Profil entwickelt. Sein

„Freiraum" steht symbolisch für seinen ersten Wein, eine überraschend andere Silvaner-Interpretation mit exotischer Note. Im Keller hat der Winzer die Maischestandzeit extrem verlängert. Statt wie üblich fünf bis sechs Stunden lagen die Früchte beim „Freiraum" fünf Tage lang im eigenen Saft.

Der studierte Oenologe macht auch sonst so manches anders. Er bewirtschaftet einen Teil der Flächen nach biodynamischen Gesichtspunkten und baut den Silvaner „AB OVO" in einem Beton-Ei aus, das wegen seiner Form und des gleichmäßigen Sauerstoffeinflusses die Reifung noch besser unterstützt.

„Die junge Generation hat schon früh die überregionale Weinwelt kennengelernt und eine andere Weitsicht", meint Rainer Sauer über Daniel. Anderseits schätzt der Sohn die Erfahrung des Vaters. Er profitiert davon, dass dieser die Gegebenheiten vor Ort besser kennt als jeder andere. Die Generationen befruchten sich. Das ist auch in Zukunft die eigentliche Arbeit.

„Dialog der Generation"

– Daniel und Rainer Sauer

Altes neu bestellt

Die alten und knorrigen Charaktere sind oft die interessantesten. So ist es auch bei den Rebstöcken. Der „Alte Satz" des Weinguts Otmar Zang anno 1835 ist inzwischen die vermutlich älteste Rebenpflanzung Frankens, das Zugpferd des Hauses und ein Ausweis dafür, dass gute Weine Zeit brauchen.

35 Rebsorten zählt das in Rimbach gelegene Terroir, darunter Silvaner, Riesling, Elbling, Muskateller und Traminer. 16 Sorten konnten benannt werden, das Rätsel der restlichen 19 ist ungelöst. Der Alte Satz hat eine lange Geschichte: Bis in die 1950er Jahre war der gemischte Anbau in Deutsch-

Johannes und Otmar Zang (rechts) haben viel Freude an ihrem Weinberg.

land die Regel. Wenn Rebsorten aufgrund schlechten Wetters, Fäulnis oder Schädlingen ausfielen, so der Hintergrund, konnten andere den Verlust ausgleichen. Als Otmar Zang den Alten Satz 1989 von einem Landwirt erwarb, der daran gedacht hatte, den nebenbei bewirtschafteten Berg zu roden, sollte der Winzermeister schon nach dem ersten Jahr seinen allerbesten Wein in den Händen halten. Der Geschmack ist einzigartig wie der Weinberg auch: vollmundig, ausdrucksstark, ein Aromenorchester mit zarten Kräutertönen.

Ein gut gepflegter Weinberg und saubere Trauben, die lange reifen, sind für das Familienunternehmen Zang wichtiger als größtmöglicher Ertrag. 2011 stellte Sohn Johannes seinen ersten eigenen, im Holzfass ausgebauten Silvaner „J 40" vor. Der von seinem Großvater angelegte Weinberg wurde hierfür aufwendig modernisiert, damit die Bilderbuchtrauben der 40-jährigen Rebstöcke erhalten bleiben. „J" steht folglich für den Winzersohn Johannes, „40" für das Alter der Silvaner-Reben, die dem Wein Power und Schmelz geben. Überhaupt liegen die Stärken des Weinguts generell beim Silvaner. Mit konsequenter Ertragsreduzierung und behutsamer Vergärung holen die Winzer hier viel Geschmack raus. „Ehrgeiz, Leidenschaft und Liebe" zählen für die Zangs nicht umsonst zu den Kardinaltugenden ihres Berufs.

Weingut Otmar Zang
Zum Katzenkopf 2
97334 Sommerach
Tel. 09381 / 9278
www.weingut-zang.de
info@weingut-zang.de

Öffnungszeiten:
Montag bis Samstag
8 – 12 Uhr und
13 – 18 Uhr
Sonn- und Feiertag
9 – 12 Uhr

Fruchtbare Wechsel- beziehung

Spezialitäten (2):
Grüner und Blauer
Silvaner

Wie keine andere Rebsorte lässt sich der Silvaner auf die Böden und Wachstumsbe- dingungen unterschiedlicher Standorte ein und bringt sie in der erstaunlichen Vielfältigkeit seiner Weine zum Ausdruck.

von Georg Lang

Dem Grünen Silvaner gelingt dieses Kunststück genau- so wie seinen kaum bekannten Bruder, dem Blauen. Die unkonventionelle Art, die allen Spielarten des Silvaners anhaftet, ist beim Blauen besonders ausge- prägt vorhanden. Das fängt schon damit an, dass er die Erwartungen, die man mit seinem Namen verknüpft, nicht erfüllt: Trotz der kräftigen Blaufärbung seiner Beeren lässt sich aus ihm kein Rotwein keltern. Ein schöner rotgoldener Schimmer ist das einzige, was ihn äußerlich von dem stets ins Grünliche spielenden Farb- ton der Silvanerweine unterscheidet. Es setzt sich fort in der verspielten Art, mit der Trauben ganz in Blau und solche mit blauen und grünen Beeren gemischt am gleichen Rebstock wachsen. Selbst einzelne Beeren zeigen sich gelegentlich nur zur Hälfte oder gar nur zu einem Viertel blau gefärbt. Die Trennungslinien zwischen Blau und Grün verlaufen dabei schnurgerade und teilen Halb- und Viertelkugeln in verblüffender geometrischer Exaktheit ab.

Bei allen Farbkapriolen hat der Blaue Silvaner auch seine verlässlichen Seiten. Sein Mostgewicht liegt rund 4° Oechsle über dem des Grünen, und seine Weine sind fruchtiger und kräftiger. Im Vergleich zum Grü- nen zeigt sich der Blaue Silvaner nicht ganz so gefällig.

Er ist anspruchsvoller, fordert Kennerschaft und braucht den Liebhaber, ihm fehlt die Eingängigkeit, die ihm den großen Publi- kumserfolg sichern würde. Aus diesem Grund mag er wohl ausge- mustert worden sein, als die fränkischen Winzer nach dem Zweiten Weltkrieg ihre alte Leitsorte, den Silvaner, auf den zweiten Rang verwiesen und auf die Massenertragssorte Müller-Thurgau setzten. Sie glaubten, nur mit der Produktion großer Weinmengen überleben zu können und mussten so dem Geschmack der großen Masse folgen.

Seit sich der fränkische Weinbau in den 1980er Jahren besann und die Qualität wieder in den Vordergrund rückte, ist der Silvaner auf dem besten Weg, seine alte Bedeutung zurück zu erlangen. Dass der Blaue als kleiner Bruder des Grünen daran Anteil haben kann, verdankt er den Winzern Steinmann in Sommerhau- sen und König in Randersacker. Aus ihren Beständen des Grünen Silvaners holten sie frühzeitig die letzten Stöcke des Blauen heraus und begannen 1964 mit den Vorarbeiten zur amtlichen Anerkennung dieser Rebsorte. 1984 wurde sie beim Bundessortenamt eingetragen. Einziger Erhaltungszüchter ist seither die Rebschule Steinmann in Sommerhausen. Unter den Weingütern, die sich des Blauen Silvaners besonders angenommen haben, finden sich neben dem Weingut Schloss Sommerhausen, der Familie Steinmann, dem Weingut Wolfram und Bernhard König in Randers- acker auch so renommierte Winzer wie das Würzbur- ger Bürgerspital, Horst Sauer in Escherndorf sowie

Rechts: Rechnungsbuch des Amtes Castell anno 1659/60 mit Belegzettel über die Pflanzung der 25 „Österreicher" – der historische Beleg für die erste Silvanerpflanzung in Deutschland.

Am Casteller Reitsteig ließ 1659 Wolfgang Georg I. Graf und Herr zu Castell-Remlingen (1610-1709) die ersten Silvanerfechser pflanzen. Das Silvaner-Jubiläum 2009 war Anlass für Ferdinand Erbgraf zu Castell-Castell (im Bild), sich mit dem Porträt seines Vorfahren am Casteller Schlossberg abbilden zu lassen.

Wolfgang und Ulrich Luckert vom Weingut Zehnthof in Sulzfeld. Von den weniger bekannten Gütern, die noch als Geheimtipp gelten können, seien das Weingut im Pfülben von Hubert Schmitt in Randersacker, der Winzerhof Stefan Hofmann in Ergersheim und das Weingut Christian Deppisch in Theilheim genannt.

Ganzer Stolz der Winzer

Der Silvaner kam vor rund 350 Jahren durch die Ebracher Zisterzienser aus Österreich nach Franken. Wie viele Spielarten dieser Zufallskreuzung aus den Rebsorten „Traminer" und „Österreichisch Weiß" es damals schon gab, können wir nicht mehr feststellen. Unter den Reben des alten fränkischen gemischten Satzes wird ein Roter Silvaner genannt, ein Blauer jedoch nicht. Die ersten urkundlichen Erwähnungen des Silvaneranbaues in Franken, 1659 in den gräflichen Weingärten in Castell und 1665 im Würzburger Stein, enthalten keine Hinweise auf Spielarten. In Sortenbüchern des 19. Jahrhunderts ist der Blaue Silvaner aber als eigene Rebsorte beschrieben. Damals war Franken dem Silvaner längst zur zweiten Heimat geworden. Die Vielgestaltigkeit des fränkischen Weinlandes kam ihm weit entgegen, so dass er alle seine Talente in spielerischer Leichtigkeit entfalten konnte. Nur in Franken als einzigem seiner Anbaugebiete bringt er seine besten Weine hervor. Die fränkischen Winzer hatten ihn in langer Tradition meisterhaft zu pflegen gelernt und machten ihn zu ihrem liebsten Kind und ihrem ganzen Stolz. Das will etwas heißen in einer Weinbauregion, die den weißen Reben besonders verpflichtet ist.

Die Zeiten sind vorbei, in denen Silvaner als neutral und zurückhaltend charakterisiert wurden. Nun lobt man zu Recht ihre Vielseitigkeit und Individualität, vor allem die feine und filigrane Ausprägung der Fruchtaromen. Zarte Frucht, vollmundige Eleganz, reife Saftigkeit sind nur einige Bestandteile seines viel gerühmten Facettenreichtums, die ihn zum unkomplizier-

ten, stets aufmerksam unterstützenden Begleiter fast aller Speisen werden lässt. Unnachahmlich cremig schmelzend sind seine reifen Weine und seine edelsüßen Varianten. In guten Jahrgängen erreichen sie eine beachtliche Lagerfähigkeit. Wahre Wunderdinge erzählt man sich zum Beispiel in Castell von einer edelsüßen Beerenauslese des Jahres 1967. Eine Flasche davon soll nach einer Verkostung mit zwei Dritteln ihres Inhalts im Seitenfach eines Kühlschranks vergessen und nach einem Jahr wiederentdeckt worden sein. Der Wein war noch so gut, dass man sich zu einem Langzeittest entschloss. In den folgenden acht Jahren wurden immer wieder kleine Kostproben entnommen. Der Wein verlor fast nichts an Geschmack, und selbst der letzte Schluck im Jahr 2010 soll kaum schwächer gewesen sein als der gleiche edle Tropfen aus einer wohl verwahrten, frisch entkorkten Flasche.

Der Silvaner erfreut in seiner nonchalanten Art selbst jene Menschen, die keinen Wein trinken mögen. Seiner Vielseitigkeit ist er es wohl schuldig, dass seine Früchte auch als Tafeltrauben vorzüglich schmecken. Wer es fertig bringt, einem Winzer bei der Lese einige Silvanertrauben zu entlocken, zählt zu den ganz Glücklichen im Lande.

An der Sonnenseite

Wenn sich im Frühjahr der Tau über die Weinberge legt... wenn im Sommer über dem Fluss der Nebel steht und die aufgehende Sonne ein feines Licht erzeugt... wenn sich im Herbst die Bäume färben und die Winzer mit Herzblut an die Arbeit gehen... dann spürt man ganz stark den unbezahlbaren Reichtum, den Sommerach mit seiner Lage an der Sonnenseite des Mains genießt.

Winzer Sommerach
Zum Katzenkopf 1
97334 Sommerach
Tel. 09381 / 80610
www.
winzer-sommerach.de
info@
winzer-sommerach.de

Öffnungszeiten
Weinverkauf und
Ausschank:
Montag bis Freitag
9 – 18 Uhr
Samstag, Sonntag
und Feiertag
10 – 18 Uhr

Sommerbar bei
schönem Wetter bis
20 Uhr geöffnet

An der Sommerbar
(rechte Seite) kommt
man sich bei Veranstal-
tungen und einem Glas
Wein schnell näher.
Diese Seite: Im Culina-
rium und der Vinothek
„Kostbar" sitzt und
steht es sich ebenfalls
wunderbar.

Unter allen fränkischen Weinorten kommt der beschauliche Winzerort dem viel zitierten „mediterranen" Lebensgefühl vielleicht am nächsten. Das 2006 eröffnete „Weinreich" der Winzer Sommerach, zu dem eine Sommerbar, eine Vinothek, eine Weinschule, ein Culinarium und ein Weinkeller gehören, wurde in erster Linie dafür geschaffen, um jene Atmosphäre auf den Punkt zu bringen. Welche Aufenthaltsqualität das bedeutet, zeigt sich rasch: bei einem Abstecher zu den Weinbergen, einem Gläschen Wein und bei fränkischen

Schmankerln. Höhepunkte erreichen die Aktivitäten bei einem Weinfest an Pfingsten, dem Open-Air-Kino im August und einem jährlichen Genusserlebnismarkt am 3. Oktober.

Wer hierher kommt, erwartet keinen Luxustempel, sondern bodenständige Qualitäten auf einem überregionalen Niveau. In dieser Hinsicht waren die Winzer Sommerach schon vor über 100 Jahren wegweisend. Die Gemeinschaft wurde 1901 als erste fränkische Genossenschaft aus der Not gegründet und besteht nach wie vor

Die Winzer Sommerach haben Großes geleistet und können stolz sein auf ihren grandiosen Barriquekeller.

„Jeder Stock muss
wie ein Individuum
ein bisschen anders
behandelt werden."

– Geschäftsführer
Frank Dietrich

aus kleinen und kleinsten Betrieben, die zusammen mutig vorangehen und außerhalb Frankens auf ihre Weine aufmerksam machen. Statt 15 zählt die „Familie" inzwischen 90 Mitglieder.

Ein paar Schritte hinter dem Hof beginnen die Weinberge. Der Sommeracher Katzenkopf, der am Flusslauf stark von Lehm- und Sandablagerungen geprägt ist, gilt auch historisch als einer der besten Standorte der Mainschleife. Der relativ hitzige Muschelkalkboden begünstigt aromatische Weine mit Tiefgang. Die Silvaner Spätlese kann sich mit einem australischen Chardonnay messen lassen, die in Barrique ausgebauten Spätburgunder mit einem französischen Burgunder. Prädestiniert ist der Boden indes für den Gewürztraminer, der hier außergewöhnlich elegant schmeckt, glasklar, mit einem filigranen Duft nach Lychee und Rosen.

Wer tiefer in das Reich der Aromen einsteigen möchte, kann in der Weinschule seine Sinne schärfen. Wochenendseminare frischen die verlorengegangene Erinnerung an Düfte auf. Und in den Kochkursen, bei denen ein Profi spannende Menüs kreiert, lässt man sich das Zusammenspiel von Essen und Wein auf der Zunge zergehen. Firmen nutzen den entspannten Rahmen nicht ohne Grund für Mitarbeitertreffen.

Anpacken und Loslassen gehen Hand in Hand.

Ebenso hält es Frank Dietrich, der Vorstandsvorsitzende und Geschäftsführer der Winzer Sommerach. Die meisten seiner Mitarbeiter bewirtschaften wie er selbst einen kleinen Weinberg und bringen daher nicht nur Kopf und Herz, sondern auch eine Hand für den Wein mit. Kleinteilige Strukturen kennzeichneten die Genossenschaft, wie Dietrich erklärt. „Jeder Stock muss wie ein Individuum ein bisschen unterschiedlich behandelt werden, damit am Ende ein harmonisches Gesamtbild entsteht." Wie die Mitglieder einer Familie eben auch.

„Wir kooperieren nur mit Menschen, die in der Renaissance der Quitte nicht ausschließlich ein Geschäft sehen.“

– Marius Wittur mit seiner Lebensgefährtin Leonie Wright in der Quittenplantage bei Astheim (Foto: Robert Brembeck)

MUSTEA
Quittenweinbau
Hadergasse 19
97247 Eisenheim
0176 / 23637216
www.mustea.de
info@mustea.de

Öffnungszeiten:
Freitag
16 – 18 Uhr
Samstag
9 – 12 Uhr
Oder nach tel.
Vereinbarung

Der faire Quittensaft

Jahrzehnte lang befand sich die Quitte in einer bedauernswerten Lage. Die heimischen Früchte, die nicht der Flurbereinigung zum Opfer gefallen waren, wurden zu Billigstpreisen verschachert. Und im Keller wurden sie mit Zusatzstoffen oft noch solange malträtiert, bis von ihrem authentischen Aroma nichts mehr zu schmecken war.

Erst als Marius Wittur 2003 eher zufällig auf die alten Quittenvorkommen stieß, die in Mainfranken weit verbreitet waren, setzte eine Umkehr ein. Der Obstbaumspezialist rekultiviert alte Landsorten und vermarktet unter dem Namen MUSTEA qualitätvollen und „fairen" Quittensaft aus Franken. Der Firmenname MUSTEA leitet sich von einer 2000 Jahre alten, römischen Mostquittensorte ab. Die ursprünglich aus dem Kaukasus stammende Frucht wurde schon in der griechischen Antike zu Wein vergoren. Insofern knüpft Marius Wittur mit seinen Mitarbeitern an eine lange Tradition an, die auch in Mainfranken nie ganz abgerissen ist.

Dabei unterscheiden sie sich in vielerlei Hinsicht von anderen Betrieben. Dem Betriebsgründer war von Anfang klar, dass sich die alten Sorten in ihrer Vielfalt nur dann rekultivieren lassen, wenn die gesamte Wertschöpfungskette von der Aufzucht bis zum Verkauf stimmt. Die Quittensorten befinden sich größtenteils auf eigens dafür gepachteten Flächen. 2011 gründete Marius Wittur die Quittenkooperativa. Seitdem können auch Privatpersonen, die nur über einen einzigen Quittenbaum in ihrem Hausgarten verfügen, Restbestände anliefern. Die Resonanz ist enorm, die Auswahl anspruchsvoll. „Wir kooperieren nur mit Menschen, die in der Renaissance der Quitte nicht ausschließlich ein Geschäft sehen", sagt Wittur. „Zudem grenzen wir uns stark von Trittbrettfahrern ab, die Regionalität auf ihre Fahnen schreiben, aber Quittensaft aus nicht-regionaler Herkunft, zum Beispiel aus Spanien, verwenden."

Die Bezeichnung seines Produktes als „fairer Quittensaft" begründet Marius Wittur nicht zuletzt auch mit dem Preis, den die Anbieter für ihr Obst erhalten. Dieser liegt bei MUSTEA um mindestens 300 Prozent über dem aktuellen Marktwert für Apfelmost. Der

Vielfalt aus der Quitte: Wein, Essig, Gelee und Quittensecco.

Quittenbaubetrieb aus Eisenheim an der Mainschleife kann darauf bauen, dass die Endverbraucher ebenfalls einen angemessenen Preis zahlen, handelt es sich doch um Feinkostprodukte: Die Tafelquitten sind biozertifiziert (Bioland), die Quittenweinen genügen den anspruchsvollen Kriterien von Slow Food. Die Quitten werden vor der Weiterverarbeitung sorgfältig ausgelesen, so dass nur saubere Ware übrig bleibt. Um den Charakter der alten Landsorten authentisch wiedergeben zu können, wird der Saft langsam, bei relativ niedriger Temperatur vergoren. So kann sich das intensivfruchtige Bukett der Quitte vollständig entfalten.

Neben Weinen erzeugt MUSTEA Essig, Trester, Liköre und einen bereits legendären Secco, nicht zu vergessen: Marmeladen. Die Quitte ist, wie es das Etikett besagt, die Mutter aller Marmeladen; denn es waren Quitten, die erstmals zu einer Marmelade, abgeleitet vom spanischen Wort für Quitte „mermelada", eingekocht wurden. Die alten Sorten haben zeitlose Substanz. Wie für so viel Gutes und Seltenes gilt, dass man es am besten bewahrt, indem man es verzehrt.

Es perlt!

Eine prickelnde Geschichte gehört nicht notwendig zur Entstehung einer Sektkellerei dazu, aber sie gibt der Sektkellerei Höfer zusätzlich eine sympathische Note.

Ein einladender Anblick. Die Flaschen, die kopfüber in den Rüttelpulten ruhen, darf jedoch nur der Fachmann in die Hand nehmen und drehen (nur drehen, nicht rütteln!).

Sektkellerei Höfer
Frankfurter Str. 87
97082 Würzburg
Tel. 0931 / 411792
www.hoefersekt.de
info@hoefersekt.de

Öffnungszeiten
Verkauf:
Montag bis Freitag
8 – 16 Uhr

Um so mehr, da auch der äußere Rahmen, in dem die fränkischen Perlen produziert werden, einer modernen Kellerei mehr als würdig ist. Das Gelände der ehemaligen Patrizierbräu hat sich durch das Engagement der Sekthersteller zu einem Kristallisationspunkt für Kultur und Lebensart entwickelt.

Es hätte alles ganz anders kommen können: Der Weinküfer und Oenologe Carsten Höfer war 1994 drauf und dran, mit seiner Lebensgefährtin Karin in die USA auszuwandern, bis ihm eine Architektin die Bauzeichnungen der Patrizierbräu in Würzburg vorlegte. Das denkmalgeschützte Gebäude

mit dem rauen Industrie-Charme war für ihn kein neuer Anblick. Aber die Keller! Wie geschaffen für ein außergewöhnliches Unternehmen. Vier Wochen später ging das Paar mit der Sektkellerei Höfer an den Start.

Der Gebäudekomplex mit dem verwunschenen Garten wartet heute noch mit Überraschungen auf, selbst für das Ehepaar Höfer, das das Areal 2012 erworben hat, um die Flächen mit einem Mischkonzept zu beleben. Es ist Platz da, für den Bauernmarkt, ein Theater, Museum, hochwertiges Kleingewerbe und Gastronomie. Die Sektkellerei steht im Mittelpunkt. In einer nüchtern gefliesten Halle im Erdgeschoss

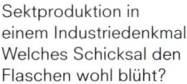
Sektproduktion in einem Industriedenkmal. Welches Schicksal den Flaschen wohl blüht?

Ein findiges Paar für Sekt und Kultur – Karin und Carsten Höfer

werden die klassischen Rebsortensekte und die Cuvées abgefüllt. 1995 waren es noch 30.000 Flaschen. 2012 schon eine Million. Die Nachfrage wächst. Denn die Kellerei setzt auch in dieser Größenordnung auf hohe Qualität. Sie arbeitet mit der traditionellen Flaschengärung, bei der der Sekt vom Abfüllen bis zum Einschenken nie die Flasche verlässt. Das Verfahren gilt ebenso wie die „Assemblage", das Mischen der Weine zu einer Cuvée, als Königsdisziplin der Sektmacher. Die berühmtesten Champagnerhäuser arbeiten so.
Die Voraussetzungen für anspruchsvolle Sekte lauten: gute Grundweine aus sauberem Lesegut, ausgewählte Lagen, enge Abstimmung mit den Winzern. Höfer übernimmt im Auftrag anderer Weingüter, darunter renommierte Häuser, auch die Lohnversektung. Der Schlüssel zum Erfolg liegt in der Vergärung. Diese vollzieht sich bei Höfer zehn Meter unter der Erde, bei circa zehn Grad Celsius. „Für Bier würde diese Temperatur keine Rolle spielen, aber hier muss die Hefe Extremes leisten", erklärt Carsten Höfer. Die Gärung kommt sehr langsam in Gang. Nach zehn bis zwölf Wochen ist aus Wein Sekt entstanden. Eine „Maßarbeit", wie Höfer anmerkt. Der Sekt werde durch die gezügelte Vergärung weicher, nachhaltiger, feinperliger als die schneller produzierten Tropfen.
Ruhe und Bewegung wechseln sich fortan ab. Nach der Vergärung kommt der Wein in die Rüttelpulte bzw. Rüttelmaschinen. Durch das Drehen sinkt die Hefe allmählich in den Flaschenhals. Nach der Lagerung, die bis zu drei Jahre dauern kann, wird das Hefedepot in ein Eisbad getaucht und der Kronkorken geöffnet. Der Druck spuckt den Hefepfropfen aus. Dann wird die Flasche verschlossen und es herrscht wieder Ruhe. Bis es erneut „Plop" macht und der frische Sekt mit Spaß getrunken werden kann. Die Perlen beleben die Menschen, und sie beleben das Areal der Sektkellerei gleich mit.

Rotwein hatte einst im bekanntlich zu Bayern gehörenden Franken einen Stellenwert, der noch weit unter dem einer gleichfarbigen politischen Partei lag. Dies machen Zahlen aus dem Jahr 1984 deutlich. 5114 mit weißen Sorten bestockte Hektar standen damals lediglich 126 Hektar mit roten Sorten gegenüber.

Die Führungsrolle auf diesem kleinen Feld nahm der Spätburgunder ein (62 Hektar), vor dem Portugieser (36), der Müllerrebe/Schwarzriesling (15) und der Neuzüchtung Domina (10). Hinter dem heute immer noch raren, aber begehrten Frühburgunder stand in der Statistik eine Null.

Zehn Jahre später hatte sich das Bild schon etwas gewandelt. Im Zug von 700 Hektar Neuanpflanzungen gewannen rote Sorten leicht an Boden. 330 Hektar waren es nun im Vergleich mit 5718 Hektar Weißweinsorten. Der Spätburgunder blieb an der Spitze (135), Domina hatte Müllerrebe und Portugieser trotz deren Zuwachs mit 68 Hektar hinter sich gelassen. Erstmals tauchten Frühburgunder und die regionale Spezialität Tauberschwarz mit jeweils zwei Hektar in der Statistik auf, ebenso der Lemberger (1) – der damals eigentlich nicht zugelassen war und schon gar nicht Blaufränkisch genannt werden durfte. Denn dieses Synonym gehörte schließlich nach Österreich. Es reichte, dass der Silvaner aus jenem Land stammte und lange Zeit in Franken „Österreicher" hieß …

Domina dominiert

Aktuell haben die roten Sorten die Prozentwerte der roten Partei bei den Landtagswahlen von 2008 erstmals überflügelt. Die SPD kam auf 18,6 Prozent. Domina, Spätburgunder und Co. bringen es auf 20 Prozent Flächenanteil. Die im Geilweilerhof in der Pfalz vorgenommene Züchtung aus Portugieser und Spätburgunder ist hier ganz bewusst vor dem edlen Burgunder genannt. Denn Domina hat die Edelrebe überflügelt. Fränkische Winzer ließen sich von ihren positiven Eigenschaften betören: geringe Ansprüche an die Lage, frostfest, guter Ertrag, gutes Mostgewicht, körperreich. Und offenbar störte sich auch kaum jemand an ihrem Namen, der aus dem Lateinischen kommt, „Herrin" bedeutet und ein Begriff für gewisse Damen ist. Einmal stellte sogar

Franken
sieht Rot

Das Potenzial der fränkischen
Roten wächst und wächst.
Und auch das Preis-Leistungs-
verhältnis wird immer besser.

von Rudolf Knoll

(142), Schwarzriesling (87), weitere neue Kreuzungen wie Acolon, Cabernet Dorsa sowie aus internationalem Reservoir der Merlot (8) und der im Ertrag unsichere Frühburgunder (16), der sich aber in der Qualität durchaus auf Augenhöhe mit dem Spätburgunder befindet.

Ob es gut für das Image ist, dass eine Sorte mit einem irritierenden Namen schon fast so etwas wie ein Synonym für fränkischen Rotwein ist (so die Bayerische Landesanstalt für Weinbau und Gartenbau auf den Weinwirtschaftstagen 2011), sei dahingestellt. Kenner schätzen ohnehin weniger Domina, sondern mehr den Spätburgunder, der inzwischen nicht nur in Churfranken rund um Bürgstadt Topweine hervorbringt, sondern auch in anderen fränkischen Regionen angenehm überraschen kann. Schade, dass die bayerischen Winzer nur vereinzelt erkennen, dass sie im in Württemberg weit verbreiteten Lemberger eine Sorte vor ihrer Nase haben, die mit ihrem in Österreich üblichen Namen Blaufränkisch auf die Regionen am Main zugeschnitten ist. Lediglich fünf Hektar Blaufränkisch sind für Franken registriert. Seit 2000 ist diese Bezeichnung offiziell zugelassen. Zwar braucht die Sorte beste Lagen, sie reift spät und erfordert viel Ertragsbegrenzung. Aber das Ergebnis, zu probieren beispielsweise im Würzburger Bürgerspital und bei Gerhard Roth in Wiesenbronn, lohnt den Aufwand!

ein fränkischer Großbetrieb einen Zusammenhang her, als er einen Domina-Rotwein vermarktete, der auf dem Etikett eine spärlich bekleidete Frau mit Peitsche zeigte. Reichlich Spott in den Medien war die Folge, die angestrebte Zielgruppe nicht sehr aufnahmefähig …

Doch lassen wir die Zahlen sprechen: 345 Hektar sind inzwischen mit Domina bestockt, der Spätburgunder bringt es auf 262 Hektar. Es folgen eine weitere Kreuzung mit dem langsam im Abwind befindlichen Dornfelder (153), die pilzresistente Züchtung Regent

71

Pionierarbeit
damals wie heute

Weinkultur ist mehr als vorbehaltloses Genießen. Das Mitmenschliche und der Respekt vor der Natur gehören dazu. Das Weingut Roth stellt nicht nur unverwechselbare Weine her, sondern hat bei allem ganz konsequent die Nachhaltigkeit im Blick.

Weingut Roth
Büttnergasse 11
97355 Wiesenbronn
Tel. 09325 / 902004
www.weingut-roth.de
info@weingut-roth.de

Öffnungszeiten:
Montag bis Samstag
8.30 – 11.30 Uhr und
13 – 17.30 Uhr

Bereits 1974 stellte Gerhard Roth den Betrieb in Wiesenbronn auf ökologische Bewirtschaftung um. Gesundheitliche Probleme gaben für ihn den Ausschlag, grundlegend über die Arbeit im Weinberg nachzudenken. Im Austausch mit einer kleinen Gruppe von Kollegen, die über halb Europa verstreut waren, wurde Pionierarbeit geleistet, da es über andere Methoden als die konventionellen nur rudimentäre Kenntnisse gab. Ein vielfältig begrünter Weinberg, der Verzicht auf Mineraldünger

und die Stärkung der Pflanzenhaut schufen die Basis für einen naturnahen Weinbau. Die Mittel und die Techniken wurden in den Folgejahren stetig verbessert. Und Gerhard Roth wurde von einem Mahner in der Wüste zum gefragten Experten.

Die nachhaltige Philosophie reicht weit über den Weinbau hinaus. Geschlossene Energiekreisläufe und die Stärkung der regionalen Wirtschaftskreisläufe sind dem Familienunternehmen genauso wichtig. Dabei lassen sich die Weine an internationalen Qualitätsstandards messen. Mit charakterstarken Rotweinen hat sich das Weingut sehr früh an die fränkische Spitze gesetzt. Für hervorragende Bedingungen sorgen die geschützte Lage unterhalb des Schwanbergs, die trockenen Keuperböden, die die Wärme tagsüber speichern und nachts abgeben, der reduzierte Ertrag und die ausgefeilte Technik der Weinmacher. „Wir versuchen Jahr für Jahr ein Stück individueller zu werden", erklärt Gerhard Roth. Erreicht wird das, auch bei den Weißen, mit authentischen Weinen, die nicht an jeder Ecke zu finden sind. Neben den klassischen Trauben setzt das Weingut verstärkt auf pilzresistente Sorten. Ihnen könnte laut Gerhard Roth die Zukunft im Bio-Weinbau gehören. Bei den Roten ist das vor allem Regent, bei den Weißen Johanniter. Die entsprechenden Sorten machen bei Roth inzwischen knapp 20 Prozent der Anbaufläche aus – einmalig in ganz Deutschland.

„Wir versuchen Jahr für Jahr ein Stück individueller zu werden."
– Gerhard Roth

Frankens südlichste Weine

Auf der Weinlandkarte wäre das Taubertal immer noch ein weißer Fleck, wenn nicht eine Handvoll ambitionierter junger Winzer gezeigt hätte, dass hier auch exzellente Weine wachsen können.

Das Weingut Hofmann in Röttingen genießt unter anderem den Ruf, den besten Tauberschwarz der Region zu produzieren. Der Rotwein mit der Urtraube des Taubertals ist dabei nicht die einzige Entdeckung, die sich in Unterfrankens südlichstem Eck machen lässt.

Neben dem Boden und dem Kleinklima spielen bei der Entstehung eines Weines immer auch persönliche Vorlieben des Winzers eine Rolle. In der Anfangszeit des 1991 gegründeten Betriebs versuchte Jürgen Hofmann zunächst noch einen Idealtypus fränkischer Weiß- und Rotweine nachzuahmen. Schnell erkannte der Oenologe, der beim Spitzenwinzer Paul Fürst in Bürgstadt eine Ausbildung erhielt, dass es darauf ankommt, eine unverwechselbare Charakteristik zu entwickeln. Wegen eines Faibles für französische Weine nahm er Merlot, Cabernet Franc und Spätburgunder, letzteren mit eigens aus Burgund

importierten Reben, in das Sortiment auf. Beim Riesling setzt der Betrieb Klone aus dem Rheingau ein. Der urfränkische Boden weist in Röttingen zudem eine lokale Besonderheit auf: Den Muschelkalk durchziehen Quarzadern, die den Weinen eine andere Mineralität geben.
Hofmanns Rieslinge überraschen mit einer für Franken ungewöhnlich feinen Fruchtnote. Die Rotweine, allesamt in Barrique ausgebaut, vereinen Kraft und Eleganz, wobei der Tauberschwarz in der Jugend zartbittere und rauchige Aromen enthält, die im Alter zugunsten der Kirschtöne zurücktreten. „Die Rebsorte macht im Weinberg doppelt so viel Arbeit wie ein Dornfelder", merkt der Inhaber des 7,5 Hektar kleinen Weinguts an. Viel Laubarbeit und strenge Selektion seien nötig, um kleine Trauben mit dicker Schale zu bekommen. In der Flasche könne der Wein 10 bis 20 (!) Jahre lagern. Der Tauberschwarz kann somit als Aushängeschild neben den besten Spätburgundern des Hauses bestehen.

Weingut Hofmann
Strüther Str. 7
97285 Röttingen
Tel. 09338 / 1577
www.
weinguthofmann.com
info@
weinguthofmann.com

Öffnungszeiten
Verkauf:
Montag bis Samstag
8 – 18 Uhr
und nach
Vereinbarung

Jürgen Hofmann, der Senkrechtstarter vom Röttinger Feuerstein, hat sich insbesondere mit seinen Rotweinen viel Anerkennung verdient. Auf Weiße versteht er sich allerdings auch sehr gut.

Festlichkeit von April bis November

Weinfeste für Genießer und ausgelassen Feiernde. Eine Entdeckungsreise

von Gabriele Brendel

Feste feiern – das können die Franken. In Würzburg und Umgebung sind dabei Silvaner, Müller-Thurgau, Riesling, Bacchus, Rotling und Domina quasi die Hauptdarsteller, denn von April bis November gibt es in der Region kaum ein Wochenende ohne Weinfest. Und keines dieser Feste gleicht dem anderen. Ganz unterschiedlich sind Ambiente, Speisenangebot und Rahmenprogramm. Mal groß, mal eher klein, mal laut, mal eher leise, mal fein, mal eher leger, mal unplugged, mal mit fetzigem Sound.

Gibt es eine schönere Möglichkeit, um Menschen, Weine und Schmankerl der Region kennen zu lernen, als beim Besuch eines Festes? Eine kleine, feine Auswahl soll Geschmack auf mehr machen. Beginnen wir in der Wein- und Mainmetropole. Es versteht sich von selbst, dass hier fast das ganze Jahr über ausgiebig beim Wein gefeiert wird. Zweimal im Jahr verwandelt sich der Marktplatz im Herzen der Stadt in einen großen Weinfestplatz. Beim Würzburger Weindorf (Ende Mai/Anfang Juni) und bei der Würzburger Weinparade (Ende August/Anfang September) können in zahlreichen lauschigen Lauben viele verschiedene Weine zusammen mit regionalen und internationalen Köstlichkeiten vorzüglich genossen werden. Darüber hinaus gibt es ein buntes Rahmenprogramm.

Von Hof zu Hof

Gleich 13 Tage dauert im Juli das Weinfest am Stein, das zwischenzeitlich über die Grenzen der Region hinweg Kultstatus erlangt hat. In Würzburgs Weinlage Nummer eins, hoch über der Stadt, stimmt die Mischung, die Sandra und Ludwig Knoll ihren Gästen bieten. Sie verstehen es jedes Jahr aufs Neue, ein mitreißendes Musikprogramm von Reggae über Funk und Soul bis hin zu Jazz zusammenzustellen. Musik, bei der keiner still sitzen bleiben kann. Dazu gibt es die gutseigenen Weine des Prädikatsweingutes und Feines vom Restaurant „REISERS".

Ein ganz außergewöhnliches Ambiente bietet auch das Weinfest im Würzburger Hofgarten. Das einzigartige, barocke Ambiente des ehemals fürstbischöflichen Hofgartens stimuliert Ende Juni zum Flanieren, Degustieren, Genießen und Plaudern. Eine Woche lang kann hier der Wein vom Staatlichen Hofkeller, dessen gute Tropfen in den Kellern der Residenz reifen, genossen werden. Ein bisschen lässt es sich dabei erahnen, wie schön es hier die Fürstbischöfe in früherer Zeit gehabt haben.

Ebenfalls in einem malerischen Schlossgarten wird in dem kleinen Weinort Castell im Steigerwald gefeiert. An zwei aufeinander folgenden Juli-Wochenenden genießen die Gäste aus nah und fern das besondere Flair im Park unter Kastanien und Linden. Neben den Weinen vom Fürstlich Castell'schen Domänenamt stehen kulturelle Angebote und Livemusik im Mittelpunkt des Weinfestes. Darüber hinaus werden kulinarische Spezialitäten der Region und Kellerführungen angeboten. Sportlich Aktive freuen sich

jedes Jahr auf den traditionellen Schwanberglauf von Iphofen nach Castell mit anschließender Siegerehrung auf dem Weinfest. Nicht unerwähnt sollen in diesem Zusammenhang die Casteller Landhaustage bleiben. Hierfür verwandelt sich der Schlossgarten jedes Jahr im Mai in eine stimmungsvolle Bühne für Schönes und Außergewöhnliches rund um Haus und Garten.

Traditionsfeste und Insidertipps

Weithin bekannt sind die zahlreichen Traditionswein-feste, deren Anfänge mehr als 60 Jahren zurückliegen. Zu ihnen zählt das „Fränkische Weinfest" in Volkach, mit rund 7.000 schattigen Sitzplätzen wohl eines der größten Feste in der Region. Unter den alten Linden auf dem Festplatz zwischen Stadtmauer und Main lassen sich Mitte August wunderschöne Stunden verbringen. Eine ganz besondere Stimmung verbreitet der Wunderkerzenzauber am Montagabend nach Anbruch der Dunkelheit.

Noch ganz jung und in seiner Form einmalig in Franken ist die „WeinZeit" – das Weinfest der Hecken-

Top-Weine in einem Top-Ambiente. Flanieren, plaudern und genießen – Die berühmte Weinlage Würzburger Stein (oben) und der Hofgarten des UNESCO Weltkulturerbes Würzburger Residenz (unten) bieten dafür den perfekten Rahmen. Hier treffen sich Junge und Junggebliebene aus nah und fern.

wirtschaften in der romantischen Kastanienallee in Nordheim am Main. Hier haben sich sieben Nord-heimer Heckenwirtschaften zusammen getan und bieten im Juni neben ihren guten Tropfen eine ganz außergewöhnliche Vielfalt an regionalen Speisen aus ihren Heckenwirtschaften an – selbst gemacht und echt fränkisch! Winzerbratwurst vom Rebholz-Grill, geräu-cherte Forelle, blaue Zipfel, „Deiselbrotzeit", Gerupfter und Kochkäse – da ist wirklich für jeden etwas dabei.

Gleich nebenan in Sommerach richten die örtlichen Winzer in einem der schönsten Dörfer Bayerns Anfang Juli ein Fest mit „Stil & Faszination" aus. Ein Highlight unter den fränkischen Winzerfesten! Wer Stil, Atmo-sphäre und eine gepflegte Weinkultur sucht, ist hier genau richtig. Im geschmackvoll dekorierten, histori-

schen Ortskern schenken die Winzer persönlich ihre Weine aus und sind jederzeit gerne für ein Gespräch über ihre Weine und vieles andere bereit.

Zwei Insidertipps sollen an dieser Stelle nicht fehlen. „Wein am Main" heißt es Mitte Juli in Mainstockheim im Landkreis Kitzingen. Wie der Name es bereits verspricht, werden hier die Gäste auf einer Festwiese direkt am Main in unmittelbarer Nähe zur Mainfähre verwöhnt. Alles ist liebevoll geschmückt und herausgeputzt. Die Weinfreunde erwarten lauschige Plätze, ein gemütlicher Kaffeegarten, eine Weinlounge und kulinarische Leckereien. Haben Sie schon einmal eine Weinprobe auf einer Mainfähre gemacht? Hier haben Sie die Chance.

Franken pur – unplugged! Das wird am vorletzten Wochenende im August in dem kleinen Ort Hüttenheim am Fuße des Tannenberges geboten. Beim Kirchenburgweinfest können die Besucher drei Tage lang die charaktervollen Weine der Region und natürlich auch örtliche Spezialitäten genießen. Straßenmusikanten und Musiker ohne Verstärker begleiten das gemütliche Fest im Inneren der historischen Mauern. Die stimmungsvolle Atmosphäre versetzt den Besucher dabei in eine alte romantische Zeit zurück.

Ewig lockt der Berg

Neben den klassischen Weinfesten haben sich die so genannten Weinbergswanderungen in vielen Gemeinden als besondere Attraktionen erwiesen. Stellvertretend seien hier die Weinorte Randersacker (Christi Himmelfahrt) und Eibelstadt (Pfingstmontag) genannt. Auf einer Wanderroute durch die Weinberge werden an verschiedenen Stationen Weine und kleine Speisen angeboten. Bei schönem Wetter durch die Weinberge zu wandern, da und dort an einem schattigen Plätzchen Rast zu machen bei einem guten Schoppen und einer Brotzeit, das ist ein Erlebnis für die ganze Familie.

Die Weinfeste in Franken sind seit Jahrzehnten ein Publikumsmagnet für Gäste und Einheimische. Hier kann man Regionales genießen, Freunde treffen und Spaß haben. Sehnsüchtig wird oft die neue Saison erwartet. Was aber ist nun ein wirklich typisch fränkisches Weinfest? Was zeichnet es aus? Zur besseren Orientierung werden alljährlich Empfehlungen für „ausgezeichnete" Weinfeste erarbeitet und in der Premiumb-

Stadt – Land – Fluss. Die schönsten Flecken der Region werden einmal im Jahr zur Bühne für den Auftritt von Silvaner, Müller-Thurgau, Domina & Co. In Hüttenheim (oben) wird in der historischen Kirchenburg gefeiert, in Mainstockheim (unten) in unmittelbarer Nähe des Mains.

roschüre „Franken –Wein.Schöner.Land!" sowie auf der Homepage www.franken-weinland.de veröffentlicht. Selbstverständlich gibt es dazu passend auch eine kostenlose „FrankenWEIN"-App. Eine unabhängige, gut geschulte Kommission bewertet die Feste nach einem vorgegebenen Kriterienkatalog. Dabei wird sehr viel Wert darauf gelegt, dass diese Weinfeste authentisch und gemütlich sind, sie in einem schönen Ambiente stattfinden, unverstärkte Musik, eine herausragende Weinqualität und traditionelle kulinarische Highlights bieten. Machen Sie sich auf den Weg!

Ob Weinparade der Würzburger Festwirte oder das Weinfest der Winzer in Sommerach (oben) – in der Region ist immer etwas los in Sachen Weingenuss. Einen Kalender mit allen Weinfestterminen in Franken gibt es bei der Gebietsweinwerbung Frankenwein-Frankenland GmbH (www.frankenwein-aktuell.de).

Gedanken über das Spiel mit dem Appetit

Kulinarische
Inszenierungen

Der verheißungsvolle Duft aus der Küche, das Berühren von hochwertigem Besteck, gestärkten Stoffservietten, nahtlosem Glas oder kostbarem Porzellan und schließlich der Höhepunkt auf der Zunge schaffen das Große: Glück durch Genuss. Das Menü wurde in spannungsreicher Harmonie komponiert und die Szene auf dem Teller ist vortrefflich arrangiert.

von Kerstin Böhning

Alle Akteure beherrschen ihre Rollen in Perfektion und die Weinbegleitung spielt das Solo im besten Sinne. In solchen Augenblicken sind Gourmets dem Himmel ganz nahe. Mit oder ohne Stern. Die Mühen haben sich für beide Seiten des Vorhangs gelohnt. Denn jene Speisen, von denen hier die Rede ist, verlangen auch vom Publikum eine konzentrierte Aufmerksamkeit.

Bienenflüsterer, Herdhelden und Geschmacksvirtuosen: Die Branche gibt sich Mühe.

Das Thema füllt TV-Formate und seitenweise Fachzeitschriften. Das literarische Angebot über Essen und Trinken ist unüberschaubar. Diese Situation ist motiviert vom Wunsch interessierter Konsumenten, mehr zu wissen und mitreden zu können. In Österreich bietet die Universität Salzburg sogar ein Zentrum für Gastrosophie an. Das soll weiterführen, wenn die Selbsterfahrung in Bezug auf Essen und Trinken nicht mehr befriedigt. Viel Anspruch für eine sehr natürliche Wirklichkeit. Aber es geht schließlich nicht ums reine Sattwerden. Es geht um die Lust am Genuss, um die Kunst des Kochens und um deren Wertschätzung. Das jedenfalls würden sich die Gastronomen wünschen, denn sie legen sich recht ins Zeug bei der kulinarischen Inszenierung ihres Könnens und dem Versuch, es uns geschmacklich recht zu machen. Was da alles aufgefahren wird. Unermüdlich ist die Branche, wenn es darum geht, die Geschmacksnerven der Esser zu kitzeln, die Aufmerksamkeit hoch

zu halten und am Ende einen zufriedenen Gast verabschieden zu können. Auf der Suche nach dem Besonderen gehen Köche meilenweit. Manche auch nur in den heimischen Wald. Ein hochwertiges Lebensmittel ist die Basis der guten Küche. Es braucht nicht viel Tamtam und Verzierung, wenn das Fleisch von glücklichen Rindern aus der Region stammt und die Tomate auch mal die Sonne gesehen hat. In der Ehrlichkeit und Einfachheit eines guten Grundproduktes liegt ein großer Zauber. Viel gepriesen sind die moderne Umsetzung traditioneller Rezepte und die Verarbeitung längst vergessener Zutaten. Die Entdeckung der Langsamkeit spiegelt sich im Niedertemperaturgaren und Slow Food ist ein Segen für die Welt. Gel, Schaum und Dekonstruktionen: All das hat seine Berechtigung – vorausgesetzt es schmeckt und keiner wird dabei verletzt. Herkunft gustativ erlebbar machen, Moderne und Tradition in einem Gericht verschmelzen, die Optik im Auge behalten und sich selbst treu bleiben: Gute Köche sind multitalentierte Genusshandwerker und Geschmacksvirtuosen. Und es gibt sie überall auf der Welt.

In Würzburg!

Die Stadt am Main bietet über 100 Restaurants unterschiedlichster Couleur. Die köstliche Umgebung flussauf- und flussabwärts zählen wir hier nicht mit. Internationale Küche begegnet heimatlichem Herd, Biergärten und Weinlokale residieren in direkter Nachbarschaft, die einfache Gastlichkeit und die ausgezeichnete Gastronomie sind sich einander Ergänzung. Ich kann nach Gusto, Zeit und Budget meinen kulinarischen Lieblingsplatz finden. Immer für den jeweiligen Augenblick. Was heute meiner Lust auf Essen und meinem Anspruch daran genügt, kann morgen schon ganz anders aussehen. Unser Geschmack möchte Abwechslung. Immer auf Sterne-Niveau zu essen, wäre die gleiche Quälerei wie das ewige Schnitzel mit Bratkartoffeln. Genuss hat etwas mit dem Spiel der Möglichkeiten zu tun und davon gibt es viele in Würzburg. Hoch oben auf den Hügeln, direkt am Main oder in den verwinkelten Gassen der Innenstadt. Junge Gastronomen mit experimenteller Verve und arrivierte Profis bitten zu Tisch. Es gibt Kochschulen und Event-Caterings, Bratwürste und Chateaubriand. Es ist alles da um eine kulinarisch erfüllte Zeit zu verbringen und lustvolle Geschmacksaugenblicke zu erleben. Manchmal wird ein Menue für 1000 Gäste an einer einzigen langen Tafel im Freien serviert – auf dem Floß, im Weinberg oder während einer Ballonfahrt. Nudeln aus dem Betonmischer, ein Degustationsmenü mit lebenden Zutaten oder Harakiri am Fisch auf dem heißen Stein sucht man vergeblich in Würzburg. So hat eben alles Gute seine Zeit und seinen Ort.

Selbstbestimmung bei Geschmacksfreiheit

Die Verantwortung für ein gelungenes kulinarisches Erlebnis trägt nicht der Gastronom allein. Wir Gäste dürfen uns fragen, ob wir tatsächlich offen sind für eine Berührung und für die Wirkung des guten Geschmacks. Hören, riechen, tasten, sehen, schmecken: Die fünf Sinne sind bestens dafür ausgelegt, uns in einer kulinarischen Erlebnissituation ein Maximum an Befriedigung zu ermöglichen. Das Gehör brauchen wir in solch einem Augenblick nicht wirklich. Es sei denn, uns versetzen die Kommentare vom Nachbartisch in eine vorfreudige Erwartung, die das Kommende noch kostbarer macht. Wie bei jeder Kunst urteilt einzig der Betrachter über die Schönheit des Werkes. Nur wenn unsere Sinne sensibel sind für das Besondere, bewegt uns die aufregende Dramaturgie eines Menüs – kann uns die Spannung auf dem Teller mitreißen. In eine vergleichbare Verzückung kann man sich auch mit der entspannten Schönheit eines Butterbrotes versetzen. Aber nur wenn es ein gutes Brot, frische Butter und handgemachtes Salz ist. Und so besteht die gastronomische Verantwortung darin, uns aus guten Produkten etwas Köstliches zuzubereiten, ehrlich dabei zu sein und einen Preis dafür zu verlangen, der im Verhältnis steht. Ob die Kulinarik nun wie eine große Oper inszeniert sein soll oder als Kammerkonzert, wählt der Gast nach Gusto. Der Koch und sein Werk sind in diesem Spiel mit dem Appetit die Lieferanten der Genussmöglichkeit und der Glücksperspektive. Und so liegt die Schönheit auf der Zunge des Gastes, vorausgesetzt er hat sich für das richtige Lokal entschieden. Wenn dem so ist, bestehen allerbeste Chancen, das köstliche Glück durch Genuss zu finden.

Vom Marktplatz aus in die Welt

Häuser erzählen eine Geschichte. Jene des „Weinforums Franken"
hätte so lauten können: An der Stelle, wo heute ein Restaurant, eine
Vinothek und ein Hotel betrieben werden, befand sich einst ein altes
Gasthaus, das die Besitzer im 21. Jahrhundert einem nüchternen
Zweckbau geopfert haben, wie er in jeder Stadt zu finden ist.

Weinforum Franken
Hauptstr. 37
97246 Eibelstadt
Tel. 09303 / 9845090
www.
weinforum-franken.de
info@
weinforum-franken.de

Öffnungszeiten:
Täglich
11.30 – 22 Uhr

Aber da die Geschichte anders verläuft, da
das „Weinforum" vom Engagement der dahinter stehenden Menschen, von Eibelstadt
und der Kultur Frankens erzählt, ist sie
wesentlich charmanter.
Franken ist aufgrund seiner Lage immer
offen gewesen für Wanderungsbewegun-
gen und neue geistige Einflüsse. Genau
das spiegelt sich im Weinforum wider.
Das Haus diente schon immer als Beher-
bergungsbetrieb. Hier nächtigten bereits
Soldaten von Zar Alexander und napoleo-
nische Truppen. In drei von 15 Zimmern,
alle unterschiedlich und ungewöhnlich in
der Form, befinden sich heute noch alte
Holzböden. Auch sonst haben die Besitzer,
Beate Osterheider-Haas und ihr Mann, der
Architekt Edmund Haas, viel Historisches
integriert. Zum Beispiel den Weinkeller aus
Buntsandstein, der auf das 15. Jahrhundert
zurückgeht, alte Fenster und schiefe Trep-
penstufen, den Holzboden des ehemaligen
Kinosaals im ersten Stock, heute einer von
mehreren Banketträumen …
Selbstverständlich war das keineswegs.
Für das Haus, das im September 2009 neu
eröffnet wurde, lag eine Abrissgenehmi-
gung vor. Doch der Abriss wäre „viel zu
schade gewesen für ein Haus in dieser 1A-
Lage", findet Beate Osterheider-Haas. Und
so fügt sich das Forum am Marktplatz harmonisch in das Umfeld ein, einem „Forum"
würdig, als ein Ort, an dem Menschen ins
Gespräch kommen. Zwei Parkplätze vor
dem Haus machten einer sonnenreichen
Terrasse Platz.
Das Essen und der Wein lassen die Gespräche wachsen. „Ein bisschen Regionales,
etwas Deutsches und ein bisschen was aus
der Welt", so beschreibt Küchenchef Achim
Pfeuffer die Speisekarte. Diese wechselt oft
innerhalb weniger Tage. Die Weinforum-
Klassiker bleiben bestehen, mit dabei: Bratwürste, Brotzeiten, Schnitzel, Forellenfilet.

Die Gärten vor den Toren Eibelstadts (linke Seite) zeigen, wie wichtig Gemüse und Kräuter seit jeher für die Nahversorgung in Franken sind. Das Weinforum Franken schließt an diese gute Tradition an und führt sie mit einem Aromagarten und frischen Ideen fort. Rechte Seite: die Vinothek und das Restaurant im Herzen der Altstadt.

„Ein bisschen Regionales, etwas Deutsches und ein bisschen was aus der Welt"

– Beate Osterheider-Haas (li.) mit Yvonne und Achim Pfeuffer

Darüber hinaus verzichtet das Haus jedoch auf Standardgerichte zugunsten eigenständiger Kompositionen wie Lammhüfte an Kartoffelkuchen mit jungem Knoblauch und Bohnenragout oder Lachsforellenfilet in der Kartoffel gebraten auf Ragout von Tomate, Fenchel und Spinat. Kulinarische Ausflüge in andere Länder und Weinseminare laden zu überraschenden Entdeckungen ein. Kräuter, Obst und Gemüse liefert häufig der hauseigene Aromagarten vor der historischen Stadtmauer.

Mischen hat vielerlei Bedeutungen. In diesem Fall bedeutet es: Qualitätssteigerung durch Kombination. So auch bei der Weinkarte und in der Vinothek. 18 fränkische Winzer, die sich über das fränkische Terroir verteilen, hat die Inhaberin unter Dach und Fach genommen, darunter traditionelle Rebsorten und Nischenprodukte wie Blauen Zweigelt und Blauen Silvaner, aber auch internationale Ableger aus Franken wie Sauvignon Blanc, Merlot und Blanc de noir. Eine Delegation des Weinforums präsentierte sich 2011 zusammen mit der fränkischen Weinkönigin erstmals bei einer Wein- und Spirituosenmesse in China. Einmal mehr öffnete sich so ein neuer Weg zu den Schätzen der Region.

Heimat und Herberge auf Zeit

Jeder weiß, wie schwierig die Entscheidungsfindung sein kann, wenn es darum geht, ein Gasthaus für das sonntägliche Mittagessen auszusuchen. Die bodenständige Landküche mit persönlicher Atmosphäre erweist sich in dieser Situation als unverzichtbar. Sie ist der Trumpf des Gasthauses „Zum Falken" in Mainbernheim. Nicht nur am Sonntag.

Zum Falken
Herrnstr. 27
97350 Mainbernheim
Tel. 09323 / 87280
www.zum-falken.de
info@zum-falken.de

Öffnungszeiten:
Zur Mittagszeit und
zum Abend

Ruhetage:
Zwischen
2. November und
1. April am Montag
und Dienstag
(ausgenommen
Rosenmontag)
Vom 1. April bis
1. November am
Dienstag

Hotelzimmer sind
von Ruhetagen
ausgenommen

Mögen sich andere damit begnügen, Tütchen aufzureißen und Essen zu erhitzen, hier stellt man die Speisen wie zu Mutters und zu Großmutters Zeiten noch in aufwendiger Handarbeit her. Die Saison setzt die Akzente: im Frühjahr Fisch, zur Osterzeit Lamm, im Mai und Juni Spargel, im Sommer leichte Gerichte und im Herbst Pilze aus dem nahen Steigerwald, zur kalten Jahreszeit Gänse. Sauerbraten mit Lebkuchensoße, Tafelspitz mit Meerrettichgemüse, Bratwürste mit Kraut, Schäuferla und Schweinebraten kommen das ganze Jahre über zu Ehren.

„Während draußen das hektische Leben tobt, bieten wir den Menschen hier Heimat und Herberge auf Zeit und sind eine Konstante im Leben vieler Stammgäste", sagt die Inhaberin Christine Jaeger, die den angesehenen Familienbetrieb in sechster Generation führt. Dabei hätte sie als junge Frau gerne in New York gelebt. Aber da der Gasthof ohne sie zu verwaisen drohte, bröckelte ihr Widerstand gegen Elternhaus und Wirtinnen-Dasein. Nach Ausflügen führte der Weg immer wieder zurück in

den 2000-Seelen-Ort Mainbernheim, und inzwischen ist Christine Jaeger davon überzeugt, dass sie an anderer Stelle nicht glücklicher geworden wäre.
Schlemmen, Schmelzen, Schwelgen. Die Erlebnisse, die die Anziehungskraft des „Falken" ausmachen, sind herzhafter Art. Mit Radtouren, Wanderungen, natürlich auch mit der Möglichkeit, müde Häupter in den kommoden Zimmern zu betten, lässt sich die Landlust in ihren ganzen Facetten genießen. Rainer Trunk ist der direkte Ansprechpartner für das Wohlergehen der Gäste. Einkauf, Frische und Sorgfalt können der Köchin gar nicht gut genug sein. Auf der Homepage des Gasthofes hat Christine Jaeger die Lieferanten aufgelistet, mit denen die Familie zusammenarbeitet, oft länger als seit einer Generation. Die Betriebe gehören zu den besten, die Mainfranken zu bieten hat.

„Eine Konstante
im Leben vieler Stammgäste"
– Christine Jaeger

Kartäuser Klöße mit Weinschaumsoße

von Christine Jaeger, Gasthaus Zum Falken

Milchbrötchen in Hälften schneiden, zwei Tage alt werden lassen, auf einer groben Reibe abreiben. Dann in eine Mischung aus …

½ Liter Vollmilch
3 Eigelb und
80 g Vanillezucker

… einlegen, immer wieder wenden, langsam durchziehen lassen.
Im leicht angeschlagenen Eiweiß mehrmals wenden, anschließend in den abgeriebenen Semmelbröseln panieren.
In heißem Fett goldbraun backen, dann in Zimt-Zucker wälzen.

Dazu fränkische Weinschaumsoße:

½ Liter fränkischer Silvaner
2 Eier getrennt
1 ganzes Ei
50 g Zucker
15 g Stärkemehl
2 Eßlöffel Zitronensaft

Eigelb und ganzes Ei mit Zucker schaumig schlagen, übrige Zutaten dazugeben und am Feuer abschlagen, bis die Masse einmal aufkocht, noch heiß unter den steifen Eischnee schlagen.

Österreich in Veitshöchheim

Ausgehen und entspannen, feiern und festlich dinieren: In der „Wiener Botschaft" zeigt sich die Gastronomie von einer ausgesprochen gastlichen Seite. Wer wissen will, was die österreichische Küche ausmacht, muss dafür nicht einmal mehr lange reisen.

Wiener Botschaft
Herrnstr. 19
97209 Veitshöchheim
Tel. 0931 / 3592060
www.
wienerbotschaft.com
info@
wienerbotschaft.com

Öffnungszeiten
Restaurant:
Montag bis Samstag
17 – 24 Uhr
Warme Küche
17 – 22.30 Uhr

Sonntag
11.30 – 17 Uhr
Warme Küche von
11.30 – 14.30 Uhr
Kaffee und Kuchen
14.30 – 17 Uhr

Feiertags
von 11.30 – 24 Uhr
Warme Küche
bis 22.30 Uhr
Kaffee und Kuchen
14.30 – 17 Uhr

Ein Restaurant für jeden Tag und ein Ort für besondere Gelegenheiten: das Restaurant der „Wiener Botschaft" und die Kellerbar „Romy" (Bild unten).

Mit einer absoluten Vorliebe für das Alpenland, insbesondere für Wien und Salzburg, eröffnete der Würzburger Unternehmer Thorsten Fischer 2009 die „Wiener Botschaft" in Veitshöchheim.

Österreich und Franken – Wie gut die Kulturen kulinarisch zusammenpassen, schmeckt der Gast. In der „Wiener Botschaft" präsentiert sich die österreichische Küche traditionell vorbildlich, mit hochwertigen saisonalen Produkten, frisch aus verschiedenen Regionen Österreichs importiert. Auf der festen Karte finden sich Klassiker, vom Backhendl über Käsekrainer, Tafelspitz und einem echten Wiener Schnitzel bis zum Kaiserschmarrn und den Salzburger Nockerln. Bei den wechselnden Tagesgerichten verfeinert der Chefkoch die österreichische Grundnote mit eigenen Ideen und bringt auch weniger Bekanntes auf den Tisch.
„Wir wollen keine hochgestochene Küche haben, sondern dem Gast auf familiäre Art das Gefühl vermitteln, dass er sich hier wohl fühlen kann", sagt Christina Bauer, die Botschafterin des Hauses. Das beeindruckende, denkmalgeschützte Anwesen lässt schon beim Betreten den Alltag vergessen. Außen locken die schöne

Sommerterrasse und der Kastaniengarten zu einem ausgedehnten Aufenthalt, innen schaffen stilsicher ausgestattete Gasträume den rechten Rahmen, damit sich Genussfreude und Gelassenheit entfalten können. Elegante Tagungsräume, eine gut sortierte Vinothek – mit der Möglichkeit, an Weinproben teilzunehmen – und die schicke Kellerbar „Romy" stehen für besondere Anlässe zur Verfügung. Hotelzimmer machen das Urlaubsgefühl komplett.

Wirtshausküche
gepaart mit Innovation

Konzentrierte Aromen, die Lustgefühle wecken … Püree, selbstgemachte Obst-säfte und Marmeladen, Geschmortes oder Kurzgebratenes im Hauptgang, Süßes und Cremiges zum Abschluss …

„Ehrgeiz und Neugier als Antrieb"
– Markus Lösch

Markus Lösch ist als Sohn einer Gastrono-menfamilie mit diesen Eindrücken aufge-wachsen und hat die fränkische Wirtshaus-küche mit feinen Nuancen und kreativen Zubereitungen neu belebt.

Im Juni 2012 konnte die Familie Lösch einen historischen Tag feiern: 100 Jahre Wirtshaus „Zum Schwan" in Familien-besitz. Nach Lehr- und Wanderjahren in renommierten Betrieben, unter anderem in der einstigen Talentschmiede „Schweizer Stuben" (Wertheim-Bettingen), verwöhnt Markus Lösch seit 1992 die Gäste in Castell. Vater und Mutter helfen mit. Auf seine Motivation angesprochen, sagt Markus Lösch, dass „Ehrgeiz und Neugier" ihn antreiben würden. Eine Mischung aus bodenständigem Charme und Innovation prägt seine Küche. Ganz selbstverständlich kommen alte Landsorten wie Steckrü-ben, Schwarzwurzel und Pastinaken zum Einsatz, die hier niemals in Vergessenheit geraten sind. Forellen, Karpfen und Waller fischt er aus dem Hälterbecken hinter der Küche, Wildspezialitäten stammen von

Jägern aus der Region. Im eigenen Nutzgar-ten wachsen Vogelbeeren neben Quitten und anderem Streuobst, im Schatten eines alten Jasmin-Baumes gedeihen Rosmarin, Salbei, Thymian und Estragon. Ein regiona-les Schlaraffenland mit mediterranen Einflüssen. Auf Produkte wie Tintenfisch oder ein Rotbarbenfilet muss im „Schwan" niemand verzichten.
In Sachen Wein ist Markus Lösch dagegen Regionalist; die Weine stammen aus dem Steigerwald, unter anderem auch vom hauseigenen Weinberg – eine spannende Zusammensetzung, da nicht nur Klassi-sches zum Zuge kommt. Bei den Wein-menüs mit den befreundeten Winzern richtet der Gastronom das Essen auf den Wein aus (nicht umgekehrt). Gut zu wissen: Übernachtungszimmer befinden sich im Haus.

Gasthaus
„Zum Schwan"
Birklinger Str. 2
97355 Castell
Tel. 09325 / 90133
info@
schwan-castell.de

Öffnungszeiten:
Donnerstag bis
Montag 11 – 14 Uhr
und ab 17 Uhr
Sonntags durch-
gehend geöffnet

Die größere Freiheit

Prichsenstadt, ein fränkisches Bilderbuch-Idyll. Mit dem Auto ruckelt man über Pflastersteine eine der schmalen Gassen hinunter zum Freihof. Das ab 1258 errichtete, älteste Gebäude des Ortes hat in vielerlei Hinsicht eine bemerkenswerte Geschichte.

Es diente mal als Schafstall, mal als Wirtschaftshof des Schlosses, als Tagungsort für Kaiser Karl IV. und die Reichsritter, und nannte sich ab 1463 erstmals „Freihof", da das Gebäude über eine eigene Gerichtsbarkeit verfügte. Heute geht es sehr viel entspannter zu als in den Jahrhunderten zuvor. Ein feines Restaurant und ein 4-Sterne-Hotel bieten viele Gelegenheiten, die Seele baumeln zu lassen, individuell und mit Tiefgang.

Es bedurfte eines mutigen Unternehmers, um das Gebäude aus dem Dornröschenschlaf zu wecken. Denn vor der jetzigen Nutzung war es nurmehr eine Ruine. 2002 entdeckte der Maschinenbautechniker Richard Gebert das notgesicherte Anwesen, und nur zwei Stunden später unterschrieb er den Kaufvertrag. Sein ursprüngliches Vorhaben: ein Museum für historische Traktoren. Die Traktoren und die Edelsportwagen des leidenschaftlichen Sammlers sind heute nebenan untergebracht (Besichtigung auf Anfrage). Mit dem Freihof hatten seine Frau Juliane und er Größeres vor. Zehn Jahre lang wurde saniert und erweitert. So mussten die tonnenschweren, durchhängenden Decken des Altbaus auf jeder Etage mit Stahlpfeilern gestützt und um 30 bis 40 Zentimeter angehoben werden. Ein finanzieller Kraftakt und eine konstruktive Meisterleistung. Fachwerk und altes Gemäuer verbinden sich nun mit Glas und Edelstahl zu einem harmonischen Gefüge. Das Ambiente stimmt auf gehobene Genüsse ein. Diese werden durchweg anspruchsvoll bedient. Der Küchen-

Freihof

Freihofgasse 3
97357 Prichsenstadt
Tel. 09383 / 9020340
www.
freihof-prichsenstadt.de
info@
freihof-prichsenstadt.de

Öffnungszeiten
Restaurant prixxess:
Montag bis Sonntag
12 – 14 Uhr und
18 – 22 Uhr
prixxbar:
Dienstag bis Samstag
18 – 2 Uhr

„Hofleben" des 21. Jahrhunderts. Der Freihof in Prichsenstadt steht allen offen: vom Restaurant über einen Ausflug mit dem „Aaglander" (diese Seite links) über die Bar bis zum Hotel. Geschäftsführerin Mona Gebert (rechts) ist für die Gäste da.

chef verzichtet auf herzhafte fränkische Spezialitäten, da es diese in der Gegend in Hülle und Fülle gibt. Er verwendet frische und ausgezeichnete Produkte, überwiegend aus der Region, und bringt sie in raffinierten Kombinationen auf den Teller. Die Küche ist leicht, mediterran inspiriert, abwechslungsreich und damit nicht nur in geschmacklicher, sondern wahrscheinlich auch in gesundheitlicher Hinsicht vorbildlich. Ergänzt wird sie von einer Weinkarte mit regionalen und internationalen Klassikern.

Einkehren, den Alltag hinter sich lassen, die freie Zeit auskosten – das lässt sich nach Herzenslust ausdehnen. Zum Beispiel in Verbindung mit einem Spaziergang. Oder mit einer Radtour – ein Picknickkorb wird

Hotelgästen auf Wunsch zusammengestellt. Stilvoller Höhepunkt der Unternehmungen ist ein Ausflug mit der motorisierten Kutsche namens „Aaglander", in der man mit 5 bis 15 km/h durch die Landschaft rollt und den Luxus der Langsamkeit genießt. Das Hotel mit 30 Zimmern, einem großzügigen Wellnessbereich und Tagungsräumen ist als Ausgangs- und Endpunkt für die Ausflüge wie geschaffen. Das Wort „Freihof" bekommt so einen ganz neuen Sinn: Es entsteht ein anderer Rhythmus. Aktion und Entspannung wechseln sich ab. Das könnte ewig so weitergehen.

Wallfahren und Einkehren

Kloster Kreuzberg
Kreuzberg 2
97653 Bischofsheim
Tel. 09772 / 91240
www.kreuzbergbier.de
service@
kreuzbergbier.de

Öffnungszeiten
Klostergaststätte:
Täglich 8 – 20 Uhr

Cafe „Zum Elisäus"
hinter dem Kloster:
Mittwoch bis Samstag
10 – 18 Uhr
Sonntag
8 – 18 Uhr

Eine Pilgerstätte ist der Kreuzberg schon lange, nicht erst seitdem bekannt wurde, dass hier oben auch gutes Bier gebraut wird. Das Bier und die Klosterbrauerei erlebten im 18. Jahrhundert ihre erste Blütezeit, als die Wallfahrer scharenweise auf den Spuren des Heiligen Kilian wandelten.

Der Legende nach soll der Missionsbischof auf dem Kultort im Jahr 686 das erste Kreuz auf fränkischem Boden errichtet haben. Bis sich die ersten Pilger mit Klosterbier stärken konnten, mussten mehr als 1000 Jahre vergehen.

Der Würzburger Fürstbischof Julius Echter von Mespelbrunn brachte den Stein ins Rollen. Er fragte 1614 bei der Franziskanerprovinz in Straßburg nach Ordensbrüdern für die Wallfahrtsbetreuung an. Denn durch den Bauernkrieg war das Umland des Kreuzbergs protestantisch geworden, was dem machtbewussten Fürstbischof nicht recht sein konnte. Brüder des Bettelordens verbrachten den Sommer fortan auf dem Kreuzberg, den Winter in Dettelbach,

wo sie herkamen. 1692 zogen sie in das neu gebaute Kloster ein und ließen sich dauerhaft auf dem Kreuzberg nieder. 1731 erhielt der Orden die Braugenehmigung. Es war ein kluges Zugeständnis der Kirche an die hiesige Lebensart, dass Biertrinken nicht das Fasten bricht. So konnte auch die Klosterbrauerei auf dem Kreuzberg, die sich Hopfen und Malz erbettelte, wachsen. Reich werden durfte sie nicht. Für das Bier wurden die Wallfahrer zunächst nur um eine Spende gebeten. Für die Übernachtung im Kloster konnte bis kurz nach dem Zweiten Weltkrieg noch mit Bierholz gezahlt werden.
Die in den 1950er Jahren rundum modernisierte Brauerei stellt das dunkle Bier weiterhin nach dem Originalrezept

her und verkauft es ausschließlich direkt ab Hof, zum Mitnehmen in markanten Bügelflaschen und in Fässern. Die höhere Stammwürze verleiht dem nahrhaften Getränk, einst Grundnahrungsmittel, einen ausgesprochen malzigen Geschmack. Das Pils und das Weißbier punkten mehr mit Erfrischung.

Jeder, der auf dem 928 Meter hohen Gipfel ankommt, wird auf seine Weise belohnt: Wallfahrer bekommen zusätzlich zu brennenden Füßen feuchte Augen vor lauter Freude. Das Herz schlägt speziell auch bei sportlichen Radfahrern höher, die sich den Berg als Etappenziel vorgenommen haben. Aussichten auf die Rhöner Kuppenlandschaft, das Erlebnis der Spiritualität und die Möglichkeit der Einkehr paaren sich mit fränkischer Küche, Kaffee und Kuchen. Weitere lohnenswerte Ausflugsziele sind nicht weit: der Riemenschneideraltar in Münnerstadt, das Freiluftmuseum in Fladungen, Wanderstrecken an der Rhönhöhenstraße …

Vor dem Kloster zeichnet eine Ausstellung das Leben des Ordensgründers Franz von

Das Klosterbier ist bei Reisenden beliebt. Das verbindet den Kreuzbergpilger mit dem Bierpilger, der zum Kloster Kreuzberg in der Rhön kommt. Nach einer langen Wallfahrt wie der von Würzburg aus (linke Seite oben) tut Entspannung auch Not.

Assisi nach. Er soll auf nackten Füßen, nur mit der Kutte eines Berghirten bekleidet, durch die Welt gegangen sein und Buße gepredigt haben. Das Kloster ist mit 70 Angestellten und sieben Brüdern zwar auch ein Wirtschaftsbetrieb. Gewinnmaximierung ist aber nicht das Ziel und schon gar nicht der Sinn der Arbeit. Mit den Einnahmen aus dem Klosterbetrieb werden Missionare in Bolivien und Aufgaben der deutschen Franziskanerprovinz unterstützt. Um es mit den Worten von Bruder Johannes Matthias Tumpach, dem Geschäftsführer der Klostergesellschaft, zu sagen: „Wirtschaftlichkeit ist wichtig, aber der Mensch in seiner eigenen Arbeit ist wichtiger."

Fränkisches vom Holzofen und aus dem Sudhaus

Fränkische Küche – Viele Gasthäuser haben sie auf der Karte, nicht alle bringen sie gleich lecker auf den Tisch. Das Essen soll weder lieblos hingeklatscht noch fein auf den Teller gezwirbelt werden, sondern sorgfältig zubereitet sein.

Gasthof Schwarzer Adler und Hausbrauerei Düll

Pfarrer-Geyer-Str. 1
97340 Marktbreit – Gnodstadt
Tel. 09332 / 8663
www. duell-gnodstadt.de
info@ duell-gnodstadt.de

Öffnungszeiten:
Dienstag, Donnerstag und Freitag
17 – 22 Uhr
Samstag und Sonntag
11 – 14.30 Uhr und
17 – 23 Uhr
sowie nach Vereinbarung

Das Bier der Brauereigaststätte Düll ist nur in Gnodstadt erhältlich, da aber auch in der Bügelflasche zum Mitnehmen. Martin Rank (oben) ist Brauer und Koch in Personalunion.

Satt, glücklich und zufrieden macht ein Besuch im Brauereigasthof Düll, wo fränkische Spezialitäten und Bier aus der Hausbrauerei ihren Auftritt haben. Die Privatbrauerei befindet sich bereits seit 1840 in Familienbesitz. Landwirtschaft und Gastronomie haben in der Familie Düll bzw. Rank sogar eine noch viel ältere Tradition, auch wenn beides nicht stets am selben Ort betrieben wurde. Seit 2007 leitet Martin Rank in Personalunion von Koch und Brauer das Haus, mit tatkräftiger Unterstützung seiner Eltern und der Lebensgefährtin. In der Küche hat sich der mit Holz befeuerte Kochofen bestens bewährt. Der versierte Handwerker kann mit der zwei Quadratmeter großen Kochfläche die Verteilung der Hitze flexibel steuern, vorne scharf anbraten, hinten das Essen warm halten, es in der Mitte langsam garen lassen. Martin Rank ist die fränkische und die feine Küche vertraut. „Was man macht, ob Bratwurst oder Hummer, ist zweitrangig. Qualitätsbewusst muss man hier und da arbeiten“, urteilt der Gastronom. Die Frische ist entscheidend. Hier setzt Rank auf die regionale Karte, mit heimischem Wild, Fischen aus dem Main, Gemüse aus Segnitz, Fleisch von einem benachbarten Hausmetzger und einem kleinen Schlachthof aus der Region. Als saisonale Besonderheit bietet das Wirtshaus Hopfensprossen an, ein edles Gemüse, für das gerne Feinschmeckerpreise gezahlt werden.

Die Hausbrauerei fährt mit einem leckeren Bier auf. Die zwei Sorten, ein frisches, leicht malzbetontes Pils und ein süffiges Bockbier (zwischen Allerheiligen und Fasching) sind nur hier erhältlich: im Ausschank, als Bügelflasche und im Fass. Etwas Zeit mitzubringen, kann nicht verkehrt sein. Speziell deshalb, weil im alten Saal von Herbst bis Frühjahr regelmäßig Kleinkunstabende über die Bühne gehen, und zwar nicht die schlechtesten.

Bauernente

von Martin Rank, Brauereigaststätte Düll

Zutaten:

1 frische Bauernente (3 kg – 3,5 kg)

100 g Karotten, Sellerie, Zwiebeln grob gewürfelt

Pfeffer, Salz, Thymian

Für die Füllung:

2 Brötchen vom Vortag

2 Eier

100 ml Milch

50 g Butter

50 g feine Zwiebelwürfel

2 EL gehackte Petersilie

Pfeffer, Salz, Majoran, Muskat

Entenleber

Zubereitung:

Die Brötchen in Scheiben schneiden, in eine Schüssel geben. Die Milch zum Kochen bringen. Zwiebelwürfel und Petersilie mit der Butter anschwitzen und mit der kochenden Milch über die Brötchen geben. Die Masse abdecken und durchziehen lassen. Die Entenleber fein hacken oder besser im Zerkleinerer fein mahlen. Sobald die Brötchenmasse lauwarm ist, die Leber und die Eier darüber geben. Mit Pfeffer, Salz, Majoran und Muskat abschmecken und gut durchmischen. Die Ente unter fließendem Wasser innen und aussen gut abwaschen mit Küchenpapier trockentupfen. Mit Pfeffer, Salz, Thymian innen und aussen würzen, anschliessend mit der Brötchenmasse füllen. Die Öffnung mit einem Holzspieß verschließen oder zunähen. Karotten, Sellerie, Zwiebel in eine Bratpfanne geben, die Ente auf einem Rost legen. Im vorgeheizten Backofen bei 160 Grad ca. 2,5 bis 3 Stunden braten lassen. Sobald das Gemüse gebräunt ist, mit Wasser oder falls vorhanden mit Geflügelfond aufgießen. Die Ente mehrfach wenden, die Haut dabei immer wieder mit dem Bratenfett einpinseln. Nach dem Braten, den Fond durch ein Sieb passieren, entfetten und mit Mehl oder Stärke als Sosse abbinden.

Als Beilagen passen Blaukraut, Wirsching und natürlich Kartoffelklösse.

Mainfränkische Magie, ein Geschenk der Natur

Vogelsburg – Der Name lässt einen Zusammenhang mit der Vogel-perspektive und dem spektakulärem Rundblick vermuten, der sich von hier oben eröffnet. Das ist die freie Interpretation. Die historisch verbürgte Erklärung führt ins Jahr 874 zurück.

Vogelsburg
97332 Volkach
09381 / 71089720
www.vogelsburg-
wirtshaus.de
vogelsburg@
juliusspital.de

Öffnungszeiten:
Täglich 10 – 24 Uhr

In dem Jahr wurde die Vogelsburg als „Vu-galisburg", das heißt als „Fluchtburg", erst-mals urkundlich erwähnt. Vogelsburg ist die volkstümliche Variante dieses Namens. Gute Gründe, um sich hierher zu flüchten, bestehen nach wie vor. Es gibt nicht sehr viele Orte in Mainfranken, an denen sich Natur, Weinbau, Geschichte und Kultur derart innig verbinden, fränkische Küche inklusive.

Die Vogelsburg, bis 1803 Karmeliterkloster, war ab 1957 Heimat der Augustinusschwes-tern, die hier ein geistliches Zentrum etablierten. Da keine Nachfolge für sie in Sicht war, übernahm die Stiftung Julius-spital 2011 das Ensemble aus Weinbergen, Kirche, Gastronomie und Hotelbetrieb. Die Trauben um die Vogelsburg bringen einige der schönsten Weine Deutschlands hervor, seit den frühen 1960er Jahren bewirt-schafteten die Schwestern die alte Wein-berge – bestehend seit dem Jahr 906 – aus

gesundheitlichen Gründen zudem ökolo-gisch. Mit der Übernahme der Vogelsburg verpflichtete sich das Juliusspital, den von den Augustinusschwestern gelebten Geist zu bewahren. „Wir sehen in der Vogelsburg ein kleines Abbild unserer Gesamtstiftung", merkt der Oberpflegamtsdirektor der Stif-tung, Walter Herberth, an.

Der Dreiklang von „Einkehren, Besinnen, Genießen" prägt den Ort an der Main-schleife. Einkehren kann auch Eintauchen in die Spiritualität bedeuten. Im Wirtshaus Vogelsburg sind damit allerdings ganz klar die leiblichen Freuden gemeint. „Die Menschen suchen auf dem Land noch Rustikales, mehr als in der Stadt", weiß Frank Kulinna, der die Vogelsburg und in Würzburg zusätzlich die Weinstuben des Juliusspitals gepachtet hat. Das Konzept geht auf, hier wie da gibt es Regionales in hoch anständiger Qualität. Die Vogelsburg widmet sich neben Fisch und Wild vor

allem den zünftigen Varianten, darunter angemachter Käse und Brotzeiten, Spezialitäten wie Meefischli, Saure Nierle und Saure Zipfel sowie ofenfrische Bratenklassiker (Schäuferla, Gans, Ente). Der Metzger liefert Grundzutaten häufig nach hauseigener Rezeptur, für einen unvergleichlichen Geschmack.

Der Innenraum präsentiert sich bis voraussichtlich 2013/2014 noch wie ein schlichter Speisesaal, nach dem Umbau jedoch im neuen Gewand, der Betrieb läuft derweil weiter. Wunderbar sitzt es sich zur warmen Jahreszeit im Garten unter den alten Kastanienbäumen. An der Steinmauer kann man den Trauben des Escherndorfer Lumps, der hier ausgeschenkt wird, beim Wachsen zusehen.

Apropos Aussicht: Die ist zu fast jeder Tages- und Jahreszeit ein Hit. Der Sonnenuntergang hat seine besonderen Reize, mehr noch der Sonnenaufgang. Wenn die

Rund 1000 Jahre Geschichte sind auf der Vogelsburg erlebbar und genießbar, zum Beispiel mit einem dieser hervorragenden Escherndorfer Weine, bei einem Schäuferle mit Panoramablick … ach, so viel.

ersten Strahlen über den Berg hervorkommen, ist die Magie des Ortes mit Händen zu greifen. Tipp: Im Hotel der Burg übernachten und früh aufstehen. Sehenswerte Ausflugsziele befinden sich für Einheimische wie Touristen wie auch für Tagungsgäste in jeder Himmelsrichtung (Weitere Infos: www.volkacher-mainschleife.de).

„Die Menschen suchen auf dem Land noch Rustikales."
– Vogelsburg-Pächter Frank und Edith Kulinna

Von dem Gastro-Philosophen Brillat-Savarin stammt der Ausspruch: „Jemanden einladen, heißt für sein Glück sorgen wollen, solange er unter unserem Dach weilt." Was sind Ihre Vorstellungen von perfekter Gastlichkeit?

Michael Philipp: Was die Ansprüche an uns selbst betrifft, so mögen wir es gerne individueller. Als wir uns selbstständig gemacht haben, haben wir daher auch ein kleines Haus ausgesucht, in dem genau das möglich ist. Der Stil der Küche und die Auswahl der Weine sind sehr von unseren Vorlieben geprägt.

‣ Respektiert der Gast diese Ansprüche auch?

Heike Philipp: Ich bekomme im Service das direkte Feedback. Sicher gibt es Situationen, wo Gäste aus irgendeinem Grund erst einmal angespannt sind, zum Beispiel, weil Sie kurz vorher Ärger hatten. Umso schöner ist es aber, wenn wir sie glücklich machen können. Das ist unsere Belohnung, und das transportieren wir auch in die Küche. Wobei mein Mann nicht der Typ ist, der dann kommt, um sich den Beifall abzuholen. Er kommt schon manchmal raus, aber eben nicht jeden Abend.

Michael Philipp: Das heißt nicht, dass ich das nicht mag. Für mich ist es eher eine Selbstverständlichkeit, dass ich meine Arbeit gut mache. Dafür möchte ich nicht beklatscht werden.

‣ Sie leben und arbeiten in einem Haus mit Restaurant und drei Gästesuiten unter einem Dach. Das schafft eine stärkere Nähe zum Gast.

Heike Philipp: Ja, das mögen die Gäste auch. Daher kommen viele schon über Jahre zu uns.

‣ Welche Möglichkeiten gibt es, die Interaktion mit Gästen zu gestalten?

Heike Philipp: Die Gäste bleiben bei uns länger, weil wir nur ein Menü anbieten. Daher wird jeder Abend inszeniert. Wir veranstalten, speziell für unsere Stammgäste, auch Abende unter einem Motto. Zum Beispiel haben wir mit der Sterneköchin Cornelia Poletto zu einem italienischen Menü eingeladen. Mal gab es einen Tapas-Abend mit einem spanischen Gitarrenspieler, mal eine Roséweinparty, zu der wir befreundete Köche eingeladen haben.

‣ Bei einem Sternerestaurant sind die Gäste nicht so jung wie anderswo. Das ist sicher auch eine Preisfrage. Lassen sich junge Gäste trotzdem ansprechen?

Heike Philipp: Es kommen auch junge Gäste mit ihren Eltern, zum Beispiel zum Abschluss des Examens oder zum Abi. Wir bieten zudem ein Menü an für Gäste unter 30: drei Gänge mit passenden Weinen, Aperitif, Wasser und Cafe, zu einem Preis, den sie sich leisten können.

‣ Gibt es noch andere Möglichkeiten, um sie zu einem Besuch zu motivieren?

Heike Philipp: Das ist nicht nur Frage des Geldes. Für viele ist Genuss ein Hobby. Manche haben Segeln, Golf spielen oder ihr Auto. Andere sparen länger auf das Essen und genießen den Abend ganz besonders.

Michael Philipp: Es kommt darauf an, wie man von den Eltern und dem Umfeld geprägt wurde. Manchmal merken wir das, wenn wir mit Gästen ins Erzählen kommen und sie sagen, wo sie schon überall waren. Gourmets können ganz unscheinbar wirken und müssen nicht vermögend sein.

> Es heißt ja: „Small is beautifull". Sind kleine Betriebe als Gastgeber im Vorteil?

Michael Philipp: Wenn es um eine familiäre und herzliche Atmosphäre geht auf jeden Fall.

> Und in der Küche?

Michael Philipp: Ein größerer Betrieb kann nur funktionieren, wenn jeder eine fest umrissene Aufgabe hat, wenn es Stationsköche gibt, wo einer nur für Vorspeisen, der andere nur für Fisch zuständig ist und so weiter. Ich muss zwar auch Aufgaben verteilen, aber nicht so, dass jemand nur für seinen Posten zuständig ist. Wir arbeiten alle noch als Team. Da sehe ich mich genau wie meine Köche und Lehrlinge als Glied in der Kette. Anders als in größeren Küchen, wo der Chefkoch vorne dran steht und nur noch alles absegnet.

Heike Philipp: Der große Vorteil ist: Wir haben anfangs im eigenen Restaurant beide alles alleine gemacht. Wir haben unsere Tischwäsche selbst gewaschen und gemangelt und auch mal ein Zimmer gemacht und abgespült, wenn Not am Mann war. Daher kann sich jeder in den Part des anderen versetzen und daher funktioniert auch das Zusammenspiel so gut. Nur könnte ich nicht so kochen. Das war früher immer unsere große Angst, als wir noch allein waren: Dass einer von uns ausfällt und dann alles zusammenbricht.

> Ist der Fall noch nie eingetreten?

Das Renaissance-Palais an der Hauptstraße von Sommerhausen: Seit 2012 können die Gäste auf der Terrasse auch außen essen. Mittags gibt es Kleinigkeiten, abends stets ein Menü.

Michael Philipp: Noch nie. Selbst bei der Geburt unserer Kinder hatten wir großes Glück. Unsere Tochter ist an einem Montag, einem Ruhetag, zur Welt gekommen. Unser Sohn an einem Sonntag, so dass danach die Ruhetage kamen.

Heike Philipp: Als ich die Sommelière-Ausbildung mit Blockunterricht absolvierte, mussten wir das Restaurant zeitweise schließen. Die Entscheidung war nicht für jeden nachvollziehbar. Aber die Ausbildung war wichtig für unser Fortkommen.

> Können wir die hohe Schule der Gastlichkeit wie das Präsentieren der Weinflasche, das Herzeigen des Etiketts und die ganzen verfeinerten Rituale heute noch leben?

Michael Philipp: Einige Grundregeln muss man einhalten. Aber alles ist etwas lockerer geworden. Der Besitzer der Schweizer Stuben, Adalbert Schmitt, hat mal im übertragenen Sinn etwas gesagt, das ich ganz toll fand: „Die Gäste sollten eigentlich barfuß ins Restaurant kommen können, wenn ihnen das gefallen würde." Das heißt, sie sollten sich frei fühlen.

> Im übertragenen Sinn. Aber im eigentlichen Sinn sollte wohl niemand barfuß kommen.

Michael Philipp: Natürlich gehört es sich nicht, barfuss oder im Jogging-Anzug zu kommen. Aber wenn sich jemand trotzdem

„Small is beautiful": In ihrem Sternerestaurant gelingen den Philipps immer wieder kleine kulinarische Kunststücke.

zu benehmen weiß, sollte es eigentlich egal sein, wie er gekleidet ist. Uns sind die Grundregeln wichtig.

Heike Philipp: Auf Tischkultur achten wir schon deshalb, weil sie etwas darüber aussagt, wie man isst.

› Inwiefern entscheidet die Gastlichkeit darüber, ob ein Restaurant einen Stern bekommt?

Michael Philipp: Bei einem Stern ist in erster Linie entscheidend, was auf dem Teller ist. Da wird die Qualität der Produkte, die Sorgfalt bei der Zubereitung, die Garzeit usw. bewertet. Bei zwei bis drei Sternen kommen sicher noch mehr Einflüsse vom Service und der Weinkarte dazu.

› Beim Tisch und der Tischkultur: Gibt es da gesteigerte Ansprüche?

Heike Philipp: Nicht unbedingt. Natürlich will der Gast nicht aus einem Becher trinken. Wobei das auch den Geschmack beeinträchtigen würde. Es gibt Sternrestaurants, die zum Beispiel keine Tischdecke haben. Heute ist mehr Understatement angesagt. Man kann mehr weglassen. Das gefällt uns persönlich besser.

› Gehört in der Sterneküche vielleicht auch ein bisschen Masochismus dazu?

Michael Philipp: Das hat sich sehr verändert. Man stellt es sich noch so vor, dass es in der Küche laut zugeht und die Mitarbeiter bei Fehlern runtergeputzt werden. Damit kommt man nicht mehr weit. Ein Gastronom muss mit seinen Mitarbeitern sorgsam umgehen. Wir verbringen alle unwahrscheinlich viel Zeit in unserem Beruf. Dann wollen wir die Arbeit auch in einem gewissen Rahmen genießen.

› Im Wort Dienstleistung steckt ja das Wort „Dienen". Wie lässt sich so etwas jungen Mitarbeitern vermitteln?

Heike Philipp: Das lässt sich nur vorleben. Wichtig ist, dass wir die Arbeit auch mit Freude machen. Ich würde es daher auch nicht als „Bedienen" umschreiben. Wir möchten dem Gast einen schönen Abend bereiten.

› Wie findet der Service das richtige Verhältnis zwischen Nähe und Distanz? Der Gast will in Ruhe genießen, aber auch das nötige Maß an Aufmerksamkeit erfahren, ohne dass ständig jemand um ihn herumscharwenzelt.

Heike Philipp: Ein guter Service muss nicht viel von sich aus fragen, sondern da sein für die Fragen der Gäste. Manche wollen ganz viel Kommunikation. Andere wollen ihre Ruhe, haben Hochzeitstag oder sind frisch verliebt. Da unterbreche ich nicht einmal, um den Gang anzusagen. Dafür braucht eine Servicekraft Gespür.

› Bis auf wenige Grundsätze keine starren Regeln. Ist das die zeitgemäße Form von Gastlichkeit?

Michael Philipp: Es hat schon auch mit dem Ambiente zu tun. Wir haben zwar ein 400 Jahre altes Fachwerkhaus, haben aber immer darauf geachtet, dass das Ganze nicht antiquiert wirkt, sondern versucht, es leichter und reduzierter zu halten. Ich würde mich in einem modernen Haus schwerer tun, da müsste ich vielleicht mehr mit Porzellan arbeiten und auf Dekoration setzen.

Heike Philipp: Ja, das Haus hat schon Charakter. Amerikanische Gäste fühlen sich immer ein bisschen wie im Museum, gerade wenn sie in einem der Gästezimmer übernachten, da wir dort viele Antiquitäten haben.

Heike und Michael Philipp
Heike Philipp stammt aus Heilbronn, Michael Philipp aus Gerbrunn bei Würzburg. Beide haben sich bei ihrer Ausbildung in den ehemaligen Schweizer Stuben in Wertheim, damals eine der führenden Adressen in Franken, kennengelernt. 1999 eröffneten sie das Restaurant „Philipp" in Sommerhausen, das ihnen seitdem gehört und in dem sie auch wohnen. Der große Durchbruch kam 2004, als die Küche mit einem Michelin-Stern ausgezeichnet wurde. Bis 2007 teilte sich das Ehepaar die Arbeit. Heute arbeitet ein Team von sieben Personen im Haus. Heike Philipp leitet den Service und berät als Diplom-Sommelière die Gäste bei der Weinauswahl. Michael Philipp, der vor seiner Laufbahn als Koch eine Ausbildung zum Metzgerfachmeister absolvierte, trägt in der Küche die Verantwortung.

Interview: Oliver van Essenberg

Salade niçoise „Auf meine Art"

von Michael Philipp, Restaurant Philipp

Die Zutaten für diese sommerliche Vorspeise habe ich nach meinem persönlichen Geschmack zusammengestellt, deshalb habe ich dem Salade niçoise auch den Zusatz „Auf meine Art" gegeben.

Zutaten für 4 Personen
Thunfisch Tatar:
300 g roter Thunfisch beste Qualität, gewürfelt
1 EL weißer Sesam
1 EL schwarzer Sesam
2 EL gewürfelte Salatgurke
1 TL Sushi-Ingwer
1 TL gehackter, frischer Koriander
Olivenöl, Maldon Sea Salt, Pfeffer
Salat:
4 gekochte Wachteleier
Grüne und schwarze Oliven
1 rote Zwiebel
Kapernbeeren
12 Kirschtomaten
4 Salatherzen
1 Bd Rucola Salat
12 Kenia Bohnen
6 kleine Kartoffeln (festkochend)

Thunfisch fein würfeln, mit den anderen Zutaten vermengen und kräftig abschmecken.

Rote Zwiebel in feine Ringe schneiden, etwas melieren und im heißen Fett frittieren.

Kapern ebenfalls frittieren bis die Beeren aufplatzen.

Kirschtomaten halbieren, mit Puderzucker bestreuen und bei 110 °C im Ofen für ca. 1,5 Stunden trocknen. Anschließend in Olivenöl und Thymian einlegen.

Keniabohnen putzen, kurz im kochenden Wasser blanchieren, in Eiswasser abschrecken und mit Balsamico und Salz/Pfeffer abschmecken.

Kartoffeln mit Schale kochen, anschließend pellen, in Scheiben Schneiden und in einer Grillpfanne von beiden Seiten angrillen.

Salate mit Sesamöl, Balsamico und etwas Salz marinieren.

Kartoffeln, Keniabohnen, Kirschtomaten und Salate länglich auf dem Teller arrangieren und zwei Nocken Thunfisch Tatar anrichten. Mit den frittierten Kapern, Zwiebelringen, Kerbel und Estragon ausgarnieren.

Für jeden Bürger ein Stück Identität

Die Weinstuben des Bürgerspitals genießen nicht ganz im selben Maße wie das Gasthaus „Zum Stachel" den Ruf, eine Institution zu sein. Sie sind aber mit Sicherheit eine.

Bürgerspital Weinstuben

Theaterstr. 19
97070 Würzburg
Tel. 0931 / 352880
www.buergerspital-weinstuben.com
info@buergerspital-weinstuben.com

Öffnungszeiten:
Täglich von
10 – 24 Uhr

Auch das Haus an der Theaterstraße hat den Anschluss an die Spitze der regionalen Qualitätsrevolution nicht verpasst, weshalb in den Räumen des Bürgerspitals zwischen rustikalem Weinfass und moderner Weinbar viel Spielraum für kulinarische Entdeckungen bleibt. Die „Gotische Trinkstube" der 1873 gegründeten Weinstuben ist Geschichte. Dabei ist das Haus reich an Zitaten aus mehreren Jahrhunderten, und nicht minder vielschichtig präsentiert es sich in seinem Erscheinungsbild. Hier lässt

es sich festlich tafeln, hier findet sich aber auch fast immer irgendwo ein stilles Eckerl für einen Schoppen. Im Sommer gleicht der prächtige, barocke Innenhof einer Oase in der Stadt, aber einmal im Jahr, in der Woche um den 23. Juni, dem Stiftungstag des Spitals, verwandelt er sich beim Hofschoppenfest in einen stimmungsvollen Festplatz. Die großzügige Atmosphäre des Hauses, das über rund 450 (!) Plätze verfügt, offenbart sich nun auch im Foyer, das sich seit der Renovierung im Jahr

Ein Markenzeichen der Würzburger Gastronomiekultur: Die Weinstuben des Bürgerspitals entlang der Theaterstraße blieben im alten Stil bestehen (diese Seite unten). Im neueren Teil mit den Arkaden wurde die Tradition weiterentwickelt (oben).

Beim jährlichen Hof-
schoppenfest bewirtet
die Familie Wiesenegg
Tausende von Gästen.
Alle Gerichte werden
dennoch frisch serviert.
Küchenchef Alexander
Wiesenegg (diese
Seite unten) lernte sein
Handwerk in den besten
Häusern und hält die
Qualität hoch.

2010 für einen Aperitif oder einen Digestif empfiehlt, ob in Verbindung mit einem Essen oder einem Theaterbesuch. Statt klassischer Cocktails und allgegenwärtigem Aperol Spritz kommen ungewöhnliche und spannende Weincocktails zum Zug, gemixt mit hauseigenem, auf den Wein abgestimmten Kräutersirup.

Das Mischkonzept stimmt. Der Besucher soll sich, wie Pächter Peter Wiesenegg ausführt, „zu nichts verpflichtet fühlen". 1986 übernahm der Vollblut-Gastronom

mit seiner Frau Angelika die Weinstuben. Zusammen mit Sohn Alexander, seit 2007 im Betrieb, leitete die Familie behutsam die ersten Schritte in Richtung Modernisierung ein. Erst nach der Renovierung schlugen diese auch auf der Karte durch. Auf die traditionelle Auswahl mit Weinen des Bürgerspitals und fränkisch-deftigen Klassikern wie der Häckerbrotzeit, der Schlachtplatte, gebackenem Tartar und den „Blauen Zipfeln" muss deswegen niemand verzichten. Zusätzlich steht dem Gast mit der Tageskarte jedoch die Möglichkeit offen, ein mehrgängiges Menü zu genießen. Dass der Küchenchef sein Handwerk meisterhaft beherrscht, versteht sich, insbesondere mit Blick auf dessen Laufbahn: Alexander Wiesenegg stand zuletzt in verantwortungsvoller Position beim Sternekoch Heinz Winkler, Chiemsee, und beim Münchner Starkoch Alfons Schubeck am Herd. Ganz bewusst habe er sich bei seinem Einstieg in das Familienunternehmen nicht für eine „hochgestochene Sterneküche", sondern für das einfache Gute entschieden: frische, im besten Fall traumhafte Produkte, überwiegend aus regionaler Herkunft, mit viel handwerklichem Sachverstand zubereitet, mediterrane Einflüsse inklusive.

Ein Leitmotiv für die unterschiedlichen Angebote ist längst gefunden: „Das Haus soll, seinem Namen entsprechend, für alle Bürger da sein, vom Mann mit kleiner Rente bis zum Vorstandsvorsitzenden, von der Nachbarin bis zum international bekannten Prominenten", so Wieseneggs Credo. Der Name ist unverändert, der Inhalt wurde neu gefüllt.

Die sanfte Qualitätsrevolution

„Im Stachel geht es um Genuss und sonst gar nichts." Das sagt Richard Huth, Inhaber und Küchenchef des Restaurants „Zum Stachel". Zusammen mit seiner Frau Petra führt der Gastronom das historische Lokal im Herzen Würzburgs seit 2004, und er hat mit dieser einfachen Devise das Konzept des Gasthauses ganz fein auf den Kopf gestellt.

Zum Stachel
Gressengasse 1
97070 Würzburg
Tel. 0931 / 52770
www.
weinhaus-stachel.de
info@
weinhaus-stachel.de

Öffnungszeiten:
Dienstag bis Samstag
11 – 24 Uhr

Modern-fränkisch genießt man im Stachel. Das Restaurant zählt zu den besten der Region und wenn immer möglich werden hier biologische Produkte aus der Region zubereitet.

Das belegen nicht zuletzt Auszeichnungen im Feinschmecker-Magazin, Michelin-Führer oder Gault-Millau. Mit seinem Anspruch an gute Zutaten hat er in Würzburg eine sanfte Qualitätsrevolution vollzogen.

Wenn Richard Huth sagt, „ich will ein ordentliches Produkt", dann muss es das Beste sein, das der Markt zur Jahreszeit hergibt – am liebsten im Umkreis von maximal 100 Kilometern, naturnah oder biologisch angebaut. Kaum einer in der Branche geht mit seinem Qualitätsanspruch so wahrhaftig um wie Richard Huth. Der Spitzenkoch ist Mitglied und Förderer von Slow Food. Fast alle seiner Zutaten bezieht er aus seinem Netzwerk mit kleinen, regionalen Produzenten. Wenn er einen Obstbauern findet, der eine alte Quittenart züchtet, dann

ist er glücklich, und seine Gäste wenig später auch. In seiner Heimatregion kauft Richard Huth besonders gerne ein. Dort im Hochspessart betreibt er auch seine Lachswerkstatt, wo er Bio-Lachs aus Irland und Schottland verfeinert. Der Fisch reift eine

Richard Huth ist ein achtsamer Qualitäts-Revolutionär, der mit beiden Beinen auf dem Boden steht. Seine Küche ist ehrlich, hochwertig und, wo immer es geht, aus biologischen Zutaten gemacht.

Der wundervoll romantische Innenhof vom Stachel lockt im Sommer nach draußen.

Die Florian-Geyer-Stube im Stachel: stilvoll-historisches Ambiente mit frischem Charme im Herzen Würzburgs.

Woche in Fleur de Sel, Bio-Rohrzucker und Periyard-Pfeffer, dann wird er zart geräuchert. Daran erfreuen sich Kunden wie die MS Europa, das Restaurant Käfer in München, das Adlon in Berlin oder das Dolder Grand in Zürich sowie andere anspruchsvolle Kollegen von nah und fern, mit oder ohne Stern. Es spricht sich eben rum, wer „ordentliche Produkte" anbietet.

Mit regelmäßigen Veranstaltungen zum Thema Wein und Speisen haben sich die Huths in der Region auch einen Namen für ihre Weinexpertise gemacht. Der Stachel hat einen Gewölbekeller, in dem Petra Huth stilvolle Weinproben anbietet. Auch die Weinkarte ist voller Verheißungen aus Franken, Deutschland und der (Rotwein-)Welt. Mehr als 90 Positionen erzählen von Rebsorten, Anbaugebieten, Lagen und Terroir. Auffallend viele Weine gibt es offen, und das ist besonders erfreulich für experimentierfreudige Gourmets. Mit der „WeinZeit", die jedes Jahr im Juli stattfindet, haben die Huths eine schöne Tradition geschaffen. Es ist ein geschmackvolles Stelldichein der besten fränkischen Winzer. Überall Wein im Stachel: im romantischen Innenhof, im Keller, im Restaurant und in den Nebengebäuden. Fazit: Wir würden das Zitat von Richard Huth aus gegebenem Anlass gerne erweitern: Im Stachel geht es um Genuss, „ordentliche Produkte", souveränen Service, kreative Wein-Veranstaltungen und herzliche Gastlichkeit.

Reisers kulinarische Abenteuer

Ein Gedicht von Erich Fried heißt „Es ist, was es ist." Im besten Fall ist es immer die Liebe. Dafür steht auch der Spitzenkoch Bernhard Reiser aus Würzburg mit seinem gastronomischen Unternehmen.

Restaurant REISERS am Stein

Mittlerer
Steinbergweg 5
97080 Würzburg
Tel. 0931 / 286901
mail@der-reiser.de

Öffnungszeiten:
Montag bis Samstag
ab 17 Uhr

REISERS am Golfplatz

Am Golfplatz 2
97084 Würzburg
Tel. 0931 / 99172640
golfplatz@
der-reiser.de

Öffnungszeiten:
März, April und
Oktober:
Dienstag bis Sonntag
ab 11 Uhr
Während der
Golfsaison von Mai
bis September:
Täglich ab 10 Uhr
November und
Dezember:
Mittwoch bis Sonntag
ab 11 Uhr

REISER Eventmanufaktur

Mainfrankenpark 16
97337 Dettelbach
Tel. 09302 / 932329
event@der-reiser.de
Termine nach
Vereinbarung
www.der-reiser.de

Im Leben gehe es um die Liebe und beim Essen gehe es um den guten Geschmack, sagt der Gastronom. Damit wäre zunächst eine zufriedenstellende Aussage getroffen. Bei näherer Betrachtung fächert sich das zu einer Komplexität auf, die man sich auf der Zunge zergehen lassen sollte. REISERS am Stein ist seit seiner Eröffnung im Jahre 2002 das höchst prämierte Restaurant Würzburgs. Hoch oben über der Stadt am Fuße ihrer bekanntesten Weinlage, dem Würzburger Stein, liegt das Restaurant mit Weinbar wie eine Offenbarung. Wie eine Verheißung des Guten. Bestens geschaffen für Menschen mit Lust auf ausgezeichnete Küche, guten Wein, professionellen Service und stilvolles Ambiente. Im REISERS am Stein, im REISERS am Golfplatz und in der Eventmanufaktur gibt es jede Menge Raum, um kulinarisch gepflegt zu feiern. Besondere Events und handgemachte Caterings an nahezu jedem Ort der Welt sind Teil des geschmackvollen Portfolios der Genuss-

manufaktur von Bernhard Reiser, dem Dachunternehmen seiner kulinarischen Aktivitäten. In Reisers Kochschule haben in den letzten 10 Jahren mehr als 3000 lernbereite Gourmets das lukullische ABC gelernt. Auch das ist eine Besonderheit der Genussmanufaktur: die Vermittlung des guten Geschmacks und des Wissens vom richtigen Umgang mit Lebensmitteln.

Bernhard Reiser legt viel Wert auf das Thema Ernährung und Gesundheit. Am Campus Bad Mergentheim unterrichtet der Gastronom im Studiengang „Food und Kulinaristik" und bildet Studenten in seinem Unternehmen aus: Nachwuchsförderung auf hohem Niveau. Die Genussmanufaktur von Bernhard Reiser bietet regelmäßig außergewöhnliche kulinarische Aktionen an. Wenn man im Bereich Gastronomie von Mode sprechen möchte, so ist der Reiser ganz sicher eine Manufaktur für alltagstaugliche Haute Couture.

Vom Luxus der Einfachheit: Das Restaurant REISERS am Stein gehört zu den besten Häusern der Region.

Allerbeste Aussichten bietet das REISERS am Stein, und die Küche untermalt mit kreativen Köstlichkeiten. Der Patron der Genussmanufaktur, Bernhard Reiser (li.), liebt die Wahrhaftigkeit bei allem, was mit Essen und Trinken zu tun hat.
Bild unten: REISERS am Golfplatz: Außen viel Green und innen viel Platz zum Genießen und Feiern.

REISERS am Golfplatz

Für golfbegeisterte Gourmets ist das REISERS am Golfplatz ein guter Ort. Freie Sicht auf Würzburg und Umgebung, viel Grün, eine sonnige Terrasse mit Blick auf das Geschehen und genug Parkplätze für alle. Das Konzept des Restaurants ist sportlich elegant und die Karte bietet eine mediterrane Alpenküche, die Sportler und Begleitung energetisch optimal versorgt.

Ein schöner Platz zum Verweilen und Genießen auch für Nicht-Golfer. Besonders Menschen mit Heiratsabsichten sollten das Restaurant am Grün einmal aus nächster Nähe betrachten. Es heißt, das REISERS am Golfplatz ist die schönste Hochzeitskulisse, die im Raum Würzburg zu haben ist. Das Team dort hat sich auf Hochzeiten und andere Feierlichkeiten spezialisiert, damit der schönste Tag im Leben auch ein solcher wird – jedenfalls, was Speisen, Getränke, Dekoration und eventuelle Darbietungen betrifft. Auch besondere Firmen-Events sind dort oben gut platziert. Bis zu 200 Personen haben hier Platz zum Feiern und werden aufs Feinste bewirtet.

Kalbsfilet aus dem Aromapack mit Pfifferling-Tapenade

von Bernhard Reiser,
Restaurant REISERS am Stein

Das ist mein Lieblingsrezept, weil es fränkische Tradition und Innovation perfekt verbindet.

Kalbsfilet im Aromapack

für 4 Personen

600 gr. Filet (Mittelstück)
1 Lorbeerblatt
1 aufgeschnittenes Zitronengras
1 Rosmarinzweig
1 zerdrückte Wacholderbeere
Salz und Pfeffer nach Belieben

› die Kräuter und Gewürze in den Gefrierbeutel geben.
› Das Filet im Beutel mit den Zutaten vermengen.
› Den Beutel gut verschließen, dass keine Feuchtigkeit eindringen kann.
› Im Wasserbad bei 75 Grad ca. 30 Minuten ziehen lassen.
› Im Anschluss mit der Pfifferling-Tapenade und dem Karthäuser Kloss anrichten.

Pfifferling-Tapenade

150 gr. Pfifferlinge
Salz, Pfeffer
Olivenöl
½ Bund Petersilie
Estragonessig

› Pfifferling in leicht schäumender Butter anbraten.
› Mit Salz und Pfeffer würzen.
› Petersilie hacken.
› Pfifferlinge auf einem Küchentuch abtropfen lassen.
› Pfifferlinge hacken.
› Alle Zutaten mit Olivenöl vermengen.
› Mit Estragonessig abschmecken.

Dazu Karthäuserklöße servieren.

Authentische Küche, stimmige Details

Die Regel Nummer eins der guten Küche lautet: gute Grundprodukte. Doch selbst die besten Produkte nützen nichts, wenn sie nicht im richtigen Verhältnis eingesetzt werden. Oder falsches Timing alles kaputt macht.

Weinstuben Juliusspital
Juliuspromenade 19
Ecke Barbarossaplatz
97070 Würzburg
Tel. 0931 / 54080
www.weinstuben-juliusspital.de
weinstuben@juliusspital.de

Öffnungszeiten:
Täglich 10 – 24 Uhr

Wie gut eine einfache Küche selbst im großen Rahmen gelingt, demonstrieren die Weinstuben des Juliusspitals. Sie bieten nach ihrem Umbau im Jahr 2001 mehr als 100 Plätze, die sich über gediegene Innenräume und eine gemütliche Außenterrasse verteilen. Umso beachtlicher ist das Qualitätsniveau.

Wer einen Fisch bestellt, kann sicher sein, dass dieser eben noch im mit Frischwasser gefüllten Becken umhergeschwommen ist. Von da (und nicht vom Eis) kommt er direkt in die Pfanne. Langsam aufgezogene, geschmackvolle Fische, die mit Salz, Pfeffer und einfachen Gewürze verfeinert werden, bilden einen Schwerpunkt, delikates Wild aus dem Spessart einen anderen. Passend zur gesundheitsbewussten Zeit runden vegetarische Gerichte das Angebot ab. Übrigens: Sollte der Gast einmal wider Erwarten eine Schrotkugel im Wild finden, ist das

kein Anlass für Irritationen. Es zeigt das nur, dass das Wild geschossen und nicht industriell erlegt wurde. Der Pächter der Weinstuben, Frank Kulinna, weist in der Karte extra darauf hin. Er ist in seiner Freizeit selbst als Angler und Jäger unterwegs und hat das Kochen in den 1980er Jahren als Handwerk von der Pike auf gelernt. „Es sind viele Kleinigkeiten, auf die es ankommt", sagt der gestandene Gastronom und meint damit insbesondere auch Nebenprodukte wie Kräuterbutter, Kartoffeln und Salat, die, sorgsam zubereitet, den Genuss heben. Die Weine des Juliusspitals grundieren nicht nur viele Saucen, sie eignen sich zudem vortrefflich als Speisenbegleiter. Bei Fisch und kurz angebratenem Fleisch können sie ihr Potenzial optimal entfalten. Und um die Weine als solche zu genießen, gibt es ohnehin keinen stimmigeren Ort, als direkt beim Erzeuger.

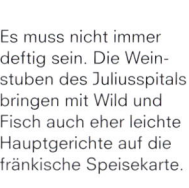

Es muss nicht immer deftig sein. Die Weinstuben des Juliusspitals bringen mit Wild und Fisch auch eher leichte Hauptgerichte auf die fränkische Speisekarte.

Vom Fast-food zur seltenen Delikatesse

Spezialitäten (3):
Meefischli

Die echte und einzige, die eigentliche kulinarische Spezialität Würzburgs sind die „Meefischli". Man frage, wen man will, sie werden immer spontan an erster Stelle genannt. Weiteres folgt erst nach längerem Grübeln und nicht ohne Vorbehalt. Meefischli dürfen nicht missverstanden werden als Sammelbegriff für alle Fische aus dem Main oder auch nur für die Fische der vielen Weißfischarten, die früher einmal eine Hauptnahrungsquelle in den Städten und Dörfern am Main darstellten.

von Georg Lang

Meefischli sind eine Art traditionelles Fastfood aus Weißfischchen, die noch so klein sind, dass sie mit Kopf, Schwanz und Flossen in der Pfanne knusprig gebraten und im Ganzen verspeist werden können. Als Appetithappen, als Snack, als kleine Mahlzeit zwischendurch isst man sie mit den Fingern, als Vorspeise eines reichhaltigeren Fischmenüs gibt es auch Besteck dazu. Ohne ein Gläschen Wein dürfen sie aber nie sein.

Es ist gut denkbar, dass diese Spezialität nur entstand, weil die Mainfischer den Beifang der kleinsten Fischchen unter etwa 15 Zentimeter nicht anders verwerten konnten. Der profane Anlass muss aber bald schon vergessen worden sein, denn die kleinste Weißfischart Ukelei, die selten über eine Handspannenlänge hinauswächst, wurde eigens zur Herstellung der Meefischli bejagt. Im Gebiet um den alten Würzburger Hafen soll sie in Massen zu finden gewesen sein. Das Schauspiel großer Ukelei-Schwärme, die nahe der Oberfläche schwimmend das Flusswasser sprudelnd aufwallen ließen und auf der Jagd nach Insekten häufig geschlossen in die Luft sprangen, ist allerdings längst Vergangenheit. Mit den Bildern des ruhigen Flusses voller Leben mitten in der Stadt verschwand auch die alltägliche kleine Köstlichkeit. Die Meefischli wurden zur raren Delikatesse. Selbst für die traditionellen Fischerfeste sind oft nicht genügend kleine Weißfische zu bekommen. Der Verzicht auf die Ukelei und das Ausweichen auf die ähnlich schlanken jungen Rotaugen und Rotfedern löst das Problem nicht. Die Hoffnung, der Rückgang der Weißfischbestände im Main werde sich nicht weiter fortsetzen, hat leider getrogen.

Opfer der Technik und der natürlichen Feinde

Die Kanalisierung des Mains zerstörte die vielgestaltigen Uferausbildungen und damit die Kinderstuben der Weißfische. Der Bau der Staustufen brachte den vorher starken Zuzug von Weißfischen aus dem Rhein zum Erliegen und verhindert den Austausch der Populationen über die gesamte Länge des Flusses. Den Wasserkraftwerken fällt eine durchaus nennenswerte Menge zum Opfer. Kormorane und die über den Main-Donau-Kanal eingeschleppte Schwarzmeergrundel dezimieren die Bestände weiter. Der Rest dient als Hauptnahrung für die Raubfische Waller, Zander, Hecht und Barsch, die in der Küche weitaus mehr geschätzt werden als ihre Futterfische. Dabei können die Weißfische in der Feinheit des Geschmacks durchaus mithalten. Die in den letzten Jahrzehnten stetig erhöhte Wasserqualität hat ihn noch einmal stark verbessert. Das reicht aber nicht, um sie wieder attraktiv zu machen. Für die wenigen Flussfischer, die es noch gibt, gerät der Fang der kleinen Weißfische zur reinen Plackerei, und die auf Edelfische eingeschworenen Verbraucher verachten die Weißfische wegen ihrer vielen Gräten. Sie wollen nicht wahrhaben, dass gerade die Meefischli auf geniale Weise zeigen, wie Gräten erfolgreich und genussvoll zu bewältigen sind.

Eine Trendwende ist nicht in Sicht. Nach Alternativen hält man vergeblich Ausschau, es sei denn, man akzeptiert kross gebratene Filetstreifen und ist froh, wenn sie wenigstens aus größeren Weißfischen geschnitten werden und nicht aus Teichkarpfen, wie es auch schon vorgekommen ist. Wer am althergebrachten Meefischli hängt, hat es nicht leicht. Er muss es im Gefühl haben, wann und wo ein guter Fang gelingen und ein traditionsbewusster Küchenchef ausreichend schnell zur Stelle sein wird. Um den Erfolg ist er in jedem Fall zu beneiden. Denn auch heute noch vermitteln die Würzburger Meefischli unaufdringlich fein und fast wie nebenher das Flair der guten alten Stadt am Main.

Köstlich fernöstlich

Rund 60 km südöstlich von Seoul liegt ein kleines Dorf
mit etwa 100 Bewohnern und dem für uns unaussprechlichen
Namen „Gyeonggdo icheon-si Baeksa-myeon doripri".

Frau Om kocht
Myung Shin Om
Hertzstraße 12
97076 Würzburg
Tel. 0931/ 27 89 65 70
www.
frau-om-kocht.de
menue@
frau-om-kocht.de

Frau Om kocht – Köstliches aus ihrer Heimat. Die koreanische Küche ist gesund und gut bekömmlich.
Frische, regionale Produkte werden mit original koreanischen Zutaten kombiniert – ganz natürlich und ohne
Geschmacksverstärker.

Dort, direkt am Fuß der Berge, wuchs Myung Shin Om
auf. Aus Liebe zur Literatur und speziell zu Hermann
Hesse studierte die junge Koreanerin Germanistik
in Seoul, später in Würzburg. Doch es kam anders
als gedacht, und Frau Om landete nicht beim Litera-
rischen, sondern beim Kulinarischen – mit einem
eigenen Catering-Unternehmen.

Es waren persönliche Gründe, die Frau Om dazu
führten, statt Stift und Tastatur Messer und Kochlöffel
zu schwingen. Doch hatte sie schon von klein auf eine
besondere Beziehung zum Kochen, denn ihre Urgroß-
mutter hat bereits für das Königshaus gekocht (erst
seit 1897 nennt man das Landesoberhaupt Kaiser). Die
hohe koreanische Kochkunst hat bei Familie Om also
über ein Jahrhundert Tradition, und auch Myung Shin
schnippelte schon als junges Mädchen in der heimischen Küche getrocknete Astern, Glockenblumen-

Wurzeln oder Adlerfarne. Heute tut sie das in ihrer
Küche in Würzburg, in der sie üppige Buffets, feines
Fingerfood und herzhafte BBQs für ihre Kunden zubereitet. Neben frischen Zutaten aus der Region kommen
dabei auch original koreanische Pasten und Gewürze
zum Einsatz, die Frau Om direkt aus ihrer Heimat
bezieht. Das Ergebnis sind fein austarierte Speisen, die
dem Feinschmecker einen besonderen, leicht exotischen Genuss bieten.

Obwohl die asiatische Küche bei uns mit Thailand,
China, Japan und Indien mittlerweile fest verwurzelt
ist, so ist die koreanische Küche doch eher noch ein
Geheimtipp. Und unbedingt zu empfehlen: Ma-ssit-ge
D-seyo – guten Appetit!

Geselligkeit mal zwei

Plätze in der Vinothek sind rar und können bei einer Veranstaltung auch im Musikkeller (rechts) knapp werden. Reservieren lohnt sich.

In die Vinothek Tiepolo stolpert der typische Würzburg-Tourist selten hinein und in den gleichnamigen Musikkeller noch weniger. Der von außen unscheinbare Treffpunkt hat es in sich. Er entfaltet eine Atmosphäre elementarer Gesellgkeit, die auch den einsamen Genießer nicht unberührt lässt.

Die Musik gibt im Keller den Ton an, mit großer Offenheit für sämtliche Stilrichtungen. Mit einem Lokal oder einem weiteren Raum für die Gäste der fast immer ausgebuchten Vinothek hätten die Betreiber zwar mehr Geld verdienen können, aber sei's drum: Das Herz wird nicht an der Börse gehandelt. Also gibt es im Keller zwischen September und Mai viel, viel Musik, vor allem Jazz, Blues, Folk, aber auch Klassisches und, damit es nicht langweilig wird, Kleinkunst. Der Raum kann auch für individuelle Weinproben gebucht werden. Bed und Breakfast im angeschlossenen „Hotel Garni" stehen dem Gast jederzeit zur Verfügung.

Immer wieder neu ist die Speisenauswahl in der Vinothek. Zwischen fränkisch-bodenständiger und internationaler Küche wechseln die Tagesgerichte bis auf wenige Ausnahmen täglich! Flexibel geht man auf individuelle Vorlieben (vegetarisch, glutenfrei, vegan etc.) ein. Der Neuling kann sich hineinschmecken und der Wissende erfährt immer etwas Neues. Der Wein, nicht ein selbsternannter Weinpapst, kann für sich sprechen. Die Auswahl an 150 Positionen aus aller Welt wird ständig erweitert. Die Weine werden glaserlweise (0,1l) ausgeschenkt, der Gast kann sie ohne üblichen Gastronomieaufschlag verkosten. Ein besonderer Nutzen: Wein, Spirituosen und Feinkost sind zum „take away price" erhältlich, bei den Spirituosen regionale Spezialitäten, namentlich der Schnaps der Brennerei „Wecklein". Der 1982 gegründete Fachhandel „Weinfaß" gehört zum Gesamtprogramm dazu und zeichnet sich durch individuell gestaltete Weingeschenke aus. Zuletzt noch ein Hinweis: Espresso und Capuccino gibt es in der Vinothek bis heute nicht. Die Pächterfamilie Hennig-Rink möchte nicht den Eindruck erwecken, dass das Tiepolo ein Italiener ist. Es ist auch keine klassische Vinothek, hat aber von vielen schönen Dingen etwas.

Vinothek Tiepolo
Innerer Graben 22
97070 Würzburg
Tel. 0931 / 13716
www.
vinothek-tiepolo.de
info@
vinothek-tiepolo.de

Montag bis Samstag
12 – 22 Uhr
(Küche ab 16 Uhr,
auf Anfrage Samstag
bereits ab 12 Uhr)
Sonn- und Feiertag
16 – 22 Uhr

Musikkeller Tiepolo
Tel. 0931 / 56163
www.tiepolo-keller.de

Weinfaß
Wein, Spirituosen
und Feinkost
Tel. 0931 / 15158
www.weinfass-
wuerzburg.de

Wine, Bed and
Breakfast im „Hotel
Dortmunder-Hof"
Tel. 0931 / 56163

Was im Oktober 1997 in einer Volkacher Gaststätte mit gerade einmal gut 20 Personen begann, hat sich inzwischen zu einer der größten regionalen Tafelrunden („Convivien") von Slow Food Deutschland entwickelt. Das Convivium kann zurzeit auf knapp 800 Mitglieder verweisen.

von Georg Sych

Von diesen sind 80 Slow Food Förderer, also Produzenten oder Gastronomen. Damit ist Slow Food Hohenlohe-Tauber-Mainfranken nicht nur das an Mitgliedern stärkste Convivium, sondern sicherlich auch eines der lebhaftesten in Deutschland.

Dabei gilt es eine sehr große Fläche zu betreuen – das Gebiet umfasst die unterschiedlichsten Kulturlandschaften mit ihren eigenen kulinarischen „Highlights": im Norden die Rhön, im Süden das Hohenloher Land, im Westen der Spessart und

im Osten Steigerwald, Haßberge und die Ausläufer des Frankenwalds. Genügend kulinarisches Potential, aus dem inzwischen sechs Produkte in die Arche des Geschmacks, einem Slow Food Projekt zur Erhaltung der biologischen Vielfalt, aufgenommen wurden. Das Bamberger Hörnla, eine alte Kartoffelspezialität, der Ostheimer Leberkäse, eine Fleischpastete, die nur von drei Metzgereien in Ostheim vor der Rhön hergestellt wird, das Rhönschaf, das für den Erhalt der Magerrasen in der Rhön sorgt, der Tauberschwarz, eine autochthone rote

Slow Food hat sich in Deutschland von einem Genießerclub zu einer politischen Kraft entwickelt. Das Engagement für gute, saubere und faire Lebensmittel wäre allerdings eine trockene Angelegenheit ohne gemeinsames Essen und Trinken, zum Beispiel bei einer Slow Food Kochwerkstatt (im Bild).

Rebsorte aus dem Taubertal, der Grünkern vom Bauländerspelz, der noch traditionell trocken gedarrt wird, und der Limpurger Weideochse, dessen Fleisch früher heiß begehrt auf den Pariser Märkten war. Zahlreiche weitere Entdeckungen warten auf breitere Bekanntheit – der Sennfelder

Stiel, eine alte Mangoldsorte, der Blaue Silvaner, zwar dunkelblau in der Traube, aber ein weißer, kräftiger Wein, oder die zahlreichen Bamberger Gemüsespezialitäten, wie der Bamberger Wirsing, um nur einige wenige Beispiele zu nennen.

Großes Geschmacks-Netzwerk

All diese, ihre Erzeuger und ihre Verarbeiter sollen einem breiten, verantwortungsvollen Publikum bekannt gemacht werden. Dies geschieht über zahlreiche Veranstaltungen, in denen Erzeuger besucht, ihre Produkte vor Ort probiert werden. Nicht nur in den eigenen Kochclubs, sondern auch auf lokalen Messen wie der Iphöfer Feinschmecker Messe, dem Rhöner Wurstmarkt, aber auch der Mainfranken Messe werden in Geschmacks- und in Kocherlebnissen die Produkte vorgestellt und erlebbar gemacht. Diese Veranstaltungen werden in der vierteljährlich erscheinenden Programmzeitschrift veröffentlicht. Darüber hinaus bringt das Convivium jedes Jahr das „Netzwerk des guten Geschmacks" heraus, eine Broschüre, die gut 170 Restaurants und Läden in Hohenlohe-Tauber-Mainfranken beschreibt. Auch der Einkaufsführer, den Mitglieder auf der Homepage des Conviviums zusammengestellt haben, hat sich für viele als kulinarischer Reisekompass entwickelt, wenn sie die Region besuchen. Besonders stolz ist das Convivium auf seine Geschmackserziehung für Kinder – ein Schulgartenprojekt und ein Kinderkochclub in Schweinfurt sind hier ganz besonders aktiv, ein Kinderkochclub in Bad Mergentheim ist entstanden, ein Würzburger Kinderkochclub ist in Planung.

Inzwischen ist das Convivium fester Bestandteil des Lebens in Hohenlohe-Tauber-Mainfranken, zahlreiche Partnerschaften mit dem Bund Naturschutz, dem Hotel- und Gaststättenverband, dem Gewässerschutz Unterfranken, dem Amt für Ernährung und Landwirtschaft oder dem Kolping Bildungswerk zeugen von der zunehmenden Wahrnehmung der vor Ort geleisteten Arbeit für die Erhaltung der kulinarischen Vielfalt.

Der Gründer von Slow Food, Carlo Petrini, zu Besuch bei Freunden.

Nutzen mit wahrem Kern

Öl ist eine faszinierende Fettform, die aufgrund einer Jahrtausende alten Geschichte schon viel Stoff für Legenden und Mythen geliefert hat. Nur in der naturbelassenen, kaltgepressten Variante ist es, in Maßen genossen, besonders gesund.

Ölkernprodukte Schwanfelder

Hauptstr. 24
97355 Abtswind
Tel. 09383 / 7630
www.
oelkernprodukte.de
info@
oelkernprodukte.de

Öffnungszeiten:
Freitag
16 – 18 Uhr
Samstag
11 – 14 Uhr
und nach telefoni-
scher Vereinbarung

Winzerstube Rödelsee

Wiesenbronner Str. 2
97348 Rödelsee
Tel. 09323 / 5222
www.winzerstube-
schwanfelder.de
info@winzerstube-
schwanfelder.de

Öffnungszeiten:
11.30 – 14 Uhr
und ab 17 Uhr
Mittwoch Ruhetag
Dienstag und
Donnerstag ab 17 Uhr

Um den wahren Kern herauszuholen, pressen die Gebrüder Schwanfelder ihre Produkte entsprechend sorgsam ab. Tropfen für Tropfen entstehen in ihrer Mühle somit Delikatessöle.

Die Eltern überließen den Brüdern einen halben Hektar Weinberg bei Abtswind. Der Schritt zum Traubenkernöl war da theoretisch nicht mehr weit. Auch das Pressen von Raps schien verlockend. Der Großteil kleiner, dezentraler Ölmühlen, die sich über das Land verteilen, stellt aus Raps nur billigen Kraftstoff für landwirtschaftliche Fahrzeuge her – das bot für die Zukunft keine Perspektive, fanden die Schwanfelders, und da die Scheune des elterlichen Bauernhofes ohnehin ein neues

Dach brauchte, entschlossen sie sich 2006 kurzerhand, die Böden als Lagerraum zu nutzen und im Nebenerwerb hochwertige Ölkernprodukte herzustellen.

Speziell Traubenkernöl erfordert großen Aufwand. Herbert Schwanfelder, von seiner Ausbildung Weinhandelsküfer, erinnert sich: „Am Anfang kam kein einziger Tropfen aus der handbetriebenen Presse. Nach weiteren Versuchen erhielten wir aus zwei Eimern Traubenkernen zwei Schnapsgläser Öl." Mit zunehmender Erfahrung und maschineller Aufrüstung wuchs die Ausbeute. „Wir mussten uns alles selbst beibringen," erzählt Hans Schwanfelder, der als Diplom-Ingenieur viel technisches Know-how beisteuert. Nach und nach erlernten die Brüder, wie sich auch aus Raps, Sonnenblumen und Walnüssen Öl gewinnen lässt.

Beim ersten Vergleich mit konventionell hergestellten Produkten war die Sache klar: Das reine, kaltgepresste Öl schmeckt wesentlich natürlicher und gehaltvoller als das herkömmliche Öl, das mit Erhitzen und Verdampfen (Raffinieren) entsteht. Der Gastronom Thomas Schwanfelder setzt alle Ölkernprodukte seitdem auch bei sich, in der regional ausgerichteten Winzerstube Rödelsee ein: „Raps- und Sonnenblumenöl lassen sich gut in der warmen Küche verwenden. Das Walnussöl nehme ich mehr zum Verfeinern und Abrunden, zum Beispiel bei einem dezenten Käse, vor allem aber zum Feldsalat. Das Traubenkernöl eignet sich durch seine Fruchtigkeit für vielerlei, vom Salat über den Hauptgang bis zum Dessert, speziell in Verbindung mit säurehaltigen Früchten wie Erdbeere und Ananas. Wunderbar schmeckt es auch mit einem kräftigen Käse."

Man tut dem Körper mit den Ölen auch gesundheitlich Gutes. Sie enthalten viele

Die ersten Kerne wurden noch behelfsmäßig auf einem Anhänger getrocknet (rechts). Handwerk nimmt auch bei der maschinellen Verarbeitung in der Ölmühle viel Raum ein. Die Brüder Schwanfelder teilen sich die Arbeit (auf der linken Seite: Herbert und Hans Schwanfelder in ihrer Ölmühle).

Vitamine und den Wirkstoff Oligomeres Proanthocyanidin, kurz OPC. Dieser bindet die freien Radikale und wirkt somit anti-oxidativ. Besonders viel OPC enthalten die Teile, die beim Pressen des Traubenkernöls übrig bleiben – Heilpraktiker setzen die daraus hergestellte Paste beim Massieren ein. Die Ölmühle gewinnt aus den Resten Traubenkernmehl für Brot, Plätzchen und Nudeln. Nutzen und Genießen sind auf das Engste verbunden.

Geschmeidig sei der Geist, hilfreich und gut

Wärmender Genuss – Es gibt so viel davon. Aber nichts kommt an die Wärme eines Brandes heran. Wenn er gut gemacht ist, ist sein konzentriertes Aroma unvergleichlich.

Fruchtsaft sollte nach Frucht schmecken. Fruchtbrände aber nach der Essenz der Frucht. Günter Wecklein lässt die ursprünglichen Aromen konzentriert hervortreten.

Alte Hausbrennerei Wecklein

Brunnengasse 19
97450 Arnstein – Binsbach
Tel. 09363 / 1407
www.wecklein.de
guenter@wecklein.de

Zur Essenz der Frucht kommen je nach Philosophie des Brenners weitere Aromen dazu: Marzipan- bzw. Mandelgeschmack bei Steinobstbränden, holzige Noten vom Fass. Wer seinen Lieblingsbrand herausfinden will, kann in der Alten Hausbrennerei Wecklein tief in die geistige Materie eintauchen. Über 50 Sorten stehen zur Auswahl.

Angefangen hat die Hausbrennerei 1949, damals unter der Leitung von Alfred Wecklein, mit vier Sorten. Günter Wecklein, der Sohn des Firmengründers, lernte die Atmosphäre des bäuerlichen Betriebs von

klein auf kennen. Da es im Bauernhaus keine Heizung gab, war der Brennraum im Winter der einzige Ort, an dem es angenehm warm war. Hier zog es den Jungen oft schon vor der Schule hin. Sein Vater war da bereits am Werkeln. Die ehemals landwirtschaftlich genutzten Gebäude stehen inzwischen komplett im Dienst der Brennerei. In der Scheune bieten die Glasballons und Fässer einen ländlich-idyllischen Anblick. Das Bäuerliche verbindet sich mit moderner Brenntechnik. Günter Wecklein ließ den Betrieb 2010 sogar zertifizieren, obwohl dies bislang nicht vorgeschrieben ist. Der händische Anteil an der Arbeit ist nach wie vor hoch. Jede einzelne Flasche wird noch von Hand abgefüllt.

Und es sind viele verschiedene Sorten dabei: Bewährtes wie Williamsbirne, Zwetschge und Kirsche. Ausgefallenes á la Speierling, Vogelbeere und Hagebutte. Exoten wie Tonkabohne und Ingwer, neuerdings aber auch Whisky, seit 2011 destilliert und ab 2014 im Verkauf. Seit 2009 stellt Wecklein zudem Cuvées verschiedener Brände und Jahrgänge her. Mit feiner Nase bestimmt er die Mischung, legt fest, in welchem Verhältnis Johannisbeere mit Wildkirsche harmoniert und wie sich Erdbeere mit Himbeere verschmelzen lässt. Schönungsmittel und Konservierungsstoffe sind tabu. „Die reine Frucht steht im Vordergrund", sagt Wecklein. „Aber keine Fruchtexplosion, die sich sofort wieder verflüchtigt." Was sich beim Probieren bemerkbar macht, ist der sehr elegante, geschmeidige Charakter seiner Brände und Geiste. Sehr gut eignen sie sich zu einem Stück Kuchen oder einem Eis, am Ende eines Menüs, aber auch vorneweg, zum Beispiel als Zutat in einem Obstsalat. Die Steinobstsorten schmeicheln mit einem dezenten Bittermandelaroma.

Die Reinheit der Brände stellt unter den fränkischen Brennern eher eine Ausnahme dar als die Regel, historisch gesehen allemal, denn einst wurden für Schnäpse die nicht mehr zu vermarktenden Früchte minderer Qualität ausgewählt. Wecklein verwendet ausschließlich geschmackssatte, handverlesene Früchte. Gut 20 Helfer sind während der Erntezeit damit beschäftigt, sie zu sammeln und auszulesen. Die Aromen des Sommers bleiben als Destillat erhalten. Durch den Brennprozess kann sich selbst eine Frucht wie zum Beispiel der Speierling, der roh ungenießbar ist, in ein Feinschmeckerprodukt verwandeln. Wunderbar.

„Die reine Frucht steht im Vordergrund."
– Günter Wecklein

Genusswerke als Lebensaufgabe

Wenn Genießen zur Lebensphilosophie wird, lösen sich Grenzen auf. Privates und Berufliches, Ethisches und Praktisches werden eins. Sabine Hennek und Thomas Luciow entwickeln in diesem Sinn „Bio-Feinkost mit Charakter". Ihre Arbeit wurzelt in dem ehrlichen Bemühen, das Beste aus den schönen Dingen zu machen.

Die Genießermanufactur

Rudolf-Clausius-Str. 4
97080 Würzburg

Tel. 0931 / 9911519

www.die-geniesser
manufactur.de

natur@die-geniesser
manufactur.de

Öffnungszeiten
Direktverkauf:

Donnerstag und
Freitag 14 – 18 Uhr
oder nach Absprache

Sonderöffnungszeiten
in der Vorweihnachts-
zeit.

Jeden 1. Samstag auf
dem Würzburger
Bauernmarkt
von 8 – 12.30 Uhr

Veranstaltungstermine
aktuell auf der
Website

Genusswerke für jedermann – einfach, schnell und kreativ einsetzbar. Im Bild: Würzpasten, kandiertes Gemüse und Fruchtbalsam.

*„Bio-Feinkost
mit Charakter"
– Sabine Hennek und
Thomas Luciow*

Not macht erfinderisch. Das erlebte Thomas Luciow am eigenen Leib. Der leidenschaftliche Hobbykoch mit einer Vorliebe für Asiatisches reagiert allergisch auf Zusatzmittel und Geschmacksverstärker, wollte aber auf geschmackvolle Gewürzmischungen nicht verzichten. Die selbst entwickelten Gewürzpasten eigneten sich für vielerlei Kreationen, so dass aus dem Privatinteresse eine Nebenbeschäftigung wurde und daraus schließlich eine neue Lebensaufgabe.

Seit 2007 stellt die „Genießermanufactur" einzigartige Bio-Würzpasten, Spezialitäten und Besonderes wie „Schwarze Nüsse", Fruchtbalsame und Falafel aus der Platterbse her. Die Grundprodukte werden bevorzugt regional und saisonal eingekauft, teils im biozertifizerten Garten angebaut, teils in der Natur gesammelt, anschließend gesäubert, zerkleinert, gerührt, manchmal auch geschüttelt und in kleinen Chargen abgefüllt, ohne Binde- und Verdickungsmittel sowie ohne Stabilisatoren. „Aroma-

tresore" nennt Thomas Luciow die Produkte, und der volle Geschmack der Konzentrate gibt ihm recht. Das Spektrum reicht von scharfen Chili-Variationen (Favoriten: „Diabolo" und „Infernale") über Würziges und Pikantes, zum Beispiel den begehrten „Goldenen Schatz" mit Ingwer und Zitronengras, bis zu Salzvariationen sowie Süßem und Fruchtigem. Pralinen, Trüffel und Kandiertes ohne Lezithin oder Glucosesirup eingeschlossen.

Sabine Hennek und Thomas Luciow haben ihre Philosophie auf einen treffenden Slogan gebracht: „Genusswerke erleben". Jedes Werk ist vielseitig handhabbar: für die schnelle, gesunde Küche, für ausgefallene Kreationen, als Brotaufstrich … So variabel die Einsatzmöglichkeiten, so unterschiedlich der Geschmack. Und die Entwicklung ist längst noch nicht abgeschlossen. Im Auftrag von Betrieben arbeitet Thomas Luciow auch neue, individuelle und exklusive Rezepturen aus, stellt kleine Chargen her oder kreiert Firmenpräsente.

Zeit für einen Caffè, Zeit für mehr und anderes

Es ist schon überraschend: Wer in der Würzburger Innenstadt nach ausgefallenen und schönen Taschen oder nach schicken Wohnaccessoires sucht, findet sie mit einer gewissen Wahrscheinlichkeit dort, wo man sie nicht ohne Weiteres erwartet.

Sabine Weber hat als eine der ersten Cafébetreiberinnen in Deutschland ein spannendes Mischkonzept mit Café, Tee, Patisserie und ausgewähltem Allerlei verwirklicht.

Italienische Reisen bildeten den Ausgangspunkt des Unternehmens. Hier lernte Sabine Weber die Kultur des Caffès kennen. Hinzu kam eine eigene Idee: „Das Café kann nicht nur ein Ort für ein Stück Zeit sein, an dem Menschen unterschiedlichen Alters zusammentreffen. Da Menschen hier gerne die Umgebung studieren, können sie einen genaueren Blick auf das werfen, was sie umgibt und einen Blick für Sachen bekommen, für die sie diese Aufmerksamkeit noch nicht hatten."

Als Zentrum der Dinge, die direkt oder indirekt mit Caffè verbunden sind, fungieren die Theke und die Café-Bar. Die wartet auf mit erstklassigem Caffè aus Turin, Ferrata und der Schweiz, feinem Bio-Tee, Köstlichkeiten der Patisserie Walter aus Miltenberg sowie selbst gebackenem Kuchen. Mancher Gast bevorzugt einen schnellen Caffè im Stehen, manche nehmen auf einem Hocker Platz, andere lassen sich treiben, pendeln zwischen der Bar und den Regalen hin und her und nehmen die Produkte in Augenschein. Zwischen bester Schokolade, auffallend anderen Kochbüchern und Wein befinden sich Designobjekte des dänischen Herstellers Normann und aus LKW-Planen genähte Taschen der Firma Freitag aus Zürich, die Sabine Weber in der Region exklusiv anbietet. Von allen schönen Produkten hat sie diejenigen aufgenommen, die ihrem Geschmack nach zu den besten gehören. Eine strenge Auswahl. Sabine Weber schaut auch hinter die Fassaden der Hersteller: „Ich achte darauf, wie die Firmen arbeiten, welche Produkte sie verwenden."

Der kleine Luxus ist für sie keine Frage des Alters oder des gesellschaftlichen Status. Das Mischkonzept spricht ein gemischtes Publikum an. Die stimmige Zusammensetzung ist durchweg spürbar. Mögen andere Läden auch einzelne Produkte und Ideen des Cafés abkupfern: Die persönliche Note lässt sich nicht kopieren.

Centrale Caffè & Vino
Bronnbachergasse 25
97070 Würzburg
Tel. 0931 / 4044843
www.
cafecentrale.de
info@
cafecentrale.de

Öffnungszeiten:
Montag bis Freitag
8 – 19 Uhr
Samstag
8 – 18 Uhr

Müßiggang in der Villa Sommerach

Ob Malerei, Literatur, Musik, Architektur oder Politik – das Kaffeehaus war zu seiner Blütezeit und noch Anfang des 20. Jahrhunderts Brennpunkt für viele Themen. Heute jedoch, so heißt es, „renne es seinem eigenen Mythos hinterher. Wer sich im nähere, geriete ins Stolpern über all die Verweise auf seine Blütezeit." So formulierte es der österreichische Historiker Gerhard Dienes in einem Beitrag über das Kaffeehaus.

Marianne und Holger Denecke haben ihr Anwesen in Sommerach in schönster Weise nutzbar gemacht. Der Garten steht in voller Blüte, die Villa (vorne) heißt die Gäste willkommen, die Scheune (hinten) hat am Wochenende für Cafégäste und Veranstaltungen geöffnet.

Villa Sommerach
Nordheimer Str. 13
97334 Sommerach
Tel. 09381 / 802485
www.
villasommerach.de
denecke-villa@
t-online.de

Öffnungszeiten Café:
Sonn- und Feiertag
14 – 19 Uhr

Gewiss geht im Zeitalter von „Coffeeshops", „Coffee to go" und Stehcafé die ursprüngliche Bedeutung der Kaffeehäuser weitgehend verloren. In Deutschland dienen sie oft nur noch dem rein gastronomischen Betrieb, und selten geht man ins Café, um zu debattieren, zu lesen oder zu spielen.

Das Villa Café in Sommerach setzt dagegen auf Müßiggang. Zeitungen, Zeitschriften und Bücher liegen bereit, die Hintergrundmusik ist, wenn nicht live vorgetragen, dann auch nicht zu laut, der Kaffee ausgewählt, der Kuchen selbstgebacken. Marianne und Holger Denecke eröffneten das Café

in einem reizvollen Ensemble mit Hof, das im Kern aus dem 16. Jahrhundert stammt. Anfang der 1990er Jahre haben sie das stark verfallene Anwesen gekauft und in fünf Jahren liebevoll restauriert. Die Philosophie im Villa Café lautet Qualität. Alles Weitere ist auf der Karte nachzulesen: „Ein guter Kaffee ist fast schon eine Mahlzeit – bei uns können sie Nüsse knacken und die Seele baumeln lassen – Kaffeestunde ist Unterricht in Geselligkeit – bei uns ist Stille nicht peinlich."
Wie in den beiden Zimmern der Villa Sommerach hat auch im Café das Detail Priorität. Die Bohnen für Espresso,

Hausgemachte Kuchen und ein vielseitiges Programm in der Villa Kultur. Im Bild: „Sol y Sombra".

Cappuccino und Latte Macchiato stammen von Vergnano, einer kleinen Kaffeerösterei nahe Turin. Der Tee wird nicht im Beutel serviert, sondern lose im Teefilter. Der vorzügliche Kuchen wird mit echter Butter gebacken, die Sahne kommt frisch zubereitet auf den Tisch. Der Gast kann eine kleine Auswahl an Weinen aus der Region bestellen, und wenn am späten Nachmittag der Magen knurrt, dann gibt es als besondere Feinheit Ciabatta mit Ziegenkäse und Honig oder mit Zitrone beträufelt.

Begleitet wird der Cafégast gelegentlich live mit Gitarrenmusik. Bei Letzterem greift die Hausherrin selbst in die Saiten. Wenn das Programm eine Matinee vorsieht, öffnet das Café auch schon am Vormittag seine Pforten. Ob Ausstellung, oder Konzert – hier wird Kaffeehauskultur zelebriert, denn eben zur Blütezeit waren solche Veranstaltungen beliebt und gern frequentiert. So kommt man hier nicht ins Stolpern, kann gut und gerne den ganzen Sonntagnachmittag sitzen bleiben und genießen. Die Mischung aus attraktiven kulturellen Veranstaltungen, Räumlichkeiten zum Feiern, Café und Übernachten sucht weit und breit ihresgleichen.

Kleine Chocolaterie, große Gewächse

Woher ihre Leidenschaft für Pralinen, Petit Fours und Torten rührt, kann Anna Kaerlein-Seip nicht genau begründen. In der Familie war kein ausgeprägtes Back-Gen vorhanden. Ihre Oma backte allerdings gerne und ihr selbst machte das Backen als Jugendliche schon Spaß.

**Grand Cru
Chocolaterie &
Patisserie**

Hochbach 5
91593 Burgbernheim
Tel. 09843 / 97935

www.
chocolateriegrandcru.
de

info@
chocolateriegrandcru.
de

Öffnungszeiten:
Mittwoch bis Freitag
14 – 18 Uhr
Samstag
9 – 12 Uhr
Erster Samstag im
Monat bis 18 Uhr

Die hohe Schule der Chocolaterie und Patisserie schien damals weit weg. Aber der Sprung in die Welt der Torten und Pralinen ließ nicht lange auf sich warten.

Grand Cru, Großes Gewächs – So heißen hervorragend gereifte Weine, aber auch Schokoladen in hochwertiger Qualität, in kleinen Mengen produziert. Etwas von einem großen Gewächs hat auch die Konditormeisterin. Nach einer sehr guten Ausbildung in Frankfurt erhielt sie eine Begabtenförderung, mit der sie weiterführende Kurse in Eis meißeln, Schokoladen schnitzen, Butterskulpturen formen etc. finanzierte. Im Zuge ihre Wanderjahre lernte sie in Deutschland, Frankreich und in der Schweiz beste Häuser kennen. Im 5-Sterne Hotel Carlton, St. Moritz, stieg sie zur Chef-Patissière auf. Mit der deutschen Nationalmannschaft der Köche gewann sie bei der WM 2008 in Chicago für die Patisserie eine Silbermedaille. Bei den Culinary Olympics in Erfurt 2008 holte sie, zusammen mit zwei Teamkollegen, für die

Patisserie Gold. Anna Kaerlein-Seip war da gerade 27. Schon kurz vor der Olympiade eröffnete sie mit ihrem Mann David Seip die Chocolaterie und Patisserie „Grand Cru", zunächst noch als Nebenerwerb, seit Oktober 2009 führt sie den Betrieb alleine im Vollerwerb.

Ihre Kontakte zu den besten Adressen nutzt sie in Burgbernheim. Die Edelkuvertüre bezieht die Inhaberin der Chocolaterie von der Firma Valrhona, Frankreich, die Vanilleschoten aus Madagaskar. Alle Kaffee- und Espressobohnen, die verarbeitet oder ausgeschenkt werden, liefert die „Kaffeemanufaktur" in Würzburg. Die Weine und Schnäpse für die Pralinen stammen vom Winzerhof Stahl aus dem nahen Auernhofen. In Sachen Marzipan bleibt Lübeck erste Wahl. Natürlich könne sie hier auf dem Land nicht in jeder Hinsicht so luxuriös mit den Materialien umgehen wie in einem mondänen 5-Sterne-Hotel, sagt sie, aber die Grundprodukte seien im Wesentlichen dieselben.

Der Genuss leckerer Pralinen und Torten wird durch die Form auch optisch ein Vergnügen. Die idyllische Lage der Chocolatiere Grand Cru in Burgbernheim und das Gestaltungstalent der Konditormeisterin Anna Kaerlein-Seip tun ein Übriges dazu. Das rechte Bild zeigt sie beim Bau des Modells, das eigens für das Cover dieses Buches entworfen wurde.

Die Chocolaterie und das kleine Café haben ihren Sitz im Bauernhaus der Eltern. Sechs bis neun Pralinensorten stellt Anna Kaerlein-Seip mit einer Mitarbeiterin in aufwendiger Handarbeit, ohne Einsatz von Fertigpasten her. Bei der Füllung legt die Herstellerin großen Wert darauf, dass der Geschmack, zum Beispiel Cassis oder Kaffeebohne, als klar und natürlich empfunden wird. Konservierungsstoffe und Geschmacksverstärker lehnt sie ab. Wem der Weg nach Burgbernheim an der Frankenhöhe zu weit ist, kann die Pralinen und Schokoladen über das Internet bestellen (Abo- und Geschenk-Angebote inklusive).

Kreativität entfaltet die Konditormeisterin vor allem bei Torten (auf Bestellung!) und Petit Fours. Hier hebt sie sich durch die französische Art ihrer Rezepturen und durch die Gestaltung hervor. Viele Rezepte gehen auf die Erfahrungen ihrer Wanderjahre zurück. Darüber hinaus setzt sie individuelle Anforderungen, zum Beispiel von Allergikern oder Wünsche nach besonderer Farbgestaltung, um. Für die Umschlagsseite dieses Buches hat sie mit Schokolade, Marzipan und Lebensmittelfarbe ein Wahrzeichen geformt, das einer Genussregion bestens zu Gesicht steht.

Bio für jede Gelegenheit und jeden Tag

Ein Vierteljahrhundert ist für eine Bäckerei keine lange Zeit, im Hinblick auf das Alter vieler Betriebe. Ein Vierteljahrhundert ist für eine Bäckerei jedoch eine sehr lange Zeit, wenn ihre Anfänge in die Urzeit der Bio-Branche fallen.

Köhlers BioCafé und mehr…

Auf der
Alten Mainbrücke
Karmelitenstr. 1
97070 Würzburg

Tel. 0931 / 571718

Öffnungszeiten:
Montag bis Samstag
7 – 20 Uhr
Sonntag
9 – 18 Uhr
www.
koehlers-biocafe.de

Filiale Sanderau

Laden mit Bio
Feinkost, Vollwert-
imbiss und Café

Arndtstr. 14
97072 Würzburg

Tel. 0931 / 881788

Öffnungszeiten:
Montag bis Freitag
7 – 18 Uhr
Samstag
7 – 13 Uhr
Sonn- und Feiertage
8 – 11 Uhr

1986 wagte Ernst Köhler mit Würzburgs erster Bio-Bäckerei den Schritt in die Selbstständigkeit. Das Jahr 2011 markiert nicht nur wegen des Firmenjubiläums einen Meilenstein. In das Jahr fällt auch die Eröffnung des Bio-Bistros im „Köhlers" auf der Alten Mainbrücke, Würzburgs erstes Bistro dieser Art.

Wie bei vielen in den 1970er und 1980er Jahren gegründeten Bio-Betrieben stand auch bei Köhlers Unternehmen ein alternatives Lebensmodell Pate. Der Bäckermeister und Diplom-Sozialpädagoge Ernst Köhler, der aus einer Bäckerfamilie in der Rhön stammt, engagierte sich bereits in der AKW-Umweltbewegung. Der ökologischen Linie blieb er treu. Bio-Siegel (Bioland), Regionalität, Qualität, Transparenz, Umweltschutz und Fair-Trade bilden den Wertekodex, an dem sich das Team von über 50 Mitarbeiterinnen und Mitarbeitern

orientiert. Die Besonderheiten stecken in den Details: Das Vollkorn, mit dem 1986 alles begann, wird nach wie vor täglich frisch in einer eigenen Mühle gemahlen. Die Erzeugergemeinschaft OBEG Hohenlohe aus dem nördlichen Baden-Württemberg und der Region um Würzburg liefert das gereinigte Getreide. Nach dem Prinzip „Gut Ding braucht Weile" stehen lange Teigführung sowie langsames und schonendes Backen im Vordergrund. Beim Natursauerteig wird die Masse noch in drei Stufen, über einen Zeitraum von bis zu 24 Stunden, mit Mehl und Wasser immer wieder neu angesetzt. Mit Vorteigen, Kochstück und Aromastück werden die unterschiedlichen Teige verfeinert. Warum dieser ganze Aufwand? Die Vorzüge liegen auf der Hand bzw. auf der Zunge. Die Produkte erhalten mehr Geschmack, ein besseres Aroma und bleiben länger frisch. Nur aus einem guten, qualitativ und

Ernst Köhlers Bio-Bistro an der Mainbrücke entwickelt sich zu einem Kult-Café. Touristen, Stadtbummler und Geschäftsleute können hier vom Frühstück über den Mittagstisch bis zum Abendessen vollwertig essen und einkaufen.

Filiale Semmelstraße
mit Stehcafé und Vollwertimbiss
Semmelstr. 33
97070 Würzburg
Tel. 0931 / 3292658

Öffnungszeiten:
Montag bis Freitag
8 – 18 Uhr
Samstag
8 – 13 Uhr

Vollkornbäckerei Köhler
Backstube, Büro, Natur-Feinkostladen, Café mit Terrasse
Am Schloss 2b
97084 Würzburg-Rottenbauer

Öffnungszeiten:
Montag bis Freitag
6 – 18 Uhr
Samstag
6 – 12 Uhr
Sonn- und Feiertage
8 – 11 Uhr

www.
vollkornbaeckerei-koehler.de

info@
vollkornbaeckerei-koehler.de

geschmacklich hochwertigen Teig entsteht ein sehr gutes Brot, egal ob das volle Korn Dinkel oder Roggen heißt oder ob Urgetreidesorten wie Emmer und Einkorn verwendet werden. Umso interessanter die Produktvielfalt. Diese reicht von Brötchen über Brot bis Baguette, von Seelen bis zu knusprigen Vollkornstangen, von Kuchen über Pralinen bis zu Torten des Konditormeisters.

Mit dem Bistro „Köhlers" auf der Alten Mainbrücke stieß der Besitzer in eine neue Dimension vor. Vom Frühstück bis zum Abendessen wird vegetarisches, veganes und fränkisches Essen serviert, auch samstags und sonntags. Hierfür hat Ernst Köhler zwei Köche eingestellt, die für wechselnde Tagesgerichte sorgen, zum Beispiel Antipasti, Gemüsekuchen und Pizza. Dazu gibt es Wein und Bier aus der Region in Bio-Qualität sowie Fair-Trade-

Kaffee der Würzburger „Kaffeemanufaktur" in einer speziellen Röstung, auch abgepackt für zu Hause.

Der Firmengründer lebt seit langem gesundheitsbewusst und betreibt in seiner freien Zeit Ausdauersport. Ein Gesundheitsapostel sei er nicht: „Mir ist es wichtig, nicht dogmatisch zu sein und niemanden auszuschließen." Ernst Köhler unterhält vier Filialen in Würzburg und beliefert diverse Bio-Supermärkte, vor allem in Unter- und Mittelfranken. Die Bäckerei ist dabei nicht nur ein Beispiel für den Aufschwung der Bio-Branche. Sie hat sich zugleich in einmaliger Weise, mit einem unverwechselbaren Sortiment, zu einer lokalen Besonderheit entwickelt.

Für einen Blootz ist immer noch Platz

Spezialitäten (4): Blootz

von Georg Lang

Nichts Geringeres als der Rang einer fränkischen Nationalspeise gebührt angeblich dem Blootz. Das kann unwidersprochen bleiben, auch wenn der samt Belag oft kaum fingerdicke Blechkuchen nur im Unterfränkischen so genannt wird.

Nur hier erreicht er auch echten Kultstatus in der charakteristischen runden Form mit riesigem Durchmesser bis zu 60 Zentimetern. Demonstrativ zeremoniell wird er in elegantem Messerschnitt und gekonntem Vor- und Zurückdrehen des Bleches in Segmente zerteilt, wenn es wie an Bäckerbuden der Straßenfeste staunende Zuschauer für diese wahrhaft artistische Vorführung gibt.

Die Anfänge des Blootzes liegen in der Zeit, in der das tägliche Brot noch im Holzbackofen gebacken wurde. Nachdem die fertigen Brote aus dem Ofen geholt waren, kam der Blootz hinein, um die Restwärme, die sogenannte „Nachhitze" auszunutzen. Dafür behielt man sich ein bisschen Brotteig zurück, breitete ihn hauchdünn auf Backblechen aus und belegte ihn mit Sauerrahm oder gesüßtem Quark oder mit gedünsteten Zwiebelringen . Das Ergebnis war – warm gegessen – ein Abendschmaus, der den langen und anstrengenden Backtag so recht belohnte. Auf diese klassische Art zubereiteten Käsblootz und Zwiebelblootz bietet das unterfränkische Bauernhausmuseum in Fladungen zum Abschluss seiner Backtage an. War der Ofen etwas zu stark aufgeheizt, wurde der Blootz auch in der „Vorhitze" gebacken und war dann wie eine Pizza in zwei bis drei Minuten fertig. Füllten die Brotlaibe nicht den ganzen Ofen aus, konnte der Blootz um das Brot herum platziert werden, um die scharfe Hitze wegzunehmen, die sonst die außen liegenden Teile der Laibe unangenehm dunkel werden ließ. Von diesem Platz im Ofen soll der Blootz seinen Namen haben. Die Schreibweisen reichen von Plootz bis Blaaz, und die Sprechweisen sind vielfältig. Der Dialekt vereinfacht und verkürzt gerne, so dass man oft nur Bloos hört.

Der elegante Blechkuchen mit der gewagten Proportion fand sicher schnell seinen Weg in die städtischen Backstuben. Heute verzichtet kaum eine Bäckerei auf diese traditionelle Form, während die Teigarten und die Beläge vielfältiger geworden sind. Der Brotteig des Roggenmischbrotes stellt nach wie vor die beste Grundlage dar für den „Zwiebelblootz" und für den „Hitzblootz" mit einem Belag aus Sauerrahm, dem manchmal Lauchringe und Kartoffel- oder Speckwürfel zugegeben werden. Für die süßen Beläge wie Quark („Käsblootz"), Zwetschgen („Zwätschgäblootz"), Äpfel oder anderes Obst oder einfach Streusel wird besser Hefeteig als Unterlage verwendet. Eine Sonderform stellt der „Dätscher" dar, ein Kartoffelteig mit oder ohne Grieben, der ohne Belag sozusagen blootzdünn aufs Blech gestrichen wird. Auch der Dätscher kennt viele Dialektabwandlungen bis hin zum Daischer. Nur der Vollständigkeit halber sei noch erwähnt, dass heutzutage auch Blechkuchen aus Mürb- oder Rührteigen ungestraft als Blootz gehandelt werden.

Der Blootz und die „Bäck'n"

Was man zum Blootz historisch korrekt trinken soll, ist nicht leicht festzulegen. Es wird der Vielfalt Frankens entsprechend unterschiedlich sein mit Ausnahme der Stadt Würzburg, in der etwas anderes als Wein nicht in Frage kommt. Den Beleg finden wir an vielen Orten Würzburger Gastlichkeit, die den „Bäck" im Namen führen und tatsächlich auf alte Bäckereien mit Schankrecht für Wein zurückgehen. Die Backstuben sind natürlich längst geschlossen, und auch das Speisenangebot weckt keine Erinnerung mehr an diese alte Bäckerherrlichkeit. Als „Weinstube" firmieren noch Sandertorbäck, Sophienbäck, Maulaffenbäck und Johanniterbäck, als „Restaurant" präsentieren sich Mainbeck und Steinbachtalbäck, in die Rubrik „Kneipe" werden Reuererbäck und Sternbäck eingeordnet. Einzig und allein der Brückenbäck bleibt als „Café" in loser Tuchfühlung mit der alten Würzburger Verknüpfung von Bäckerei und Weinausschank. Was die Bedienung dort wohl unternimmt, wenn der Gast sich auf die Tradition des Ortes beruft und Blootz zum Wein bestellt?

Der „Kaasplootz", unvergleichbar saftig, samtig, locker. Für ihn gibt es kein Rezept, die Bäckerin Barbara Hutten (s. Seite 24) hat das Augenmaß für die ausgesuchten Zutaten von ihrer Mutter übernommen und er schmeckt immer – seit Generationen.
Gegenüber: minimalistischer „Blaatz" aus dem Bürgerspital.

Wohnen
Mode
Schmuck

Komm und fühl den Wein

Die Neuen Wohnräume des Weines – Von der Fassdauben-Romantik zu zeitgemäßer Bau- und Weinkultur in Franken

von Hermann Kolesch

Weingut Brennfleck, Sulzfeld – ein elegantes, dem historischen Ortskern gerecht werdendes Kelterhaus.

Kein Zweifel – Architektur ist so populär wie noch nie, Architektur boomt. Dies zeigt sich immer besonders dann, wenn mit größtem publikumswirksamen Erfolg ein Fußballstadion, ein Museum, eine Autofabrik oder ein Showroom für eine Edelmarke, entworfen und gebaut von einem Stararchitekten, eröffnet wird. Längst wurde die Architektur als „Leitkultur" ausgerufen.

Architekten wie Norman Forster, Herzog & deMeuron oder Frank O. Gehry sind Stars und Kultfiguren des öffentlichen Lebens geworden. Unternehmen fast aller Branchen unterstützen ihr Markenbild, ihre „Corporate Identity", mit hochwertiger und teurer Architektur. Doch warum nutzen gerade heute weltweit so viele erfolgreiche Weinbaubetriebe die Architektur für ihre Wirtschaftsgebäude?

Keine Frage, die Architektur wurde zum sichtbaren Zeichen der Weinqualität! Nichts eignet sich besser, die Qualität des Weines und die Philosophie eines Unternehmens neben der geschmacklichen Wahrnehmung sichtbarer zu kommunizieren als eine gelungene Architektur. Dies gilt sowohl für Betriebe mit Tradition und einem großen geschichtlichen Hintergrund wie für den Neueinsteiger oder den verrückten Jungstar. Im sinnlichen Erlebnis liegt eine wesentliche Bedeutung der Architektur für Persönlichkeit, Identität, Authentizität und Glaubwürdigkeit eines Weinbaubetriebes. Für den Konsumenten bezeugen die Ästhetik und die Emotion des Holzes oder des Edelstahls in perfekt in Szene gesetzten Tanklagern und Kellern Transparenz und Offenheit einer handwerklichen und ethisch unbedenklichen Weinerzeugung.

Winzerkeller Sommerach
– Der Barriquekeller verbindet die Tradition mit der Moderne und signalisiert internationale Kompetenz.

▸ Weingut Am Stein, Würzburg: Die Vinothek bietet beeindruckende Ein- und Ausblicke auf den Wein, das Land und die Stadt.

Die Fränkischen Winzer haben es nach dem Krisenjahrzehnt von 1989 bis 1999 auf beeindruckende Weise geschafft, Spitzenqualität bei den Weinen zu erzeugen und dies mit Spitzenqualität der Architektur zu verbinden. Deshalb gilt Franken zu recht derzeit als die dynamischste und kreativste Weinregion Deutschlands, wie der Weinjournalist Stuart Pigott festgestellt hat.

Mit dem Bau der Vinothek Iphofen im Jahr 2000 hat in Franken eine Entwicklung eingesetzt, die in anderen Weinregionen ihresgleichen sucht. Weitere Vinotheken folgten: das KUK Dettelbach und Weingüter wie das Weingut am Stein, der Staatliche Hofkeller, das Weingut Max Müller 1 (Volkach), das Weingut Wirsching (Iphofen) und das Weingut Brennfleck (Sulzfeld) sowie Winzergenossenschaften wie der Winzerkeller Som-

merach und Divino Nordheim, um nur einige preisgekrönte Beispiele zu nennen. Keine andere Weinregion verfügt derzeit über eine solche Dichte an herausragender Weinarchitektur und gleichzeitig international hochdekorierten Spitzenweinen.

Für den Weinfreund eröffnet die Architektur neue Dimensionen, Wein sinnlich zu erleben. Er kann die Topografie der Landschaft, in der das Gebäude steht, entdecken, die kühle Ästhetik des Edelstahls im Tankkeller oder auch die angenehme Wärme des Holzfasses spüren, mit der Weinfläche in Berührung kommen und den Wein in der Vinothek ansprechend verkosten. Die Einbindung der Produktionsbereiche wie Tankkeller, Holzfasskeller, Traubenverarbeitung, einer Schatzkammer oder historischer Elemente sind dabei Grundvoraussetzungen für eine ganzheitlich verstandene Weinarchitektur. Kunst und Ästhetik sind, wie der Genuss und der Kontakt zum Winzer selbst, weitere Faktoren einer Erfahrung des Kulturgutes Wein mit allen Sinnen.

Architektur und der „genius loci"

Darüber hinaus hat die Weinarchitektur eine große Bedeutung für die Weinregion Franken selbst und damit letztlich für den Weintourismus. Zunächst einmal sind Wein, Kultur und Architektur untrennbar miteinander verbunden. Schon immer wurde dem „genius loci" Wein durch die Architektur Gestalt verliehen. Mag es in der Vergangenheit ein historischer Holzfasskeller wie der berühmte Stückfasskeller des Staatlichen Hofkellers gewesen sein, werden diese heute ergänzt um lichtdurchflutete Verkostungsräume und Vinotheken sowie illuminierte Edelstahl- und Barriquekeller. Hinzu kommen Eventküchen, Seminar- und Tagungsräume, Gästezimmer, Weinhotels, Schatzkammern, ja sogar eine Weinschule.

Herausragende Weinarchitektur wird in diesem Zusammenhang zu einer „Sehenswürdigkeit", die zukünftig in keinem Reiseführer über die Region fehlen sollte.

Gelungene Weinarchitektur ist letztlich auch ein Zeichen für die Kompetenz einer Weinregion. Sie macht die Vitalität einer Weinregion und das Selbstbewusstsein der Winzer deutlich, die mit ihrer Leidenschaft für gute Weine der Krise des Frankenweins getrotzt haben. Nach der Phase der spektakulären, von großem Investment geprägten High-Tech-Keller auf der grünen Wiese in der so genannten „Neuen Welt" ist die Symbiose der kleinen fränkischen Betriebe, die Tradition und Moderne verbinden, reizvoll und spannend wie noch nie. Hier liegen die Stärken und die Chancen des Weinbaus in Franken im Vergleich zu Weinländern wie Kalifornien, Südafrika oder Chile. Das erfordert vom Winzer als Bauherren eine starke Identifikation mit seinem geschichtlichen, baulichen und arbeitswirtschaftlichen Umfeld. Die Vereinigung von Tradition und moderner Funktionalität sowie

Weingut Staatlicher Hofkeller, Würzburg: Der Holzfasskeller wird zum modernen Verkostungsraum.

Kultur- und Kommunikationszentrum KuK Dettelbach: Die Vinothek als Bindeglied zur Kultur der Stadt.

DIVINO Nordheim, Offene und transparente Vinotheken sind heute Treffpunkt einer zeitgemäßen Wein- und Genusskultur.

dessen Einbindung in die Topografie der Landschaft und Weinorte sind Faktoren einer wegweisenden, nicht dem Zeitgeist nachlaufenden Architektur. Dazu gehört aber auch das Selbstverständnis des Winzers und der Region Weinfranken, dass Wein nicht nur ein Getränk oder schlichtweg nur Alkohol ist, mit dem man seinen Lebensunterhalt verdient. Nein! Wein ist Kultur! Und dies stellen die fränkischen Winzer nicht nur mit ihren Weinen, sondern auch immer mehr durch die wunder-schöne Symbiose aus Wein- und Baukultur dar. Für Weinfreunde, die die schönsten Beispiel der Weinarchitektur in Würzburg und Franken besuchen und entdecken wollen, gibt es drei Vorschläge zu „Architektouren" durch das Fränkische Weinland. Mehr Informationen unter **www.weinland-franken.de** und im Reiseführer **„Franken – Wein.Schöner.Land. – Reisen zum Wein"**, erhältlich bei den Touristinformationen.

Unbedingt sehenswert

Die Architektur ist nach klassischer Auffassung die Mutter aller Künste. Allzu oft steht bei Neubauten jedoch mehr eine abschreibbare Gebäudesubstanz im Vordergrund. Wenn von Nachhaltigkeit die Rede ist, dann meist im Zusammenhang mit Energieeffizienz, aber nicht im Hinblick auf das Stadtbild.

hofmann keicher ring architekten
Veitshöchheimer Str. 1
97080 Würzburg
Tel. 0931 / 30419640
www.hofmann-keicher-ring.de
hkr@hofmann-keicher-ring.de

Modernität und Zurückhaltung: Das Gemeindehaus Marktheidenfeld schmiegt sich an die Umgebung an.

Doch es gibt Gegentendenzen: zeitgemäßes und kostenoptimiertes Bauen, bei dem Auftraggeber und Architekten gemeinsam innovative Lösungen anstreben. Da ist das 2005 fertig gestellte Weingut am Stein, zugleich das erste gemeinsame Projekt der Architekten Jochen Hofmann, Karlheinz Keicher und Manfred Ring, allesamt ehemalige Studenten der Fachhochschule Würzburg. Der bestechend transparente Glaswürfel zieht nicht nur Weinliebhaber, sondern auch Architekturinteressierte in den Bann. Offen und klar ist die Atmosphäre, aber nicht farblos und unterkühlt. Grün getöntes Glas, Natursteine und Eichenhölzer schaffen Behaglichkeit. Das Weingut am Stein war für das Architekturbüro hofmann keicher ring ein Glücksfall, gelang damit doch ein Projekt, das als Leuchtturm im modernen Weinfranken wahrgenommen wird, das eine junge Generation anspricht, aber Traditionen – das Grün des Flaschenglases, das Holz der Barrique-

Patisserie Walter in Kleinheubach: großzügige und noble Atmosphäre mit einfachen Mitteln.

„Gelungene Architektur ist sehenswert
und zieht Menschen an."
– Jochen Hofmann, Manfred Ring,
Karlheinz Keicher

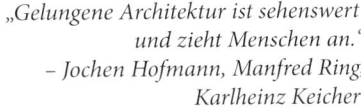

Klare Formensprache mit Durchblick: das Würzburger Weingut
am Stein (links oben), Winzerkeller Sommerach (links unten),
Büroräume der Carl Klein GmbH, Kitzingen.

fässer und andere historische Elemente – aufgreift und mit Feingefühl umsetzt.

Da ist der Winzerkeller Sommerach, ein weiteres Projekt des fränkischen Architektentrios, das wie das Weingut am Stein mit dem Innenarchitekten Reinhard May realisiert wurde. Vom modernen Anbau, der den Gast mit warmen Farbtönen umhüllt, führt eine Treppe zum historischen Teil, dem grandiosen Barrique-Keller, der mit farbigem Licht stimmungsvoll inszeniert wird. Tradition und Moderne – das konkurriert hier nicht miteinander, sondern ergänzt sich sinnvoll. Ähnlich ist die Ausgangslage beim Fürstlich Castell'schen Domänenamt. Das Weingut beauftragte das Büro 2011 mit der Modernisierung und dem Umbau des Kelterhauses. Karlheinz Keicher betont, dass sich das Büro aufgrund der einschlägigen Erfahrungen sehr intensiv in die Materie der Weinarchitektur eingearbeitet hat. Dennoch halten sich die Architekten vornehm zurück, sobald die Sprache auf ihre Philosophie kommt. Sie wollen nicht vordergründig als Selbstverwirklicher, sondern als Dienstleister gesehen werden. Ihnen geht es um eine authentische Architektur, die in erster Linie zu den Auftraggebern passt, zudem aber die Gegebenheiten des Ortes und der Zeit berücksichtigt – nicht mehr, aber auch nicht weniger. Ein großes Ziel ist erreicht, wenn die Ergebnisse noch nach Jahrzehnten Bestand haben. Die Projekte des Büros, seien sie gewerblich, öffentlich oder privat, weisen in diese Richtung. Zu ausgewählten Referenzen gehören u.a. die Patisserie Walter in Kleinheubach, das Gemeindehaus in Marktheidenfeld sowie die aktuell gebaute FOS/BOS in Würzburg. „Die Modernität der Gebäude kommt auch bei der Bevölkerung sehr gut an", berichtet Jochen Hofmann und verweist damit auf einen positiven „Nebeneffekt": „Gelungene Architektur ist sehenswert und zieht Menschen an." Besucherzahlen belegen es. So lässt sich der wirtschaftliche Kreislauf auf elegante Weise schließen.

Mit Offenheit zur Kreativität

Bei dem Begriff Lebensart kommen den meisten zuerst gastronomische Genüsse und regionale Besonderheiten in den Sinn. Allerdings hat die Art, wie sich Menschen einrichten, genau genommen nicht weniger, sondern sogar mehr Bedeutung für die Lebensart, sei es als privater Rückzugsort oder auch als öffentliches Objekt, das repräsentative Zwecke erfüllt.

Pfriem
Schreinerwerkstatt
Am See 1
97359 Schwarzach
Tel. 09324 / 1529
www.pfriem-
schreinerwerkstatt.de
info@pfriem-
schreinerwerkstatt.de

Öffnungszeiten:
Montag bis
Donnerstag
7.30 – 17 Uhr
Freitag bis 12.30 Uhr

Weitere Termine nach
Vereinbarung

Die Schreinerei Pfriem in Schwarzach ist in beiden Bereichen zu Hause und hat beim Innenausbau von Vinotheken, Hotels und Gastronomie an architektonischen Meilensteinen mitgewirkt. Das Weingut am Stein, die Alte Mainmühle, die Steinburg (alle in Würzburg), der Winzerkeller Sommerach, das Weingut Max Müller in Volkach und das Weingut Matthias Müller in Spay am Mittelrhein zählen zu den bekanntesten Referenzen. Trotz bundesweiter Projekte ist die 1948 gegründete Schreinerei bodenständig und familiär geblieben.

Mit einer neuen Einrichtung beginnt ein neuer Lebensabschnitt. Daher steht die Frage nach der Identität und dem Charakter des Wohntyps am Anfang aller Gespräche. Diana Pfriem geht die Aufgabe pragmatisch an: „Ich bin niemand, der anderen seinen Stil oder eine hochgestochene Philosophie aufdrückt", sagt die Gestalterin, die nach einem BWL-Studium und einem Meisterkurs für Gestaltung im elterlichen Betrieb zu ihrer Berufung fand. Die Harmonie in der Familie stimmt: Vater Manfred führt die Geschäfte und verantwortet den Bereich Fenster und Türen, der Tochter überlässt er vertrauensvoll den Part der Beratung und

Norbert Schülein (li.) mit Diana und Manfred Pfriem vor ihrer Werkstatt in Schwarzach

Referenzen der Schreinerwerkstatt Pfriem, Beispiele für moderne Einrichtung in Franken: die Vinothek Max Müller I in Volkach (linke Seite), ein Zimmer im „Refugium Schlosshotel Steinburg", Würzburg (diese Seite oben), und eine Privatwohnung (unten).

Kreation – Diana Pfriem hat nebenbei noch eine eigene Firma für Grafik-Design. Manfred Pfriems Brüder Thomas und Siegfried arbeiten als Schreiner im Betrieb. Als zweiter Geschäftsführer und Spezialist für Innenausbau sitzt Norbert Schülein im Boot. Er wickelt die Aufträge mit verschiedenen Architekten ab. Das Objektgeschäft ist ein Schwerpunkt. Der hochwertige Innenausbau für Privatpersonen, so etwa für Horst Sauer in Escherndorf und die Familie Knauf in Iphofen, bildet das zweite Standbein.

Wie in etlichen Planungsbüros üblich gehört ein CAD-Programm (CAD = Computer Aided Design) zum Standardinstrumentarium. Die realistischen räumlichen Modelle und bis ins kleinste Detail ausgefertigten Pläne, die der Computer liefert, sind sehr hilfreich, jedoch nie

intelligenter und kreativer als der Mensch, der sie bedient. Diana Pfriem betont, wie wichtig Gespür und Offenheit sind. Viele Vorschläge, was die Raumaufteilung, was Farben und Materialauswahl anbelangt, treffe sie eher intuitiv, aus dem Bauch heraus. Dabei hält sie sich nicht unbedingt an vermeintlich hehre Gestaltungsideale. Mit ihrer frischen Herangehensweise liegt sie jedoch fast immer richtig, was nicht nur Privatpersonen, sondern bei einem Objekt wie einer Vinothek viele Besucher genauso empfinden. Ansprechendes Design, ausgefeilte Funktionalität und hochwertige Materialen machen die Atmosphäre so gut wie perfekt. Sie sind das i-Tüpfelchen in einem Prozess, dessen Ausgang anfangs völlig offen war. Der Kunde merkt den Unterschied. Für eine lange Zeit.

Die Geschichte im Rücken, der Zukunft zugewandt

Wiederaufbau und Widersprüche einer alten jungen Stadt

von Hans Steidle

Im Exil in New York erfuhr der Würzburger Dichter Leonhard Frank von der völligen Zerstörung seiner Vaterstadt durch einen britischen Luftangriff am 16. März 1945 zwischen 21.25 und 21.45 Uhr. „Er sah Würzburg", so schildert der vor den Nazis geflüchtete Schriftsteller, „die Stadt des edelsten Barock, und sah zugleich den riesigen grauen Trümmerhaufen, aus dem Würzburg sofort wieder emporstieg, in seiner ganzen Schönheit, die Stadt, die nicht mehr existierte. Der Schlag traf ihn mitten in sein Gefühl und erschlug sein Gefühl. Er war innerlich taub. Sein Schmerz war substanzlos, gleich dem eines Menschen, der den Schmerz im amputierten Arm noch spürt."

Am 7. April 1945 vermerkte der Special Report der 42. US-Division, die einige Tage vorher die Stadt nach erbitterter Gegenwehr deutscher Truppen erobert hatten: „Die Stadt Würzburg ist fast vollständig durch Bomben und Feuer zerstört. Die Mauern vieler Gebäude stehen noch, aber die Dächer und das Innere sind ausgebrannt. Kein Wunder, dass nicht nur der US-General Wagonar das „Grab am Main", wie man die zu drei Viertel zerstörte alte Bischofsstadt nannte, als „Museum für Kriegszerstörungen" bewahren wollte. Auch das könnte heute Touristen anziehen, aber Würzburg wäre dann eine Stadt der Ruinen und der Toten. Am 1. Mai 1945 betonte der neue Oberbürgermeister in einem Aufruf: „Würzburg ist nicht tot, Würzburg muss leben, Würzburg muss neu erstehen!"

Aber was sollte man wie aufbauen? Schon 1947 war klar, dass man das innerstädtische Straßennetz modernisieren müsste, Gassen und Straßenzüge verbreitern wollte, die Quartiere entkernt mit begrünten Innenhöfen und einer drei- bis viergeschossigen Blockrandbebauung hochziehen wollte. Stadtbaurat Otte mahnte allerdings auch die Rekonstruktion von genügenden Monumenten an. Der weitsichtige Stadtplaner strebte

◄ „Das Grab am Main", wie Würzburg nach dem Zweiten Weltkrieg genannt wurde, ist Geschichte. Ein Modell der zerstörten Innenstadt erinnert im Informationsraum des Rathauses an die verheerenden Folgen des Bombenangriffs vom 16. März 1945

▲ Das größte Deckenfresko der Welt, Tiepolos Meisterwerk „Die vier Kontinente", prunkt am hohen Gewölbe des Residenztreppenhauses, dem grandiosen Raumkunstwerk Balthasar Neumanns. Der US-Kunstoffizier John Skilton brachte 1945 ein Notdach über den Gewölben der Residenz an und rettete den Höhepunkt des Barocks im Bischofsschloss.

eine Synthese von Alt und Neu, den Erhalt und die Rekonstruktion von Kunstwerken, aus ideellen und wirtschaftlichen Gründen an.

20 Jahre nach der Stadtzerstörung standen alle historischen Gebäude von gewissem Rang – Residenz, Festung, Dom, Kirchen und eine stattliche Anzahl von historischen Profangebäuden – in einer meist recht modern errichteten Stadt. Ruinen gab es kaum mehr, aber nun setzte der Streit über das Geleistete ein. Die folgende Wertung ist weit verbreitet: „Dass aus dem Grab am Main wieder eine moderne, lebendige Großstadt mit hoher Lebensqualität wurde, gehört zu den erstaunlichen Wiederaufbaugeschichten Westdeutschlands." Würzburgs Stadtbild- und Denkmalschützer Heiner Reitberger wandte jedoch ein, die Urbanität und das Erscheinungsbild des alten untergegangenen Würzburgs vor Augen: „Die große Zahl mediokrer

Bauten der Innenstadt wie auch der äußeren Gebiete, die Zeugnisse architektonischer Banalität und städtebaulicher Verfehlungen, werden von Touristen wie Einheimischen übersehen oder ignoriert." Man hat sich beim Nachkriegsstil in Würzburg auf die Bezeichnung „moderate Moderne" geeinigt, je nachdem als „gemäßigt" oder „bescheiden" zu verstehen.
Beide Meinungen sind berechtigt, denn tatsächlich ist im Straßenbild der Altstadt eine erhebliche Anzahl von barocken Hausfassaden, mittelalterlichen und barocken Kirchen, historischen Gebäuden wie das Juliusspital, das Bürgerspital und die Alte Universität so verteilt, dass fast immer ein historischer und kunstgeschichtlich relevanter Blickfang vorhanden ist. Das lenkt dann die Aufmerksamkeit von den üblichen Geschäfts-, Funktions- und Wohngebäuden der Wiederaufbauzeit ab. In Würzburg scheint der historische Charakter von Weitem betrachtet recht gut bewahrt zu sein, der opti-

sche Eindruck wird beherrscht von der großen Anzahl der Barockfassaden, der romanischen, gotischen und barocken Kirchen, deren Türme und Kuppeln noch heute formenreich in den Himmel ragen. Der Eindruck bestätigt sich entlang der „Touristenachse" von der Residenz zur Alten Mainbrücke.

Die fürstbischöfliche Residenz, geplant von Balthasar Neumann, wurde vorbildlich renoviert, manche Prunkräume auch rekonstruiert. Eingeleitet hat die Rettung im Frühjahr 1945 der US-Kunstoffizier John Skilton, der über die Gewölbe von Treppenhaus, Weißem Saal und Kaisersaal anstelle des abgebrannten Daches eine schützende Notbedeckung organisierte. Er leitete durch diese Aktion den Wiederaufbau ein. Die Residenz ist der unbestreitbare Höhepunkt der Stadt, obwohl sie im mittelalterlichen Stadtgefüge sich am Rand fast wie ein Fremdkörper niederließ und kaum als neues Stadtzentrum wirken konnte. Der große Schlossplatz, der die alte Stadt vom Nobelbau der absoluten Herrschaft trennt, ist in seiner Grandiosität erhalten, obwohl er immer noch als Parkplatz genutzt wird.

Beispielhafte „ArchitekTouren" veranschaulichen den Wiederaufbau, aber auch die Widersprüche der alten jungen Stadt.

Durch die Hofstraße zum Kiliansdom – Auf dem Weg wird schnell deutlich, dass der Wiederaufbau das Straßenbild bestimmt. Rechterhand, nach einem klassizistischen Eckbau, erstreckt sich ein Schulbau der Fünfzigerjahre, ein denkmalgeschütztes Ensemble von locker und funktional verteilten Gebäudetrakten. Vernachlässigt ist das Äußere dieses kommunalen Gebäudes, das seit zwei Jahrzehnten unter Denkmalschutz steht – als Beispiel der Wiederaufbauarchitektur und der dezentralisierten Stadtstruktur. Nun hat man sich in Würzburg weitgehend an die historischen Straßen-, Gassen- und Platzräume gehalten – nur hier nicht – aber die Stadt plant schon seit mehr als zwei Jahrzehnten den Abriss des Gebäudes für eine wirtschaftliche Nutzung. Eine Stadtgalerie, sprich ein kleines Einkaufszentrum ist die Vision, die Erhaltung und Renovierung des Gebäudes für Kultur, Bildung und Tourismus ist die Gegenvision. Es gibt noch einige sehenswerte Gebäude und Ensembles der Fünfzigerjahre: Hierzu zählen unbedingt das Burkardushaus südlich des Doms, und noch weiter südlich das Amtsgebäude der Regierung von Unterfranken, oder im Norden der Altstadt der Hauptbahnhof mit dem Vorplatz und der geschwungenen Reihe von kleinen Einkaufskiosken. Wenn nicht diese grelle Reklame an den Kiosken wäre!

◄ Das historische Rathaus, begonnen im 12. Jahrhundert, benannt nach seinem Bauherrn Graf Eckehart, spiegelt sich in dem modernen Eingang eines Warenhauses. Nicht immer paaren sich Modern und Alt zu einem entsprechend interessanten Motiv in Würzburgs Altstadt.

▲ Moderne Verwaltungs- und Geschäftsgebäude prägen stark das Bild der Altstadt und ihre Dachlandschaft. Trotzdem überragen die Türme und die Kuppeln von Dom und Neumünster, die seit mehr als einem Jahrtausend das geistliche Herz der Stadt bilden, die Bauten der Fünfziger- und Sechzigerjahre.

Der Blick vom alten Mainviertel über die Alte Mainbrücke zu den Türmen des Rathauses und des Domes folgt dem uralten Fernweg, der einst in einer Furt den Main durchquerte. Heute bildet die Alte Mainbrücke einen magischen Mittelpunkt Würzburgs und bietet große Ausblicke auf die Stadt.

zwischen Dom und Neumünster, zwei großen romanischen Kirchen, verbunden durch die kühle und ruhige Front des modernen Museums am Dom.

Eindruck des Unfertigen

Der Wiederaufbau des Würzburger Doms ist so recht ein Lehrstück über den Umgang mit dem historischen und künstlerischen Erbe in Würzburg und Deutschland. Der Baubestand schien gerettet, als die Nordwand des Langhauses wegen der Frost- und Wasserschäden 1947 zusammenbrach. Das ganze Langhaus musste rekonstruiert werden. Erbittert bekämpften sich Anhänger der barocken Rekonstruktion und Befürworter einer pseudoromanischen Purifizierung, sprich Schmucklosigkeit in romanischem Stil. Das erhaltene Querhaus und Chor blieben üppig barock stuckiert, das Langhaus wurde sachlich im reinen Geiste der Romanik, wie man meinte, und ohne Dekor neu aufgebaut. Auch das Äußere wurde besonders in der Westfassade vereinfacht gestaltet, und auf nicht wenige Zeitgenossen machte das Ganze den Eindruck des Unfertigen.

Überhaupt korrigierten die Architekten des Wiederaufbaus gerne die vorherigen Baumeister. Die historistischen und üppigen Bauten der vorletzten Jahrhundertwende baute man nicht auf, oder man schlug etwas von dem überbordenden Kitsch und Stuck ab, simplifizierte die formenreichen Dachaufbauten. Am ehesten entkamen noch die großen Barockbauten der Purifizierung, der Reinigung von falschem und lügenhaftem Dekor. Mit unendlicher Liebe zur eleganten Muschelform, zur überbordenden Melodie des Rokokostucks ließ die Stadt Würzburg das Falkenhaus am Oberen Markt rekonstruieren, viel vom Original war nicht erhaltbar. Aber niemand möchte heute auf dieses Juwel bürgerlicher Selbstdarstellung verzichten, das eine spannungsreiche Beziehung zur benachbarten, auch mustergültig wieder erstandenen Marienkapelle aufweist – dieser Gegensatz zur schlanken, zum Himmel emporwachsenden Gotik, Widerspruch und Symbiose in einem. Der ganze Platz lebt von dieser Eigenwilligkeit.

Zurück in die Hofstraße, ein Kernstück absolutistischer Stadtplanung, die 1725 das neue Fürstbischofsschloss mit der uralten Kathedrale verbinden sollte –
Den Blick nach Westen gerichtet sieht man die grandiose Ostpartie des romanischen Doms, als Blickfang der Hofstraße die Schönbornkapelle Neumanns, überwölbt von der hohen Kuppel des Neumünsters. Fünf Türme ragen in die Luft, man spricht nicht umsonst von der „Stadtkrone". Und wiederum nach rechts schließt sich ein Platz rekonstruierter Domherrnhöfe an, ein wieder gewonnenes Stück Alt-Würzburg. Wäre es nach den Vorstellungen der verbeamteten Stadtplaner gegangen, stünde von der Pracht fast nichts mehr, nüchterne Verwaltungsbauten sähe man. Bürgerlicher Widerstand verhinderte wie in anderen Städten das Schlimmste. Beeindruckend ernst und gesammelt wirkt der Kiliansplatz

Nun sind wir im mittelalterlichen, bürgerlichen Würzburg – Ende des 19. Jahrhunderts wurde vom Hauptbahnhof

Von der Festung, der alten Bischofsburg, schweift der Blick über die nördliche Altstadt, findet Halt an der gotischen Marienkapelle und der trutzigen Barockkirche von Stift Haug. Im Hintergrund erstreckt sich der Steinberg mit seinen weltberühmten Weinlagen. Die Monumente der Vergangenheit bestimmten das Stadtbild, nicht aber das Straßenbild.

für die Straßenbahn eine kilometerlange Schneise durch die Altstadt gezogen, die kleine Gassen von drei Meter Enge in moderne Geschäftsstraßen verwandelte. Die Stadt, in deren Mitte über Jahrhunderte keine Straße reichte, besaß seit 1900 eine Nord-Süd-Achse. Die historisierenden Prunkgebäude der Kaiserzeit sind überwiegend zerstört und Geschäftshäusern der Fünfziger- und Sechzigerjahre gewichen. Die Passanten haben vielleicht einen Blick für die Auslagen in den Schaufenstern, die Architektur interessiert sie nicht, zumeist zu Recht. Nur die Domstraße war als einzige Altstadtstraße vor 1900 mehr als 20 Meter breit, aber ihren früheren Charakter als Magistrale merkt man ihr heute nicht mehr an. Die meisten Gebäude aus der Wiederaufbauzeit sind durch Rasterung, Staffelgeschosse, individuelle Fassadengestaltung und eine gewisse Maßstäblichkeit Beispiele recht ordentlicher Architektur. Sicherlich, der Blick auf alte Fotografien zeigt die Buntheit und den Formenreichtum einer über 1000 Jahre gewachsenen Straße. Durch solche Straßen flaniert man gerne. In Würzburg fehlen sie, die Fußgängerzone besitzt keine nennenswerte Aufent-

haltsqualität. Wenn man manche der Geschäfts- und Wohnhäuser der Fünfziger und Sechzigerjahre näher in Augenschein nehmen möchte, und bei manchen lohnt sich der Blick durchaus, dann stört vor allem die aufdringliche und üppige Werbung. Seit Jahrzehnten verunziert sie den Blick von der Alten Mainbrücke zur Westfassade des Doms.

Winkel und Schneisen

Von der Domstraße in die kleinen engen Gassen – Hier stellt sich die Frage nach der Qualität des Wiederaufbaus nur bedingt. Rund um den Markt bauten die Eigentümer in ihre halbzerstörten Häuser Notwohnungen, gruben sich in ihre erhaltenen Weinkeller ein, und so kehrt in den kleinen, winkligen Gassen der Eindruck mittelalterlicher Bebauung wieder, bevorzugt bei einem Nachtspaziergang zu erahnen. Dann öffnet sich auch der eine oder andere historische Hof, meist von einem Weinhaus oder Gasthaus für den späten Sommergast geöffnet. In die Gassen wurden Schneisen geschlagen, Verbreiterungen vorgenommen, um die City dem Individualverkehr anzupassen. Viele

Nachkriegsbauten wurden nicht mit bestem Material, meist mit weniger einfallsreicher Gestaltung, ohne Geld und Zeit erstellt, man wollte möglichst schnell wieder ein Dach über dem Kopf in der Stadt haben. Ruinen standen nur im Weg, so wurde von den 300 im Jahre 1945 als erhaltenswert eingestuften Barockfassaden tatsächlich nur ein Drittel der Nachwelt erhalten. Andere Städte wie Nürnberg waren in dieser Hinsicht wesentlich wertbewusster. Dennoch, überall erinnern alte Mauern, Tore, Madonnenstatuen, Fassadenreste oder altes Kopfsteinpflaster an die alte Stadt, die nicht mehr besteht. Zwischen den wiedererrichteten Kirchen und Häusern des alten Würzburg, der Alten Univer-

sität, einem Bildungsschloss der Renaissance, und dem Juliusspital fehlen die verbindenden Straßen mit gleicher Architektur.

Auch am Ende der Domstraße wartet ein öffentlicher Platz, der einst als repräsentativer Raum geschaffen wurde, um entsprechend „bespielt" zu werden: das mittelalterliche Rathaus, der Grafeneckart mit seinem hochragenden Turm, davor der prunkende Vierröhrenbrunnen des Spätbarock und ein harmonisches, klares Wohnhaus, das der Würzburger Meisterarchitekt Balthasar Neumann nach 1725 als eine Art Musterhaus für bürgerliches Bauen schuf. Hier sitzt man an

auf diesem Gewölbe und lasse den Wasserstrom und den Luftstrom mir entgegen rauschen."

Hat man dann durch die Gassen des Mainviertels den Weg nach oben in den Fürstengarten der Festung erklommen, eröffnet sich eine veritable Kirchturmperspektive. Man blickt auf die schönen romanischen Kirchtürme von Dom und Neumünster, St. Burkhard, der Deutschhaus- und der Schottenkirche. Und vergessen wir nicht die Majestät des starken und schönen Turms der Neubaukirche, die der breiten Doppelturmfassade von Stift Haug mit der schweren und doch steigenden Kuppel, wer möchte angesichts der Kirchtürme nicht den besonderen Reiz, aber auch den besonderen Charakter der Stadt erkennen? Noch immer sind es die Kirchtürme der Altstadt, die das Stadtbild beherrschen, wie es einst Kleist anmerkte: „Das Ganze hat ein echt katholisches Ansehen. Neun und dreißig Türme zeigen an, daß hier ein Bischof wohnt, wie ehemals die ägyptischen Pyramiden, daß hier ein König begraben sei."

Viel junges Leben

Hier oben im kleinen Barockgarten vor der alten Bischofsburg, eingebettet in die wehrhaften Bastionen des 17. Jahrhunderts, mag man eine günstige Beurteilung für die wieder erstandene Stadt finden. Die sechs Jahrzehnte des Wiederaufbaus führten nicht zur rein kulissenhaften Rekonstruktion der zerstörten Stadt. Dagegen entstand eine neue Stadt – mit vielen prägenden Resten der alten, aber auch mit einem anderen, teils gleichförmigen Gesicht. Würzburg ist eigentlich eine junge Stadt, auch wenn die Erinnerung an das Alte, Verlorene aufrechterhalten wird. Wenige vergleichbare Großstädte weisen so viel junges Leben auf, was auch der großen Universität mit fortschrittlichen und anerkannten Fachrichtungen zu verdanken ist. Neben der traditionellen fränkischen Lebensart, auch der unfreiwilligen Neigung zur Provinzposse, hat sich in dieser Stadt ein pluralistischer, demokratischer Grundzug verankert. Das Lebensgefühl wurde lockerer, mediterraner und offener, vielleicht einfach europäischer und weniger altdeutsch.

So mag es dem eiligen Besucher Würzburgs hoffentlich wie Mozart ergehen, der seine Reiseerlebnisse an seine Frau Konstanze in lakonischer Musikalität ausdrückte: „Liebstes, bestes Herzens-Weibchen! Zu Nürnberg haben wir gefrühstückt, eine häßliche Stadt. Zu Würzburg haben wir unsern teuren Magen mit Kaffee gestärkt, eine schöne prächtige Stadt."

Allein schon deswegen feiern wir in Würzburg zu Recht das Mozartfest in der Residenz, das viele Musikfreunde nach Würzburg lockt.

warmen Abenden gerne. Oder bummelt weiter auf die Alte Mainbrücke, den magischen Mittelpunkt der Stadt an beiden Ufern des Flusses, mit Blick auf die Festung, die alte Bischofsburg, in Jahrzehnten wieder hergerichtet – ein einmaliger Anblick. Man lässt den Blick über den Fluss und die Stadt schweifen und fühlt vielleicht, wie einst Heinrich von Kleist in einem Brief schrieb: „Wenn ich jetzt auf der steinernen Mainbrücke stehe, die das Zitadell von der Stadt trennt, und den gleitenden Strom betrachte, der durch Berge und Auen in tausend Krümmungen heran strömt und unter meinen Füßen weg fließt, so ist es mir, als ob ich über das Leben erhaben stünde. Ich stehe daher gern am Abend

Beim Holz pochen sie auf Qualität

Die Freude an einem individuellen Möbelstück beginnt schon mit der Planung. Der künftige Besitzer kann Einfluss auf die Gestaltung nehmen und erhält von der Schreinerwerkstatt ein Unikat – sein Unikat.

Därr-Tische
Hauptstraße 10
97247 Obereisenheim
Tel. 09386 / 230
www.daerr-tische.de
info@daerr-tische.de

Öffnungszeiten:
Montag bis Freitag
7 – 12 Uhr
und 13 – 18 Uhr
Samstag
9 – 14 Uhr
oder nach telefonischer Vereinbarung

Ausstellungsfläche von „Därr Tische" – Der Firmenname entstand nach 1945, da im Zuge des Wiederaufbaus Tische Hochkonjunktur hatten. „Därr Tische" fertigt jedoch Massivholzmöbel für alle Wohnbereiche. Mit manchen Familien ist das Unternehmen seit Generationen verbunden.

Die Möbelmanufaktur DÄRR-WOHNEN hat gemeinsam mit ihren Kunden schon oft individuelle Modelle von Tischen, Stühlen und Schränken entwickelt. Seit über 100 Jahren stellen die Obereisenheimer Massivholzmöbel für alle Wohnbereiche her. Mit ihrer Fachkompetenz hat sich die Schreinerei über die Region hinaus einen Namen gemacht.

Regionalität spielt bei der Auswahl der Werkstoffe eine starke Rolle. „Wir beziehen das meiste Holz aus umliegenden Wäldern", sagt Uwe Därr. Gemeinsam mit seinem Geschäftspartner Christian, beide Schreinermeister, führt er das Familienunternehmen in vierter Generation. Auf kurzen Wegen kommt die Ware zum Betrieb, der über eigene Trockenkammern und ein Sägewerk am Hof verfügt. Der gesamte Herstellungsprozess liegt somit in einer Hand. Die Schreiner sind

*„Holz aus den umliegenden Wäldern"
– Uwe und Christian
Därr (re.)*

es gewohnt, nachhaltig zu denken und zu arbeiten. Eine Möbelstück aus ihrer Werkstatt kann prinzipiell so lange Bestand haben, wie ein Baum zum Wachsen braucht: rund 100 Jahre. Bevor es zusammengeleimt wird, können die Kunden es immer noch einmal im Rohzustand sehen und begutachten.

Stabilität, Lebensdauer und Wertbeständigkeit sind eine Seite der Medaille, hohe Ansprüche an Design, Verarbeitung und Funktionalität die andere. Alle Mitarbeiter sind ausgebildete Schreiner und können daher unterschiedliche Anforderungen passgenau umsetzen, je nachdem, welcher Stil gewünscht ist. Dank einer Ausstellungsfläche von 600 Quadratmetern können die Därrs etliche Raumsituationen und viele Möbelvarianten zeigen, ob hell oder dunkel, Eiche oder Buche, naturbelassen, mit Lack oder Öl bearbeitet, nüchtern sachlich, mediterran oder ländlich. Im Showroom lädt ein Weinbistro zu einem Zwischenstopp ein. „Das Thema Lebensart lag nahe, da sehr viel Wein hinter dem Haus wächst. So können wir in Kundengesprächen das Angenehme mit dem Nützlichen verbinden", führt Uwe Därr aus. Schließlich ist nicht nur das Möbelstück für sich gesehen wichtig. Auf das Umfeld kommt es genauso an.

Schnittlauchbrot mit Tomate

von Birgit und Martin Oechsner, Eckhaus

So einfach, so schnell, so gut!

Zutaten:

Landbrot – am besten ein würziges, nicht ganz frisches Sauerteigbrot

Butter – Rollenbutter, kann auch leicht gesalzen sein

Tomaten – frisch vom Markt oder Garten (Zimmertemperatur)

Schnittlauch – frisch vom Markt oder Garten, in feinen Röllchen geschnitten

Salz – gutes Meersalz

Gelassenheit und Stil

Lifestyle – Würde das Wort nicht so unverbindlich und allerweltsartig klingen, hätten Birgit und Martin Oechsner nichts dagegen, dass ihr „Eckhaus" mit diesem Etikett belegt wird.

Eckhaus
Langgasse 8
97070 Würzburg
Tel. 0931 / 12001
www.eckhaus-
wuerzburg.de
www.eckhaus-
ferienwohnung.de
info@eckhaus-
wuerzburg.de

Kernöffnungszeiten:
Montag bis Freitag
9.30 – 18.30 Uhr
Samstag
9.45 – 18 Uhr

Denn Lifestyle bedeutet ja nur Lebensstil und trifft somit genau das, worum es ihnen geht. Nur dass einem im „Eckhaus" eben kein Sammelsurium an Allerwelts-Artikeln erwartet, sondern eine sehr persönliche, bunte Auswahl an schönen Dingen.

Für Wohnaccessoires haben sich die beiden Inhaber bereits als Studenten interessiert. Die Kunsthistoriker starteten das Projekt Eckhaus 1993 zunächst eher als einen „Versuch". Der Erfolg war aber gleich so durchschlagend, dass Martin Oechsner nach nur einer Woche beschloss, seinen Job in der Denkmalpflege zu kündigen, um sich dem Geschäft zu widmen. Das Lustprinzip kam nie zu kurz, war das Geld anfangs auch knapp. Die Inhaber interessieren sich bis heute nicht für die Verkaufsranglisten, die ihnen Handelsvertreter vorstellen, und ein betriebswirtschaftliches System wollen sie sich auch nicht aufzwingen. Über das Sortiment entscheiden dagegen so weiche Faktoren wie Geschmack und ordentliche Qualität. Auf Messen wählen Birgit und Martin Oechsner meist nach dem Bauchgefühl aus. „Wir sind uns immer schnell einig", sagt Martin Oechsner, und das gelassene Prinzip funktioniert. Ein Ladenhüter verirrte sich nach seiner Aussage noch nie ins „Eckhaus". Das führt zu einer allgemeinen Erkenntnis: Menschen sind in dem, was sie gerne machen, oft auch ganz gut. Und wenn sie gut sind, eröffnen sich oft auch neue Wege.

Veränderung ist im Eckhaus ein stetiger Begleiter. Der Landhaus-Stil spielt bei den Wohnaccessoires nicht mehr die große Rolle wie einst. „Alles ist bunter, leichter und weniger ernst

Einkaufen ist ein Teil des Genusses. Das kann, muss aber nicht immer mit Essen und Trinken zu tun haben.

*Mit Lust
bei der Arbeit
– Birgit und Martin
Oechsner*

das Café-Bistro eröffnete, kann der Gast im „Eckhaus" zudem essen und trinken. Unter dem Dach haben die Inhaber schicke Ferienwohnungen zum Übernachten eingerichtet – vielleicht lässt sich das eine oder andere Objekt im Laden kaufen? Und im Keller mit dem Tonnengewölbe aus dem 16. Jahrhundert wechseln sich Jahreszeiten- und Sonderausstellungen ab.

Manche Artikel kommen und gehen schnell, andere bleiben lange im Sortiment, zum Beispiel das bunte Tischgeschirr von Dibbern. Oder das Porzellan von KPM. Dabei ist das „Eckhaus" in Sachen Zeitgeist und Exklusivität anderen „Lifestyle-Läden" stets einen Schritt voraus. Der Erlebnis- käufer findet hier fast immer etwas. „Oft sind wir genauso unvernünftig wie unsere Kunden", führt Martin Oechsner aus. „Auch wir kaufen etwas, das uns gut gefällt und machen uns erst hinterher Gedanken, wo es hinkommt. Aber es findet irgendwie einen Platz." Ein Erfolgsrezept braucht es da nicht. Es reicht aus, offen für Neues zu sein.

geworden", so Birgit Oechsner. Anfangs haben sie und ihr Mann gar nicht daran gedacht, auch Handtaschen, Kleidung und Dinge für die Küche aufzunehmen. Heute ist es schwerer, zu sagen, was es nicht gibt, als aufzuzählen, was es alles gibt. Elektro- geräte für die Küche gibt es (noch?) nicht, Gewürze (von Ingo Holland) schon, Anti- quitäten und Schmuck ebenfalls. Seit 2012

Steine des Anstoßes

Wenn ein Politiker oder dessen Ghostwriter für
eine Doktorarbeit hemmungslos Textpassagen
klaut, ist der Fall klar: Dem Missetäter wird
der Doktortitel aberkannt. Peinlich! Ein echter
Wissenschafts-Krimi bleibt dagegen der Fall
des Würzburger Medizinprofessors Johannes
Bartholomäus Adam Beringer.

Vom Stein zum Gips:
corollifex stellt Lügen-
steine unter anderem
für die Dekoration
und für Sammler her.
Mehr als 500 Original-
Lügensteine lassen sich
heute noch in Museen
und Sammlungen be-
sichtigen, einen Großteil
zeigen die Würzburger
Universitätsbibliothek
und das Mainfränkische
Museum.

Die „Lügensteine", die
in Eibelstadt auftauchten,
stehen für den ersten großen
Wissenschaftsbetrug Europas. Warum und
von wem die Steine gefälscht wurden, ist bis heute ein
Rätsel. Die Geschichte ist lebendig, wie nicht nur Führungen zu
Beringers Wirkungsstätte beim Juliusspital zeigen, sondern auch
Accessoires und Pralinen mit Motiven der berühmt-berüchtigten
Steine.

Der Anfang der Geschichte ist schnell erzählt: An Fronleichnam
anno 1725 wurden Professor Beringer, Leibarzt des Würzburger
Fürstbischofs und Leiter des Juliusspitals, von jungen Burschen
Steinfunde mit denkwürdigen Zeichen überbracht. Zu dieser Zeit
erforschten Mediziner neben dem Menschen und dessen Anatomie auch die Natur. Beringer überprüfte die gängige Lehre der „vis
plastica", wonach alle in der Natur auffindbaren
Lebewesen als Modelle in Stein vorgeformt seien.
Er glaubte, dass die Steine Beweise für die wun-
dertätige Schöpfung Gottes lieferten. Die Funde
regten ihn zur Diskussion über mögliche Thesen
der Entstehung an, die er 1726 in einer Disserta-
tion festhielt. 1732 verdichtete sich der Verdacht,
dass es sich um Betrug handelte anhand allzu
unglaublicher Darstellungen wie einer Spinne mit
Netz oder einer Blume mit einer Biene.
Es wäre unangemessen, die Steine lediglich als
plumpe Fälschungen und Beringer als Tölpel
abzutun. Die Historikerin Petra Hubmann konnte

corollifex
gifts & history
GmbH
Geschenke mit
Geschichte
Leibnizstr. 11
97204 Würzburg
Tel. 0931 / 99131640
www.corollifex.com
info@corollifex.de

Beringers
Lügensteine e.V.
Leutfresserweg 1
97082 Würzburg
Tel. 0931 / 12303
www.beringers-
luegensteine.com
info@beringers-
luegensteine.com

Führungen und
Vorträge zum Thema
„Würzburger
Lügensteine" auf
Anfrage beim Verein.

in ihrer Doktorarbeit detailliert nachweisen, dass außer Beringer noch viele andere anerkannte Personen der europäischen Hofkultur auf den Betrug reinfielen. Insofern waren Beringers Lehren symptomatisch für eine Zeit, in der die Beschäftigung mit Fossilien gerade erst begonnen hatte. Ein neu gegründeter Verein gibt in Führungen, Vorträgen und in Büchern das Wissen in Sachen „Würzburger Lügensteine®" weiter. So wird eine spannende Geschichte vermittelt, die zum Staunen und Schmunzeln anregt. An den phantasievollen Steinmotiven kann man Gefallen finden, auch ohne die Geschichte zu kennen. Die Firma corollifex gifts & history hat aus den Lügensteinen zudem ansprechende Accessoires und Geschenkartikel entwickelt. Da gibt es handgefertigte Pralinen und Schokotäfelchen, Kerzen, Verpackungen, Steinchen, Schlüsselanhänger sowie Seifen mit zartem Duft und Weintraubenextrakt. Die Auswahl an Regionalia wird ergänzt um Accessoires rund um den Bocksbeutel. Mit dabei: Glasuntersetzer, Geschenkboxen, Anhänger und Kerzen. Mit Wein hat sich der Mediziner Beringer übrigens auch befasst, und zwar in gesundheitlicher Hinsicht. Das Geburtsjahr des fränkischen „Bocksbeutels" anno 1726 fällt in seine Zeit, die vom Gedankengut der Frühaufklärung geprägt war. Der hochwertige Steinwein wurde damals im Bocksbeutel versiegelt, um ihn gegen Panscherei zu schützen. Beim Wein waren die Würzburger damit schon einen Schritt weiter.

Immer auch ein Stück Kulturgeschichte: süße Lügensteine (Pralinen) und praktische Regionalia.

Raritäten

In der Würzburger Innenstadt sind sie eine Erscheinung wie aus
einer anderen Epoche: Menschen, deren Berufe so selten und deren
Läden so alt sind, dass man sich fragt, wie sie ihre Arbeit über die
Zeit retten konnten. Ihre Berechtigung haben sie nicht nur, weil sie
auf ihre ganz spezielle Weise charmant wirken. Mit einem gewissen
Eigensinn gelingt es den Inhabern oft sehr gut, sich eine Nische
zu erobern – und altes Wissen zu bewahren.

Das Kerzenlicht duftet

Man drückt den Schalter und verlässt sich darauf, dass
das Licht angeht. So selbstverständlich funktioniert
die Beleuchtung freilich noch nicht lange. Noch in den
1950er Jahren gab es in dem Viertel der Wachszieherei
Schenk (Rosengasse 14, Würzburg) Häuser ohne elektrischen Strom. Als ältester Würzburger Handwerksbe-
trieb in Familienbesitz hat das 1750 gegründete Unternehmen viele Entwicklungen erlebt. Der Siegeszug des
elektrischen Lichts konnte das Kerzenlicht nicht ersetzen. Bei der Wachszieherei entstehen noch aufwendig
hergestellte Handtauchkerzen, die aus der Kirche, als
Altarkerzen, bei der Taufe oder auch der Kommunion,
nicht wegzudenken sind (im Bild links: Stangen für das
Aufhängen und Eintauchen der Kerzen). Bienenwachs
verleiht den Kerzen einen schönen Schimmer und
einen angenehmen Duft obendrein.
www.wachs-schenk.de

Trödel und Petroleumlampen

Wie bei Kerzen geht es heute auch bei Petroleumlampen dem Besitzer am wenigsten darum, einen Raum hell zu machen. Der Schein der Flamme und die Form der Lampe haben einen eigenen ästhetischen Wert. Als Spezialist für Petroleumlampen betreibt Gustav Ewald seit 1955 einen der kuriosesten Trödelläden, den es in Deutschland gibt (Bronnbachergasse 33, Würzburg). Kurios nicht nur deshalb, weil er sich auf einzigartige Weise mit dem Chaos arrangiert hat, das ihn umgibt, sondern vielmehr auch wegen der Erfolgsgeschichte, die sich – entgegen allem Anschein – dahinter verbirgt. Da Gustav Ewald mit Dochten und Zylindern für Petroleumlampen handelt, die nur ganz wenige Läden führen, ist er einer der Spezialisten seines Fachs in ganz Deutschland. www.petroleumlampen-markt.de

Altehrwürdige Stoffwerke

Bunt wie Oskar Dorbaths Laden ist auch die Vielzahl der Begriffe, mit der der Inhaber zu tun hat, als da wären: Achselquasten, Litzen, Hutschlingen, Schärpen, Tressen, Troddeln, Borten und vieles mehr. Als Würzburgs letzter Posamentier fertigt Oskar Dorbath in einem prächtigen Laden (Karmelitenstr. 33, Würzburg) altehrwürdige Stoffwerke aus Seide, Baumwolle, Leinen und verschiedenen Zwirnen, die zum Teil noch mit echtem Gold- und Silbergespinst umwickelt werden. Besonders Kirchen, Theater, Studentenverbindungen und Restauratoren schätzen seine Arbeit und versorgen ihn mit Aufträgen. Aber sogar die Würzburger Schmuckherstellerin Eva Maisch hat den Handwerkskünstler schon in ihrer Galerie präsentiert. www.dorbath.de

Abschweifungen

Plötzlich sind sie da: kleine, außergewöhnliche Läden mit originellen Ideen. Menschen, die gestalterisch und oft unter freiwilliger Selbstausbeutung etwas ausprobieren, besetzen abseits des Mainstream erfolgreich eine Nische. Die Zeit ist reif für Neues.

Das Kleid des Tages

Der Ausdruck „Unter die Haube kommen" verrät viel über den vorherrschenden Stil der Brautmode. Wenig bis gar nichts haben damit Claudia Schnabels vergleichsweise puristische Entwürfe aus Seide und Naturmaterialien zu tun. In ihrem Laden „Cees" (Sanderstraße 5, Würzburg) entstehen in Maßanfertigung schlicht elegante Braut- und Abendkleider, die auch in vielen Jahren noch schön sind. Die Designerin führt, passend dazu, betont femininen Kopfschmuck: „Fascinators" und „Headpieces", hergestellt von Stephanie Grousset.
www.cees-fashion.de

Mode mit Köpfchen

Der Hut hat endgültig seinen Weg zum frei gestaltbaren Schmuckobjekt gefunden. Aus feinem Exotenstroh (Sinamay), fertigt die Würzburger Modistin Stephanie Grousset reizende „Fascinators" und „Headpieces", die sie mit hauchdünnen Coq-tips (Kielen von Hahnenfedern) und Biotsfedern, die sich wunderschön drehen lassen, ausarbeitet. Eine Auswahl der Unikate, Kleinstserien und individuellen Kreationen, die unter dem Label „marie-bibi" laufen, findet sich bei „Cees", Würzburg.
Shop bei www.dawanda.com

Farbe und Lebensfreude

Langlebige Kleidung, die nicht mit der nächsten Saison schon wieder ausrangiert wird, ist gerade bei Kindermode keine Selbstverständlichkeit. Wo andere aufhören, fängt Susanne Wortmann erst an. Die Textildesignerin aus Reichenberg, die ihr Unternehmen schlicht „die Wortmann" nennt, fertigt aus zertifizierten, hochwertigen Stoffen farbenfrohe Mützen, Oberteile, Pumphosen und Röcke für Kinder und Frauen. Auf ihrer Homepage oder einer ihrer Märkte können Suchende fündig werden.
www.die-wortmann.de

Altes wird neu

Aus alten Stoffen, die neu und ungewöhnlich kombiniert werden, entstehen bei Anne Salwiczeks „Fingerhut" (Erthalstr. 44, Würzburg) entzückende Kleidungsstücke. Im Stofflager türmen sich Bettwäsche, Tischdecken, Kleidung … das meiste aus natürlichen Materialien. Manchmal wurden hier auch komische Dinge wie ein Vorhang, ein Sesselüberzug oder ein Feuerwehrschlauch genäht. Das Steckenpferd der Inhaberin und ihrer Mitarbeiterinnen aber sind schöne und gemütliche Kleider für junge Frauen.
www.derfingerhut.de

Langeweilefreie Zone

Julia Bruns und Manuela Wahler lieben und gestalten Handgemachtes, das aus dem Rahmen fällt. Und sie verbindet der Wunsch, zu zeigen, was junge Produzenten aus der ganzen Welt drauf haben. Aus beider Neigungen wurde „Herr Pfeffer" (Obere Johannitergasse 10, Würzburg) geboren. Während beim „Pfeffer" die kleine Form überwiegt – Tassen, Taschen, Kleidung, Drucke – , werden bei „Frau Salz" (Burkarderstr. 9, Würzburg) alte Möbel aufbereitet und bemalt. So viele bunte nette Ideen kommen hier zusammen, dass es nie langweilig wird. Jeden Monat stoßen Neuheiten dazu.
www.herrpfeffer.de

Wunderkämmerchen alternativ

Mit Zeychen&Wunder (Sanderstr. 31, Würzburg) setzt Thilo Wolf einen Kontrapunkt zu verkaufstechnisch durchstrukturierten Geschenkeläden und hat mit der Produzentengalerie eine eigene Design-Welt geschaffen: eine wildbunte Versammlung charmanter Skurrilitäten und stilvoller Accessoires. Es sind Produkte von jungen Minilabels und handgemachte Artikel, oft mit einem gewissen Witz, sowie hinreissende Ideen, die hier sofort ins Auge springen. Von der ersten Stunde an dabei sind „Upcycling Produkte", z.B. ausgemusterte Vinyl-Platten, die jetzt als Teller und Wanduhren dienen, und natürlich seine eigenen Bilder und Drucke.
www.zeychenundwunder.com

Schick bestickt

Pailletten, Knöpfe, Perlen und Borten – alles, was sich besticken lässt, ist ihre Sache. Die Designerin Inken Weise verarbeitet die eigens angefertigten Applikationen mit Stoffen zu Halstüchern, Taschen und Gürteln, stickt sie auf Stolen, Kissenbezüge und Korsagen. Jedes Objekt ist ein handgefertigtes Einzelstück, das viel Liebe zum Detail verrät. 2012 eröffnete die Designerin in Karlstadt ihren eigenen Laden: „schick bestickt" (Schnellertor 11, Karlstadt).
www.inken-weise.de

Jersey-Interpretationen

Jörg Ehrlichs und Otto Drögslers Ansatz ist so einfach wie konsequent: Jersey für alle Lebenslagen. Das weiche und pflegeleichte Gewebe aus Seide, Cashmere, Wolle oder Baumwolle ist prädestiniert für alltagstaugliche und raffinierte Kleider, die Frauen jeden Alters tragen können. Neben der Jersey Kollektion entstehen unter dem Label „Odeeh" auch gemusterte Tücher mit überlagerten Drucken, die auf Vintage-Modelle zurückgehen. Die Senkrechtstarter Ehrlich und Drögsler, einst kreative Doppelspitze bei René Lezard, wollen mit ihrer Firma nach eigener Aussage weiter wachsen, aber nicht in Strukturen kommen, die sie lähmen. Sehr sympathisch.
www.odeeh.com

„Café mit Hund"

Das Café Rudowitz (Sanderstr. 10a), wegen Hunde-dame Emma auch „Café mit Hund" genannt, ist für die Sanderstraße Gold wert, ob vor oder nach einer Tour durch das studentenbewegte Viertel. Gemütliche Wohnzimmer-Atmosphäre, Retro-Schick und alter Trödel versüßen den Aufenthalt. Der Inhaber Oliver Rudowitz verwendet für seine Snacks und den haus-gebackenen Kuchen keine Fertigprodukte und setzt häufig Bio-Waren ein. Öffnungszeiten: 7 Uhr bis 18 Uhr, Samstag und Sonntag von 9 bis 18 Uhr. www.cafe-rudowitz.de

Schön, schöner, René

Morgens wirkt das „Café zum schönen René" am Würzburger Bahnhofsvorplatz friedlich. Für einen Drink ist es für die meisten noch zu früh. Wenn sich aber abends der wildbunte Pavillon füllt und der DJ auflegt, erledigt sich manche Getränkefrage von selbst. Denn dann ist hier kein Durchkommen mehr. Gute „Locations" zum Tanzen und Abhängen sind in Würzburg gefragt. Der „schöne René" (Gründer: Bene Schmidts) hat den Nerv getroffen. Öffnungszeiten: Montag bis Mittwoch 11 – 1 Uhr, Donnerstag bis Samstag 11 – 3 Uhr.

Gebackene Waffel mit Frischkäse und Marmelade

von Oliver Rudowitz, Café Rudowitz

Zutaten:

250 g weiche Butter
50 g Zucker
2 Vanillin-Zucker
6 Bio-Eier
500 g Mehl
1 Backpulver
500 ml Vollmilch

Die Butter mit dem Zucker und dem Vanillinzucker schön weich rühren, dann die Eier einzeln zufügen und verrühren.
Abwechselnd Mehl mit dem bereits untergerührtem Backpulver und Milch zufügen. Den fertigen Teig ein paar Minuten ruhen lassen, bevor er im Waffeleisen verarbeitet wird.
Für den Belag – schlicht, aber sehr lecker – die Waffel mit Frischkäse bestreichen und obendrauf einen guten Klecks hausgemachte Himbeermarmelade geben. Schmeckt sehr, sehr gut.

Maßlos

In der Koellikerstraße überrascht ein Eingangsschild, das dort niemand vermuten würde: Anne Boenisch – couture-werkstatt! Ein Maßatelier für Damen verbirgt sich hinter dem Namen, in dem nach alter Schule hochwertig gearbeitet wird.

Einen ersten Eindruck des Handwerks gewähren die Modelle, die in den hoch gelegenen Sprossenfenstern ausgestellt sind. Ein unscheinbares Klingelschild neben der Tür versetzt ein bisschen in frühere Zeiten, wo noch keiner an konfektionierte Waren in riesigen Schaufenstern gedacht hat und es zum guten Ton gehörte, eine eigene Schneiderin zu haben. Gerade diese vermeintlich vergessene Tradition lässt Anne Boenisch in ihrem Atelier aufleben und kann somit ihren Kundinnen eine besondere, einzigartige und vor allem eine auf die Person zugeschnittene Mode anbieten. Zu Beginn entsteht im regen Austausch mit der Kundin ein Entwurf des Modells, der nach Anproben gegebenenfalls weiterentwickelt wird. Zum Entwurf gehört elementar der Stoff, da Struktur, Beschaffenheit und Material eben diesen trifft oder ihn auch zum Kippen bringen kann. Die Liebe zu Stoffen, die Anne Boenisch aus aller Welt bezieht, führt zu einer außerordentlichen Auswahl, aus der die Kundin schöpfen kann, und somit sind der Umsetzung

Anne Boenisch
Couture-Werkstatt
Koellikerstraße 5
97070 Würzburg
Tel. 0170 / 7979189
info@
couture-werkstatt.de

Termine nach
Vereinbarung

einer Idee so gut wie keine Grenzen gesetzt. Klassische Qualitäten wie Cashmere, Seide, Tweed, Leinen, Spitze, Batist gehören genauso zum Repertoire wie auch innovative Materialien, die von Micro über Stretch bis hin zu Technichals reichen.

Das i-Tüpfelchen im Atelier sind die kleinen Dinge, die ein Ensemble immer wieder neu interpretierbar machen: Die Handwerksmeisterin bietet neben dem angefertigtem Modell auch die passenden Accessoires wie handgearbeitete Schals, Tücher, Handtaschen, Gürtel oder Dinge an, die erst noch bei der Anfertigung des Ensembles entstehen.

Für noch unentschlossene Frauen sind im Atelier auch aktuelle prêt-à-porter-Modelle unter „maßlos by anne boenisch" zu sehen, die anprobiert werden können, um so eine konkrete Vorstellung zu haben, wie das spätere Modell aussehen kann – so kann ein sanfter Einstieg in die heute selten gewordene Maßarbeit gelingen. Die Atelierarbeit steht somit für wahre Exklusivität und Kreativität, die Anne Boenisch mit viel Liebe zum Detail im Sinne der Kundin umsetzt.

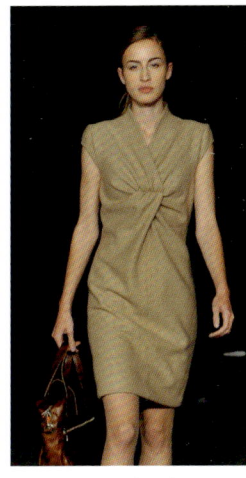

Anne Boenisch (links) stellt neben Auftragsarbeiten auch eigene Entwürfe her, vom Alltagsstück bis zum Abendkleid.

Stoffe für Erzählungen

In der Modebranche zählt nicht nur die Idee, sondern auch das, was ein Unternehmen mit seinen Produkten erzählen kann. DRYKORN kann einiges erzählen …

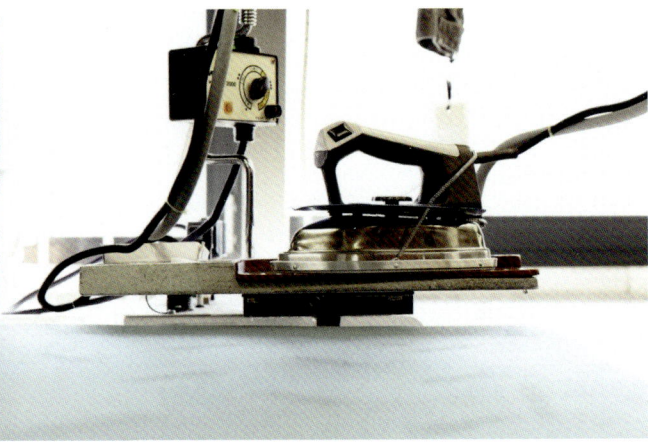

DRYKORN
Rudolf-Diesel-Str. 1a
97318 Kitzingen
Tel. 09321 / 300 30
www.
drykorn.com/shop

DRYKORN Outlet
Max-Planck-Str. 3
97318 Kitzingen
Tel. 09321 / 300 388
www.drykorn.com
info@drykorn.com

Öffnungszeiten
Outlet:
Donnerstag
13 – 19 Uhr
Freitag   13 – 19 Uhr
Samstag   10 – 16 Uhr

… von der Erfolgsgeschichte des Firmengründers Marco Götz, der als Industriekaufmann bei René Lezard gelernt hatte, 1996 mit nur einer Stoffhose für Herren seine Karriere begann und heute ein Unternehmen mit zweistelligem Millionenumsatz leitet; von der „Vision" mit hochwertiger, aber bezahlbarer Kleidung eine Nische zu besetzen. Das meiste verraten jedoch die Produkte selbst. Dank ihrer Vielseitigkeit lässt sich DRYKORN in keine Schublade stecken.

Mode spiegelt langfristige Entwicklungen wider – je besser es der Wirtschaft geht, desto aufreizender und raffinierter ist der Look, siehe 1960er Jahre, in Krisenzeiten gewinnen Werte wie Klassik und Handwerk an Bedeutung. Bei DRYKORN trifft eine progressive, weltoffene Haltung auf eine bodenständige Philosophie: „Wir stecken unser Geld hauptsächlich in das Produkt. Marketing und Werbung spielen dagegen nur eine untergeordnete Rolle", sagt Marco Götz. Der Firmensitz in der Kleinstadt Kitzingen fördere die Konzen-

tration, da die Mitarbeiter hier nicht von tausend Dingen abgelenkt werden. Auf Stoffmessen in Paris und München lassen sich die Designer inspirieren. In Kitzingen wählen sie aus dem Fundus aus und legen die Farbstimmungen der Kollektion fest. Die Produktmanager stehen mit Leidenschaft hinter ihrer Aufgabe, dem Entwerfen neuer Kombinationen. Die Entwürfe richten sich nach wechselnden Themen, die den Händlern wiederum Stoff für Erzählungen liefern. „Swinging Sixties" lautet ein Thema der Damen-Frühjahr/Sommer-Kollektion 2013. Bei der Männerkollektion werden Elemente der 50er bis 70er Jahre aufgegriffen.

Das komplette Sortiment umfasst längst mehr als nur eine Hose. Von der Jeans bis zum Anzug, von der sportlich-lässigen Freizeitkleidung bis zur klassischen Abendgarderobe, jeweils 600 Teile pro Kollektion, für Frauen wie Herren – mehr möchte Marco Götz der Sorgfalt wegen nicht herstellen. Der Stil lässt eine Handschrift erkennen. Eher schlanke Schnitte und

Mit Sinn für sorgfältige Arrangements – die DRYKORN-Familie mit Unternehmensgründer Marco Götz (vorne Mitte).

begradigte Schultern sind charakteristisch. Dabei verzichtet man bewusst darauf, den Firmennamen – ein Kunstname ohne besonderen Hintergrund – auffällig auf der Kleidung zu präsentieren. DRYKORN präsentiert sich somit als Designermarke für Individualisten. Diese unterstützt die Menschen in ihrer Persönlichkeit, ohne ihnen die eigene Markenpersönlichkeit aufzudrängen.

Wie hochwertig der Hersteller arbeitet, offenbart ein Blick in die Lagerhalle. Stoffe, Knöpfe, Reißverschlüsse, Schnallen und zig weitere Materialen reihen sich in bunter Vielfalt aneinander. Die Liebe zum Detail kommt in der Machart der Produkte zum Ausdruck. Auf schöne Stoffe lässt man sich besonders gerne ein. Auch auf langjährige Kontakte zu Geschäftspartnern. DRYKORN arbeitet heute noch mit den Agenturen und Händlern aus der Anfangszeit zusammen. Auch da ist das Unternehmen seinem Stil treu geblieben.

Geschmackvoll tafeln

Silber und die Tafelkultur in der Würzburger Residenz

von Heiko Braungardt

Die ehemals fürstbischöfliche Residenz zu Würzburg zeugt auch heute noch vom Glanz und der Pracht barocker Feinsinnigkeit.

Wenn man durch die Säle und Räume wandelt, kann man sich noch immer an den großartigen Raumdekorationen erfreuen, jedoch vermisst man schmerzlich eine repräsentative Tafel, ein Schaubuffet oder Gegenstände des täglichen Lebens. All diese Dinge gingen im Zuge der Säkularisierung weitgehend verloren, Inventarlisten geben allerdings Auskunft über deren einstigen Umfang.

So bewahrt das Staatsarchiv Würzburg Verzeichnisse der Hofsilberkammer auf, in denen „samtliche bey der Hochfürstlichen Hofhaltung befindliche Pretiosen, Gold= und Silber=Geräth" aufgeführt worden sind. Ein Großteil dieser Silberstücke wurde in Augsburg in Auftrag gegeben. Wie das Gebrechenprotokoll des Jahres 1784 berichtet, gingen an die Würzburger Silberschmiede nur kleinere Arbeiten, da sie „aus Abgang deren Arbeiter und des Verlags grösere Sorten Silber waaren, als Aufsätzen nach Rissen etc. zu fertigen nicht imstandt" waren. Nach Angaben des Hofkammerprotokolls des Jahres 1765 wurde seitens des Würzburger Fürstbischofs Adam Friedrich von Seinsheim mit dem Augsburger Silberhändler Michael Rauner ein Vertrag über die Fertigung und Lieferung eines Tafelservices à 40 Couverts „nach der heütigen neüen Façon" abgeschlossen, da das „hisige silber Tafel-Service durch dessen bisherigen langen Gebrauch ohngemein dünn und abgerieben, auch sehr ohnscheinbar zu werden anfange." Zu dessen Finanzierung beabsichtigte man, wie das darauf folgende Protokoll erwähnt, das „ohnehin in denen Kisten Versteckte und gäntzlich ausser Gebrauch gekommene alte Hof-Silber" einzuschmelzen. Zwar hatte man zunächst erwogen, einige gut erhaltene Stücke an Privatleute zu veräußern, da aber „die fürstl. Wappen darauf gestochen, [schien es] nicht wohl schicklich [zu] seyen, auch allerdings der Ehre des Hofs zuwider [zu] lauffen, solches unter frembte Hände kommen zu lassen."
Für die stolze Summe von über 23.692 rheinische Gulden, die das Einschmelzen des „entbehrlichen"

Silbers einbrachte, erstand man 8 große und kleine Suppentöpfe, 76 Schüsseln unterschiedlichster Größe und Form, 52 passende Glocken, 6 Zitronenkörbe, 4 Essig- und Ölgestelle, 12 Dutzend Teller, je 8 Dutzend Messer, Löffel und Gabeln, 24 Salzfässer, 8 Saucieren, 24 Ragoutlöffel, 4 Flaschenkörbe und 48 Tafelleuchter.

Ausstattung im Mittelpunkt

Aus einem Brief Seinsheims geht hervor, dass das Silber „nach der itzigen façon seyn, wie man à la françoise servirt" gefertigt werden sollte. Diese, im 17. und 18. Jh. übliche Form des Servierens bedeutete, dass die Speisen in der Mitte der Tafel standen und die Gäste sie sich gegenseitig zureichten. Dadurch erklärt sich die hohe Anzahl an Schüsseln, die zur Aufnahme der unterschiedlichsten Gerichte angeschafft worden waren. Sie bildeten neben den Tafelleuchtern und Girandolen den Mittelpunkt der herrschaftlichen Tafel. Gegen Ende des 18. Jh. setzte sich das „Service à la Russe" durch, bei dem die Speisen nicht mehr gleichzeitig auf dem Tisch standen, sondern nacheinander gereicht wurden. Die Tafelmitte wurde somit frei für Tafelaufsätze, die mit Früchten, Konfekt oder (Seiden-)Blumen gefüllt waren.

Diesem, nach Rissen und Modellen gefertigten, im Juli 1766 gelieferten Silber, folgte drei Jahre später ein weiterer Auftrag. Erneut wurde mit Michael Rauner ein Accord abgeschlossen, der diesmal die Lieferung eines 30 bis 36 Couverts umfassenden Tafelservices „zum täglichen Gebrauch" vorsah. Wie das Hofkammerprotokoll des Jahres 1776 berichtet, stand das Raunerische Haus in den folgenden Jahren „nicht mehr in solchem Flohr", und so wurde der Augsburger Silberschmied Georg Ignatz Bauer u.a. damit beauftragt, drei „goldene Mund-Besteck, jedes in einem Löffel, einer teütsch- und einer französischen Gabel, einem Messer, einem Marck-Löffel und einem Gewürz-Büchsel" in je einem „mit grünem Sammet gefütterten Futteral" zu liefern. 1790 ging ein letzter großer Auftrag an Augsburg. Wie dem Hofkammerprotokoll dieses Jahres zu entnehmen ist, fertigte Georg Ignatz Bauer für den stolzen Preis von 14.750 rheinischen Gulden 24 Schüsseln unterschiedlichster Art samt Deckeln und 15 Dutzend Teller, die ihrerseits allein schon mit 10.200 rh. Gulden zu

Eines der ehemaligen drei goldenen Bestecke, die
1776 vom Augsburger Silberschmied Georg Ignatz
Bauer für Adam Friedrich von Seinsheim angefer-
tigt wurden. Ein jedes bestand in einem „Löffel,
einer teütsch und einer französischen Gabel, einem
Messer, einem Marck-Löffel und einem Gewürtz-
Büchsel". Heute wird das Besteck in der Münchner
Schatzkammer aufbewahrt.

Buche schlugen. Bei diesem Auftrag, der
anlässlich des Kaiserbesuchs Leopolds II.
im Oktober 1790 erfolgte, wurde mit Georg
Stephan Dörffer erstmals auch ein Würzburger Silberschmied einbezogen, „damit
auch ein Theil dieses Verdienstes unter der
Bürgerschaft bleibe".

Durchsucht man das Hofsilberinventar
von 1797, so fällt auf, dass unter dem
„silbernen Staats Tafel Service" lediglich
kleinere Dinge wie Pomeranzen- und Zitronenkörbe, Ragoutlöffel, Zuckerbüchsen,
Senfpötte oder Kredenzteller aufgelistet
worden sind. Das „silberne ordinaire Tafel
Service" nennt die Objekte, die 1766 von
Rauner und später dann, 1790, von Bauer
und Dörffer angefertigt worden waren.
Daneben standen für die Desserttafel u.a.
96 „fein vergolde Confect Besteke mit
Elfenbeinernen Griffen" nebst passenden
Obstmessern, sowie 66 „Confect Messer
mit porzellainen Heften mit Silber gefast"
samt ergänzenden Gabeln und Löffeln zur
Verfügung. Man besaß 10 silberne Kaf-
feekannen, 12 Teekannen, 5 Milchkannen
aber nur 3 Kakaokannen. Bei Hof zählte
man 218 Tafelleuchter, 47 Girandolen und
60 kleine Spielleuchter sein Eigen.
Neben dem repräsentativen Silber verzeich-
nete das Inventar noch etliche „silbern und
ver-goldte Lichtscheeren", „silbern Schreib-
zeuge, -Zimmer Schellen, -Rauchpfannen,
und Barbier=Zeug".
Die vier, 1776 von Bauer gelieferten
„silbernen Nachts=Pots" wurden ebenfalls
vermerkt. Sie waren als Ergänzung zu
zwei vorhandenen, inwendig vergoldeten
gearbeitet, „wovon eines mit einem gravierten Kreuz gezieret, das andere aber an
der Vergoldung sehr abgenuzt" war. Auch
diese gingen, wie das andere Silber, bei der
Säkularisierung 1803 verloren. So bleiben
nur die Inventare und Vergleichsstücke
in Museen, um sich einen Eindruck vom
ehemaligen Glanz am Würzburger Hof zu
machen.

Luxus mit warmem Glanz

Jedes handwerklich hergestellte Objekt strahlt als Unikat Einzigartigkeit aus. Manche sind jedoch noch etwas einzigartiger. Und über einige kann man ins Staunen geraten. Die Werkstatt von Markus Engert ist vertraut mit verschiedenen Formen des Individuellen.

Schmuck, Tafelgerät und sakrale Kunst sind bei Markus Engert in guten Händen. Im Bild (v. li.): Ring, Gelbgold, Rubellit; Brosche/Anhänger, Gelbgold, Brillant; Bierkrug, Sterling-Silber; Collier, Weißgold, Tansanit.

Markus Engert
Domstr. 18
97070 Würzburg
Tel. 0931 / 51537
www.markusengert.de
info@markusengert.de

Öffnungszeiten:
Montag bis Freitag
9 bis 13 und
14 bis 18 Uhr
Samstag
10 bis 14 Uhr

Vom luxuriösen Ring über edles Tafelgerät mit Design-Anspruch bis zur Restaurierung bedeutender Kirchenschätze reicht das Spektrum der Arbeiten – die zehn Mitarbeiter starke Werkstatt ist mit diesem Erfahrungsschatz deutschlandweit ein Ausnahmebetrieb.

Bereits der Würzburger Silberschmied Georg Stephan Dörffer (1771-1824) unterhielt im selben unscheinbaren Haus der Domstraße eine renommierte Werkstatt. 1962 legte Markus Engerts Vater hier den Grundstein für das Familienunternehmen. Mit der Restaurierung sakraler Kunst kam der Handwerker zu Ansehen. Inzwischen machen Aufträge der Kirche weniger als die Hälfte des Tätigkeitsfeldes aus, die Reputation ist dank Großprojekten wie der Domschätze von Fulda, Limburg, Regensburg und Würzburg allerdings kaum zu überschätzen, eine „große Ehre" nennt Markus Engert diese Aufgabe. Ausgeführt werden die Arbeiten teilweise vor Ort mit einer mobilen Werkstatt. Die Mitarbeiter verfügen über viel Spezialwissen, bei-

spielweise in der Feuervergoldung, eine alte Technik, bei der sich das Gold im Unterschied zur Galvanisierung fest mit dem Untergrund verbindet. Rotgold ist ein Material, das Markus Engert wegen seiner warmen Farbe sehr liebt, vor allem in Kombination mit einer strengen Form. Eine gewisse Aura und Tiefe strahlt auch das Tafelsilber aus, das beim Einsatz aber nicht mit Samthandschuhen angefasst werden muss. Der Umgang kann etwas Selbstverständliches haben.

Die Form gibt dem Genuss einen anregenden Rahmen, verschafft ihm einen stimmigen Auftritt, ähnlich wie ein Schmuckstück. Für den hochwertigen Unikatschmuck verwendet Markus Engert nur natürliche Steine, 18-karätiges Gold oder Platin. Ein Diamant ist sowohl für ihn als auch bei seinen Kunden der beliebteste Edelstein. Er glänzt immer, auch in noch so kleinem Format. „Als oberster Luxus ist Schmuck kein Artikel, der beliebig oft reproduziert werden kann", sagt Markus Engert. Bei seinen Einzelanfertigungen geht es ihm

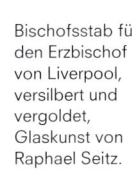

darum, „schöne Materialien mit einer akkuraten, präzisen Verarbeitung in Übereinstimmung zu bringen, und das passend zum Träger". Die Form ist oft reduziert, aber nicht minimalistisch. Modern, aber nicht modisch. Details bringen Spannung in das Objekt.

Markus Engert vereint viele der geforderten Fähigkeiten in einer Person. Er ist nicht nur Gold- und Silberschmied, sondern auch Sachverständiger für Edelsteine und Diamanten. Eigenproduktionen von ihm lassen sich in einigen Museen besichtigen, ein Teeservice im Bauhaus-Design findet sich im Hamburger Museum für Kunst und Gewerbe. Die Erfahrung der Werkstatt ist gelegentlich sogar im europäischen Ausland gefragt. Für den Erzbischof von Liverpool fertigte sie zum 50-jährigen Priesterjubiläum einen silbernen Stab. 2012 feierte die Werkstatt ihrerseits 50-jähriges Bestehen. Mit Sicherheit ein goldenes Gefühl.

Individualität statt Reproduktion – Markus Engert

Bischofsstab für den Erzbischof von Liverpool, versilbert und vergoldet, Glaskunst von Raphael Seitz.

Die klare Linie

Freude am Genuss und Freude an der Inszenierung begleiten
Josephine Lützel bei ihrer Arbeit. Die Silberschmiedin gestaltet
silbernes Tafelgerät für den Alltag und für den Festtag und
gibt Gebrauchsobjekten wie einer Kanne, einem Becher, einem
Leuchter eine außergewöhnliche Ausstrahlung.

Josephine Lützel
Mauritiusplatz 12
97286 Winterhausen
Tel. 09333 / 8168
www.jo-luetzel.de
jo.luetzel@web.de

„Sie können die Teekanne ruhig in die
Hand nehmen", sagt sie dem Besucher,
der die elegante Kanne von allen Seiten
betrachtet. Ihre Arbeiten stellen nicht nur
Schauobjekte dar. Der Gebrauch steht im
Vordergrund. „Kein Mensch schafft sich
heute ausschließlich alles in Silber an. Es
sind eher Lieblingsstücke oder viel benützte
Accessoires, die gefragt sind. Eine passi-
onierte Teetrinkerin möchte eine schöne
Kanne, die sie über Jahrzehnte begleitet,
ein leidenschaftlicher Koch sucht eine
Pfeffermühle, die in der Küche wie auch auf
dem Tisch perfekt funktioniert."
Geboren in Hamburg, aufgewachsen in
Düsseldorf, ließ sie sich an der Staatlichen
Berufsfachschule für Glas und Schmuck in
Kaufbeuren zur Silberschmiedin ausbil-
den. 1994 eröffnete sie ihre Werkstatt in
Winterhausen, direkt am Mainufer. Die
alten Balken tragen die Hochwassermarken

von Jahrhunderten. Heute ist die Atmosphäre geprägt durch Werkzeuge, Hämmer
und Formeisen, nur wenige Maschinen.
Modelle aus Papier und Karton fallen ins
Auge, sie zeigen einen Entwicklungsschritt
zwischen Idee und fertigem Objekt.
Die Auseinandersetzung mit Form und
Proportion steht im Vordergrund von
Josephine Lützels Arbeit – immer begleitet
von dem Gedanken an die Funktion des
Stückes. Von der Idee bis zur handwerklichen Ausführung liegt alles in ihrer Hand,
während des gesamten Arbeitsprozesses ist
sie offen für Änderungen und Verfeinerun-
gen. So entstehen Objekte, die nicht nur
durch ihr Äußeres überzeugen, sondern
auch im täglichen Gebrauch durch ihre
perfekte Handhabung begeistern.
Ihre Formensprache ist schlicht und zeitlos,
ihre kostbaren Tafelgeräte schmücken
jeden Tisch: im Alltag, bei besonderen
Anlässen und sicher über Generationen
hinweg.
„Oft fühle ich mich als Grenzgängerin zwischen angewandter Kunst und freier Kunst.
Es gibt Gegenstände wie Vasen oder Schalen, die ein Arbeiten fast unabhängig von
der Funktion zulassen. Hier kann ich eine

Geschmackvolle
Gestaltung, links unten:
ein attraktives Acces-
soire für den Parmesan-
Liebhaber, rechts: zeitlos
schöne Teekanne mit
Zuckerdose.

Form in allen ihren Varianten durchspielen und ausloten." Auch die zwei Karaffen, die das Mainfränkische Museum Würzburg 2009 angekauft hat, bestechen als Skulptur und Gebrauchsobjekt.

Öffnungszeiten gibt es nicht in der kleinen Werkstatt in Winterhausen – deshalb ist es besser, telefonisch einen Besuchstermin zu vereinbaren. Der Vertrieb läuft über Ausstellungen und Messen für zeitgenössische angewandte Kunst im In- und Ausland. Außerdem werden die Arbeiten in verschiedenen Galerien präsentiert. Im Sommer aber, wenn die Tür zum Atelier offensteht, um warme Luft in die dicken Gemäuer zu lassen, dann kommen auch

Spaziergänger oder Mainradler und schauen gerne, was in der Werkstatt zu sehen ist. So wird das ein oder andere Stück manchmal auch per Fahrrad aus dem Urlaub mit nach Hause genommen.

Josephine Lützel kann stolz sein auf ihre Leistung. Ihre Arbeiten wurden mehrfach ausgezeichnet, unter anderem mit dem Bayerischen Staatspreis 2007. Preise spornen an. Die größte Motivation schöpft die Künstlerin jedoch aus ihren gestalterischen und handwerklichen Fertigkeiten. „Vielleicht bin ich Silberschmiedin, weil mir Silber genau den Widerstand entgegen bringt, den ich zum Arbeiten brauche." sagt sie. Warum auch immer – Das Werk steht am Ende über der Schöpferin.

Zwei Karaffen (links oben), mit der linken gewann Josephine Lützel 2007 den Bayerischen Staatspreis.
Heute stehen beide im Mainfränkischen Museum, Würzburg. Viele Objekte der Silberschmiedin sind ebenso gut für den Tisch geeignet.
Rechts oben: silberne Dose mit handgravierter Oberfläche, darunter: ein Klassiker, Pfeffermühle und Salzstreuer aus Silber und Ebenholz. In der Mitte: für den glanzvollen Auftritt, der Leuchter mit vier beweglichen Armen, für neun Kerzen.

Schillernder Ideenreichtum

Kunsthandwerk und Schmuck ist eine Leidenschaft von ihr. Literatur und Kino – ein großes Interesse. Kulinarisches? Das auch. Schöne Stoffe? Ebenso. Die Formenvielfalt, aus der Eva Maisch schöpft, ist groß. Sich selbst bezeichnet die Schmuckgestalterin als „Formensammlerin".

Eva Maisch
Schmuck

Sterngasse 5
97070 Würzburg
Tel. 0931 / 16703
www.eva-maisch-
schmuck.de
info@eva-maisch-
schmuck.de

Öffnungszeiten:
Montag bis Freitag
10 – 18 Uhr
Samstag
10 – 15 Uhr

Berufliches und persönliches Interesse fließen zusammen. Schmuckgestaltung erfordert hohe Konzentration. Der Genuss verlangt Aufmerksamkeit und ermöglicht zugleich eine Lockerung. Beides ergänzt sich gut.

Eva Maischs eigene Arbeiten fügen sich in der Regel zu einem Thema. Auf Ketten mit Farbedelsteinen in unterschiedlicher Form liegt ein Augenmerk, auf Broschen mit Sternbildern ein anderer. Die Würzburgerin, die zunächst Sport studierte und ihre Passion für Schmuck 1988 an der Sommerakademie Salzburg entdeckte, ist in ihrer Werkstatt als Schmuckgestalterin nicht allein. Ihr Mann und eine Mitarbeiterin stehen ihr zur Seite. Darüber hinaus arbeitet Eva Maisch für eine Schmuckserie mit der Königlichen Porzellanmanufaktur zu Berlin (KPM) zusammen. „Das bemalte Porzellan hat eine Tradition, die in Ver-

gessenheit gerät. Im Zusammenhang mit einem Schmuckstück interpretiere ich das Material neu", erklärt sie.

Innovative Ideen lassen auch die Dinge erkennen, die sie als Galeristin präsentiert. Das können die federleichten Goldspiralen von Ulla und Martin Kaufmann oder auch Angela Hübels Skulpturenringe sein. Oft sind es Erfindungen, die über die gewohnten Grenzen des Materials hinausgehen, sei es Metall, Keramik, Holz oder Glas. In jedem Fall steckt dahinter Handwerkskunst und individuelles Design, nicht selten von Künstlern und Designern mit internationalem Rang. „Vieles ergibt sich aus persönlichen Kontakten, durch Reisen und einen offenen Blick. Bei der Auswahl lassen wir uns von unserer Lust leiten", führt Eva Maisch aus. „Ausführung, Form und Material müssen stimmig sein."
2004 eröffnete die Gestalterin ihre Galerie in der Sterngasse, mitten im Zentrum, aber ein paar Schritte abseits der Hauptver-

Formensammlerin
Eva Maisch in
ihrer Galerie und
eine Auswahl ihrer
Arbeiten.

kehrsstraßen. Ein Gegenstück zum Filialbetrieb und der vorder-
gründigen Konsumwelt, die viele Innenstädte inzwischen so aus-
tauschbar erscheinen lässt. Drei bis vier Ausstellungen finden jedes
Jahr statt. Sie führen zum Teil hinaus aus dem Atelier. Dreimal in
Folge lud Eva Maisch etwa zu einem „SinnE-vollen" Erlebnis ein,
das Schmuck an außergewöhnlichen Orten zeigte: zuerst in den
alten Gewächshäusern der Residenz, dann in einem Innenstadt-
parkhaus und schließlich in einer Tanzschule. Viel Beachtung
fanden auch die Ausstellungen Grenzwerke 1 und 2, bei denen sie
renommierte Künstler in ihrem Atelier begrüßte.
Die Besucher und Kunden der Galerie sind nach jeder Episode gespannt, welches Kapitel sich als nächstes öffnet. Die Erfahrung und
das Know-how helfen Eva Maisch bei der Umsetzung. Wichtiger
jedoch ist die Motivation: „An erster Stelle steht, die Dinge mit
ganzem Herzen zu tun." Ihr Interesse gilt dem Ganzen, das Pflicht
und Neigung vereint.

Schönheit, Pracht, Geheimnis

Wann etwas Handwerk ist und wann Kunst, ist eine der am häufigsten gestellten Fragen im Hinblick auf Gestaltungsobjekte. Was die Zahl anbelangt, sind Künstler unter den Handwerkern eine Minderheit. Was die Qualität anbelangt, braucht Kunst das Handwerk.

len. Krenek genießt regelrecht die Abfolge der Arbeitsschritte zur Vollendung des Schmuckstücks: Gießen, Walzen, Schmieden, Löten, Feilen, Sägen … jede einzelne Tätigkeit eine sinnliche Erfahrung.

Früher als seine Kollegen drängte es ihn in die Selbstständigkeit. Der gebürtige Schweinfurter brach die Schule schon vor dem Abitur ab und stieg über eine Ausbildung an der Zeichenakademie in Hanau in die Goldschmiedekunst ein. Die Ausstattung seiner Werkstatt in Aub weicht nur wenig ab von der alten Goldschmiedetradition: Werkbrett mit Fell, Mundlötrohr, Schmelze, Walze, Zieheisen, Feilen und Hämmer in verschiedenen Ausführungen und Größen. Glasgefäße zum Abschrecken und Absäuern der Werkstücke.
„Hinter jedem Symbol steht eine andere Wirklichkeit." Diese Aussage von Leonard Boff aus der Kleinen Sakramentenlehre ist der Schlüssel zur Interpretation von Kreneks Schmuckobjekten. Der Betrachter erfasst die verschiedenen Elemente und setzt sie in Beziehung zueinander. Durch assoziatives Erkennen, das heißt die Vergegenwärtigung der Aussage des Symbols

Peter Paul Krenek
Kirchsteige 3
97239 Aub
Tel. 09335 / 997878
www.ppkrenek.de
ppkrenek@t-online.de

Die Goldschmiedeobjekte von Peter Paul Krenek sind mehr als Schmuck: surreale Skulpturen als tragbare Schmuckstücke, handwerklich meisterhaft, mit Akribie und dem Blick für stimmige Formen geschaffen. Als Kunstobjekte faszinieren sie den Betrachter und fordern einen Bezug zur Persönlichkeit dessen, der sie trägt. Kreneks Werke – alles Unikate – sind vom Üblichen, Gewohnten, Erwarteten weit entfernt.

Der handwerkliche Entstehungsprozess beginnt mit dem Legieren des Metalls, um die gewünschte Farbe des Goldes zu erzie-

ergibt sich die eigene innere Geschichte. Der Schmuck zieht in den Bann; er ist Anstoß und Auslöser für vielfältige Deutungen. Nicht von ungefähr ist Kreneks Künstlerlogo das Labyrinth.

Wer eher das Schmückende für sich als Träger sucht, wendet sich den Stücken zu, die durch ihre Klarheit und Präzision auffallen: Ringe, Ketten, Ohrschmuck, Armspangen – Einzelanfertigungen von schlichter Anmut und Größe, unverwechselbar durch das Gespür für Proportion und die Wahl außergewöhnlicher Steine. Überall, wo Peter Paul Krenek sie präsentiert, ob in der eigenen Werkstatt, bei den Kunsttagen in Sommerhausen oder dem dortigen Weihnachtsmarkt, lenken sie die Aufmerksamkeit auf künstlerisch einzigartige, handwerklich herausragende Arbeiten. Und auch da zeigt sich Kreneks Auge für Zusammenhänge, Brüche und Überraschendes.

Schönheit , Pracht , Geheimnis: der Kenner erkennt einen Krenek.

Schmuck mit viel Phantasie, Sinnlichkeit und Feuer.

Linke Seite oben:
Herz, ca. 65x65 mm
Sterlingsilber, Feinsilber, Feingold, Kupfer grün patiniert. Brillanten, Koralle, Granat.

Linke Seite unten:
Ring, Gelbgold, Granat Antikschliff.

Rechte Seite:
Kreuz mit Murano Milefiori (ca. 1910), Sterlingsilber, Gold, Kupfer grün patiniert, Perlen, Granat.
Unten: Ring, Gelbgold, Turmalin Antikschliff.

Zum Leben reichen nicht nur alte Steine

Die Dorf- und Stadtbefestigungen des Würzburger Umlandes lassen sich allein mit einer zeitgemäßen, intelligenten Nutzung als Denkmäler langfristig erhalten

von Klaus Reder

Die Denkmallandschaft rund um Würzburg steht im Schatten des Weltkulturerbes der Residenz von Würzburg. Auch andere Wahrzeichen Würzburgs wie die Festung Marienberg, der Dom, die Marienkapelle, zahlreiche Häuserfassaden und das weithin berühmte „Falkenhaus" am Marktplatz, um nur einige wenige Beispiele zu nennen, lenken die Aufmerksamkeit auf die Stadt. Ein Spaziergang durch die Ortschaften rund um Würzburg lohnt sich nicht nur deshalb, weil diese eine Jahrhunderte alte Bautradition aufweisen, sondern auch, weil die Dorf- und Stadtbefestigungen Kristallisationspunkte (unter-)fränkischer Lebensart sind.

Bei der Besiedlung rund um Würzburg bevorzugte man Lagen am Main. Bei der Auswahl der Siedlungsplätze schienen militärische Belange nicht so wichtig zu sein, sondern vielmehr die organisatorische und verwaltungsmäßige Erschließung des Umlandes. Im Gegensatz zu den Wittelsbachern in Altbayern gelang es weder den Würzburger Bischöfen noch sonstigen Herrschergeschlechtern, ein eigenes geschlossenes Territorium aufzubauen. Dieser Umstand spiegelt sich auch in der Architektur der Ortschaften rund um Würzburg wider.

Burgen und Schlösser

Im Rimparer Schloss Grumbach sind mehrere sehenswerte Museen untergebracht; die Röttinger Burg Brattenstein lädt alljährlich zu den Burgfestspielen ein; die Ruine im Guttenberger Forst und die Überreste der Burg Rabensburg bei Thüngersheim lassen erahnen, welch bedeutende Adelssitze Franken einst prägten.

Türme und Stadtmauern

„Zum Sehen geboren, zum Schauen bestellt." Kaum einer erinnert sich heute mehr an diesen Ausspruch von Goethes Türmer, der trefflich dessen Aufgabe, den Schutz der Stadt, beschreibt. Im Gegensatz zur Residenzstadt Würzburg, die anstelle der Mitte des 19. Jahrhunderts niedergelegten Mauern der Stadtbefestigung ab 1880 mit der Umgestaltung zu einem Ringpark begann, sind außerhalb der Stadt eine Vielzahl von Stadtbefestigungen erhalten. Kaiser Sigismund verlieh 1434 Eibelstadt das Stadtrecht und damit die Erlaubnis,

Das Umland von Würzburg weist eine hohe und vielfältige Dichte an Dorf- und Stadtbefestigungen auf: Von der mit liebevoll gepflegten Kleingärten umgebenen Stadtmauer in Mainbernheim (linke Seite) bis zu imposanten Toranlagen wie dem Rödelseer Tor (oben).

Mauern, Gräben und andere Bauten zur Verteidigung zu erbauen. Noch heute prägen drei Torbauten, aber auch bis zu fünf Meter hohe Stadtmauern mit halbrunden Türmen das Gesicht des Ortes. Das rechtsmainisch gelegene Sommerhausen wurde genauso wie das linksmainische Winterhausen befestigt. In Sommerhausen stehen die zum Teil bis zu sieben Meter hoch aufra-

Das Rathaus in Willanzheim ist schon seit dem 16. Jahrhundert Bestandteil der Kirchenburg. Bei der Erweiterung wurde eine Gade in ein Sitzungszimmer umgewandelt.

genden Mauern bis heute. Das im Jahre 1950 im Turm über dem Würzburger Tor eingerichtete Torturmtheater Sommerhausen hat überregionale Bedeutung, vor allem wegen seiner qualitätvollen Uraufführungen unter der Leitung von Veit Relin. Die historische Stadtbefestigung und ihre Türme waren für eine Vielzahl von Heimatfilmen die passende Kulisse.

Neben der Nutzung von Stadttürmen als Ateliers und der privaten Wohnnutzung sei auch auf die museale Verwendung hingewiesen, wie zum Beispiel die Unterbringung des Deutschen Fastnachtsmuseums im Kitzinger Falterturm oder das geplante „Museum der anderen Art" zur fränkischen Weinkultur im Roten Turm in Iphofen. Kein Reiseführer über Franken kommt ohne eine Abbildung des Rödelseeer Tores in Iphofen aus. Es kann mit Fug und Recht behauptet werden, dass gerade dieses Tor das Bild von Franken nachhaltig geprägt hat.

An der Stadtmauer von Mainbernheim lässt sich ein Stück weit das nachbarschaftliche Leben seit dem Mittelalter, aber auch der Gegenwart Frankens ablesen. Die noch heute genutzten Kleingärten sind Ausdruck eben

Bekannt unter den Türmen ist der markant schief stehende Falterturm in Kitzingen

Unterfranken ist geprägt von Kirchenburgen, die von ihrer Revitalisierung leben: In Willanzheim (S. 173 unten) ist dort ein Sitzungszimmer des Rathauses, in Seinsheim (oben) unter anderem eine Brauerei eingerichtet.

dieser nachbarschaftlich verrechtlichten Gesellschaft, von der Karl-Sigismund Kramer in seiner Abhandlung über Bauern und Bürger im nachmittelalterlichen Unterfranken spricht.

Aber gerade im Tourismus und in der Denkmalpflege werden bewusste Kontrapunkte zur historischen Bausubstanz gesetzt. Die Aktion „Franken – Wein.Schöner. Land." und die aktiven Winzervereine setzen nicht nur auf bauliche Tradition, sondern auf qualitätvolle neue Projekte in der Architektur, die sich z.B. in einer Vielzahl neuer Vinotheken niederschlagen (siehe Beitrag über Weinarchitektur auf Seite 130).

Kirchenburgen

In Franken wurden Städte und Märkte von mehr oder minder starken Mauern oder Gräben geschützt. Dagegen waren die Dörfer den kriegerischen Ereignissen oft schutzlos ausgesetzt. Man wusste sich jedoch zu helfen und so entstanden Kirchenburgen, die den Bauern, deren Vieh und sonstigen Habseligkeiten Schutz boten. Kirchenburgen gehören zu den Besonderheiten in der Baugeschichte Mainfrankens: Ringförmig um die Kirche erbaute Gaden dienten als Vorratsspeicher, aber auch als Schutzmauer bei Überfällen, hinter welche sich die Bewohner flüchten konnten. Am bekanntesten ist die heute als Museum genutzte Kirchenburg in

Mönchsondheim (siehe Seite 184). In Thüngersheim werden die noch vorhandenen Gaden derzeit restauriert und einer neuen Nutzung zugeführt. Die höchste Dichte an Kirchenburgen weisen die Gemeinden im Schatten des Tannenbergs (Landkreis Kitzingen) auf. Die Seinsheimer Kirchenburg beherbergt seit 2002 eine kleine Privatbrauerei, die schmackhaftes und überaus bekömmliches Bier braut und sogar für Hochzeiten eigene Sude kreiert. In der Willanzheimer Kirchenburg dient der Torbau als Rathaus, in den ehemaligen Gaden von Hüttenheim finden stimmungsvolle Weinfeste

statt. Einen ganz anderen Weg ging der Heimatverein von Aschfeld, indem er in die Räume der Kirchenburg ein Museum zur dörflichen Geschichte einrichtete.

Der Bürgerwillen und der Bürgerstolz haben ihre Spuren in der Baukultur Frankens hinterlassen und ihm ein einzigartiges Gepräge gegeben. Durch intelligente, zeitgemäße Nutzungskonzepte konnte die wertvolle denkmalpflegerische Substanz erhalten werden und damit auch ein sichtbares und nutzbares Stück fränkischer Identität, fern von Klischees und Heimattümelei. Gerade die Architektur ist ein nicht zu unterschätzender weicher Standortfaktor, der in unserer globalen Welt den Ausschlag geben kann, ob eine junge Familie im Ort bleibt, oder in eine gesichtslose Neubausiedlung oder die nächste Stadt zieht.

Rimpar hat in seiner imposanten Schlossanlage mehreren Museen Raum gegeben (oben), in Röttingen ziehen die Festspiele auf Burg Brattenstein weithin Gäste an. Im Bild: Konzert mit Konstantin Wecker.

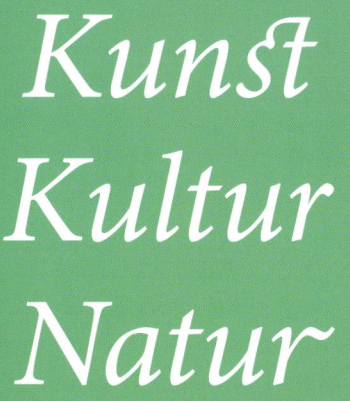

Kunst
Kultur
Natur

Der Meister und Maria

Tilman Riemenschneider und die Rosenkranz-Madonna

von Markus Grimm

Angefangen hat alles mit einem Stück Holz.
„Das", sagte er, „ist es."
Sie hörte diese Worte dumpf, wie durch Watte, es war ziemlich
seltsam. Sie konnte auch nichts sehen, alles war dunkel, als bedecke
etwas ihre Augen. Halb wie ein Traum. Sie versuchte, sich an etwas
zu erinnern: Da war doch was … Eine Linde wird gefällt und
rauscht zu Boden. Aber was hat der Baum mit mir zu tun? Sie kam
nicht drauf, so sehr sie sich auch anstrengte.
Wenig später verspürte sie auf einmal Schläge. Grobe, gewaltsame
Schläge, die ihr auf den Leib rückten. Alles wackelte und zitterte,
sie wurde ganz wirr davon und bekam Angst. Diese Angst war un-
begründet, denn der Mann, der gerade mit schwungvollen Hieben
ans Werk ging, war Meister Tilman Riemenschneider, der große
Bildhauer. Aber das konnte sie nicht wissen, denn sie war noch
nicht geboren. Vorerst war sie nur eine Ahnung und ein Vorhaben.
Man schrieb das Jahr des Herrn 1521.

Jeden Tag ging nun das Geschlagenwerden weiter, und eines Tages
spürte sie etwas Neuartiges, wunderbar Angenehmes. Dort unten,
merkte sie, tat sich was!
„Zuerst die Füße", hörte sie die bekannte Stimme sagen.
Sie beginnt zu begreifen: Jemand arbeitet an ihren Füßen. Sie weiß
nicht, was Füße sind, aber sie weiß, dass sich dort unten alles so
luftig anfühlt, als wäre dort endlich etwas befreit.
Das Wackeln und Geschlagenwerden ging nun immer weiter, Tag
für Tag, monatelang, und das luftige, freie Gefühl erfasste allmählich ihren ganzen Körper. Bis schließlich ein Wunder geschah: Der
dunkle Schleier wurde von ihren Augen weggenommen und sie
konnte sehen.
Zuerst war das ein wenig erschreckend, es war gleißend hell, aber
ihre Blicke gewöhnten sich schnell. Sie erblickte einen weiten
Raum, dessen Wände von hölzernen Balken durchkreuzt waren,
dazwischen Lehmwerk. Große Tische, auf denen allerlei Geräte
lagen: Hämmer, Beitel und Schnitzmesser. Im Hintergrund große
Holzstücke, halb fertige Skulpturen. Eine Werkstatt! Durch die
Fenster drang schräges Abendlicht herein, in den Strahlen flirrte
feiner Holzstaub.
Mitten in diesem Raum stand ein großer, kräftiger Mann mit
dichtem Haar. Er hatte die Hände in die Seiten gestemmt und
schaute mit ernstem, konzentriertem Gesicht zu ihr herüber. Sie
betrachtete ihn mit eigentümlichem Interesse. Sie hatte ihn nie

„Ich bleibe, in dem

zuvor gesehen, und doch kam er ihr bekannt vor. Ging es ihm vielleicht ähnlich? Fast sah es so aus. Prüfend betrachtete er sie, legte den Kopf von einer Seite auf die andere, dann begann er leise zu lächeln und nickte. „Herzlich Willkommen!", sagte er. „Da bist du also!" Leider wusste sie nicht, wie sie diesen Gruß erwidern sollte.

Der Mann schien erfreut. „Jetzt geht es an die Details! Ich erkläre dir, was ich meine: Mit deinen Füßen stehst du auf einer Mondsichel, die muss noch gearbeitet werden; dein Gewand hat noch keine Falten; deine Hände sind noch nicht genau geschnitten; und das Jesuskind auf deinem linken Arm ist vorläufig noch ein grober Holzklotz. Aber keine Angst, wir schaffen das. Danach, wenn wir so weit sind, setze ich dich vor einen Strahlenkranz, lasse sechs Englein um dich herumschweben und bette dich schließlich in einen großen Kranz von Rosen. Und dann – dann bist du eine Madonna im Rosenkranz."

Hatte sie nicht immer schon verborgen in der Linde gesteckt?

Aufmerksam hörte sie zu. „So ist das also", dachte sie, „ich bin eine Rosenkranz-Madonna!" Jetzt verstand sie. Ihre Geschichte fügte sich wundersam zu einem Bild: erst der Lindenbaum, dann die Schläge und endlich eine Madonna. Aber hatte sie nicht immer schon verborgen in der Linde gesteckt? Und dieser Mann dort hatte sie aus dem Holz geholt.

Tilman Riemenschneider, um 1460 in Heiligenfeld geboren, war am Ende seiner Gesellenzeit nach Würzburg gekommen, hatte geheiratet und war zum Bildhauermeister geworden. Er hatte sein Handwerk zu einer Zeit gelernt, als in Deutschland noch die Spätgotik herrschte, in Italien aber schon die Renaissance anbrach. Michelangelo, Leonardo! Auch hierzulande fand die neue Kunstauffassung bald interessierte Freunde, zum Beispiel im nahen Nürnberg den Maler und Grafiker Albrecht Dürer. Doch Riemenschneider blieb bei dem, was er gelernt hatte.

„Für mich", sagte er eines Tages zur Madonna, „ist meine Arbeit ein altehrwürdiges Handwerk." Er sprach

nebenbei, während er mit geübten Bewegungen ein Stecheisen schärfte. „Es geht mir nicht darum, Neuartigkeiten in die Welt zu setzen – wie das zum Beispiel der Dürer macht. Er ist ein Entdecker – ich bin ein Bewahrer. Hm, warum erzähle ich dir das?" Er sah sie an. Sie lächelte.

In den stillen Abendstunden war die Madonna oft mit Meister Tilman allein in der Werkstatt, doch tagsüber wimmelte es hier von Gesellen, die an allen möglichen Werkstücken arbeiteten. Auch an der Madonna. Sie arbeiteten an ihren Gewandfalten, am Rosenkranz, an den fliegenden Engeln. Aber nie an ihren Händen und ihrem Gesicht. Das tat nur der Meister.

Viele Monate waren vergangen, seit sie ihn das erste Mal erblickt hatte. Und eines Abends stand er müde vor ihr und sah sie lange an. Er wirkte glücklich, doch zugleich traurig, es war merkwürdig.

„Du bist vollendet", sprach er langsam.

„Vollendet?", dachte sie. Nach all diesen Monaten! Da verstand sie ihn: Sie fühlte sich plötzlich überglücklich – und zugleich voll rätselhafter Traurigkeit.

„Aus einem Stück Holz hast du dich in eine Madonna verwandelt. Wenn es aber so weit ist …" Er zuckte schmunzelnd mit den Schultern. „Du verstehst: An der Muttergottes kann man nicht herumschnitzen."

Die Wallfahrtskirche Maria im Weingarten liegt unweit des Städtchens Volkach. Nur die Kirche steht dort draußen und ein kleines Mesnerhaus, rings von Weinbergen umgeben. Hier fand die Madonna ihren Platz hoch in der Luft unter dem Chorbogen.

Bei der feierlichen Einweihung fühlte sie sich mit ehrfürchtiger Bewunderung angestaunt, und das machte sie selber ganz ehrfürchtig. Sie wusste ja, dass sie nicht aus eigener Leistung etwas Besonderes war, in ihrem Herzen war sie immer noch eine einfache Linde. Wenn sie darüber nachdachte, fand sie, dass diese Sicht der Dinge gut zu ihr passte, denn sie war eine Darstellung der Mutter Gottes, die ja, soweit sie es verstanden hatte, in einer vergleichbaren Lage gewesen war. Am Abend des denkwürdigen Tages war die Kirche still und dämmrig. Ein alter Duft von Holz, Stein und Weihraucharoma. Da trat jemand herein, stand lange als Schatten in der Tür, kam schließlich näher, sah zu ihr hinauf und schwieg.

„Ein guter Platz", sagte schließlich Meister Tilman und nickte. Dann fuhr er fort: „Mich rufen nun andere Aufträge. Wer weiß, wann ich dich wiedersehe." Sie verspürte den Wunsch, ihm zu danken, aber sie wusste nicht wie.

„Auf bald!", sagte er, wandte sich schnell ab und ging.

„Gott auf den Weg!"

Verdutzt bleibt er stehen, dreht sich langsam um und wirft ihr einen verwunderten Blick zu. Hat sie zu ihm gesprochen? Stumm lächelnd hebt er die Hand zum Abschiedsgruß.

Tage und Nächte kamen und gingen, glühende Sommer, eisige Winter, in wundersamem Regelmaß. Kinder wurden getauft, wuchsen heran, verwandelten sich in Greise und waren eines Tages nicht mehr gesehen. Die Madonna hing unter dem Chorbogen und beobachtete den unablässigen Wandel der Dinge. Anfangs fiel es ihr nicht leicht, alles kommen und gehen zu sehen. Sie spürte oft ein schmerzliches Vermissen. Sie vermisste auch Meister Tilman. Tatsächlich sah sie ihn nur einmal wieder, kurz vor seinem Tod. Sie erkannte den alten Mann erst gar nicht wieder. Was war mit ihm in den letzten paar Jahren geschehen?

„Der Krieg", sagte er und verstummte. Er saß vornübergebeugt in einer Kirchenbank.

Sie hatte von dem Krieg reden hören, vom sogenannten Bauernkrieg. Sie verstand nichts vom Krieg, aber sie kannte seine Wirkungen. Hunderttausend Tote, verwüstete Landstriche und Überlebende mit leeren Gesichtern. Es war schon etwas Unbegreifliches um diese Menschen! Sie schaffen Kunstwerke, sind fröhlich, kommen gepilgert und beten – und dann reißen sie einander in Stücke. Wer soll das begreifen? Tilman Riemenschneider war nicht nur Bildhauer, sondern saß auch mehrfach als Bürgermeister im

Würzburger Rat der Stadt. In dieser Eigenschaft stellte er sich 1525 auf die Seite der gegen den Fürstbischof revoltierenden Bauernhorden – und wurde bitter bestraft. Die Bauern wurden vernichtend geschlagen, die Stadträte monatelang eingekerkert und gefoltert. Riemenschneider überlebte, verlor aber einen Großteil seines Besitzes und sämtliche Auftraggeber. Man begann schon zu seinen Lebzeiten, ihn zu vergessen.

Er tat ihr leid, wie er da unter ihr saß, und sie hätte ihm gern etwas Tröstliches gesagt, aber sie wusste nicht was.

„Mein Leben neigt sich dem Ende", murmelte er. „Und was bleibt?"

Sie wusste aus eigener Erfahrung, dass nichts bleibt, was sollte sie also entgegnen? Vielleicht bleibt aber doch etwas. Ich selbst. Schau mich an, Meister Tilman: erst eine Linde, dann eine Madonna, durch deiner Hände Arbeit. Ich bleibe, indem ich verwandelt werde. Zu schade, dass ich dir das nicht sagen kann …

Er schaute auf, als hätte er etwas verstanden.

Am 7. Juli 1531 starb er. Sie war traurig, aber sie dachte sich: So ein Tod ist doch auch nur eine Verwandlung. Tage, Jahreszeiten und Jahrhunderte sah sie kommen und gehen. Und natürlich gab es auch wieder Kriege und verzweifelte Menschen, dreißigjähriger Krieg, Erbfolgekriege, Weltkriege, es schien unvermeidbar.

„Diese Menschen", dachte sie. „Sie entdecken neue Kontinente, sie erfinden die Eisenbahn und schnurlose Telefone, aber am Ende bleiben sie dieselben, die sie immer waren. Sie suchen das Glück und finden immer nur den Zeitvertreib. Wie seltsam. Dabei ist es doch ganz einfach: Es genügt, im Chorbogen zu hängen."

Dort hängt sie auch heute. Sie beobachtet jeden, der zu ihr kommt. Aber stets mit heiterem Gleichmut. „Weißt du denn auch", fragt sie uns, wenn wir vor sie hintreten, „dass du dich verwandeln musst, um zu bleiben? Schau mich an und lerne etwas über dich selbst."

**Mainfränkisches
Museum Würzburg**

Festung Marienberg
97082 Würzburg

Tel. 0931 / 205940

www.mainfraenkisches-
museum.de

Öffnungszeiten:

Dienstag bis Sonntag
April bis Oktober:
10 – 17 Uhr

November bis März:
10 – 16 Uhr

Von einem Gefängnis zu Riemenschneiders Paradies

„Wo Adam und Eva zuhause sind" steht auf einem Plakat neben den Figuren des ersten Menschenpaars von Tilman Riemenschneider. Tatsächlich entführt die Riemenschneider-Sammlung, die mit dem Plakat beworben wird, die Verehrer dieses spät-gotischen Würzburger Bildhauers ins Paradies.

Nirgends sonst auf der Welt ist das Schaffen des Meisters so umfassend zu sehen: 81 Bildwerke aus Stein, Holz, Alabaster und Pappmaché führen die Vielseitigkeit des Mannes vor Augen, der Skulpturen für Außenfassaden von Kirchen, Grabdenkmäler, Figuren für Flügelaltäre und Kleinplastiken für den privaten Gebrauch fertigte und sogar profane Arbeiten, etwa den Würzburger Ratstisch, erledigte.

Es sind das „sanfte Sentiment" der Werke Riemenschneiders, ihr elegischer Grundton und ihre anmutige Ausstrahlung, die bis heute die Besucher in den Bann ziehen. Sie sind der visuelle Gegenpart zu den stürmischen Zeiten, in denen Riemenschneider lebte. Die Unruhen brachten ihn schließlich selbst zu Fall: Als die aufständischen Bauern sich 1525 Würzburg näherten, gehörte der Bildschnitzer zu den Ratsmitgliedern, die dem Fürstbischof den Waffengehorsam verweigerten. Nachdem der Bischof die Auseinandersetzungen niedergeschlagen hatte, wurde Riemenschneider auf der Festung neun Wochen gefangen gesetzt und erst gegen Strafzahlung in Höhe der Hälfte seines Vermögens frei gelassen. Sein Leben als geachteter Bürger Würzburgs war damit zu Ende. Er verstarb 1531.

Es erscheint wie die Ironie des Schicksals, dass heute ausgerechnet auf der Würzburger Festung, dort, wo der Meister während seiner Gefangenschaft vom „hencker hart gewogen und gemartert" wurde, die Riemenschneider-Sammlung beheimatet und die Verehrung der Werke des Meisters allgegenwärtig ist. Ursprünglich war die Sammlung und mit ihr das 1913 gegründete Fränkische Luitpoldmuseum, 1939 in Mainfränkisches Museum umbenannt, in der Würzburger Innenstadt (Maxstraße) behei-

Kelterhalle mit Zeugnissen fränkischer Weinkultur, Foto: Schnell und Steiner.

matet. Hier wurden die Zeugnisse der Kunst- und Kulturgeschichte des ehemaligen Hochstifts und Bistums Würzburg präsentiert, die seit rund 100 Jahren durch den Historischen Verein für Unterfranken und Aschaffenburg, den Fränkischen Kunst- und Altertumsverein und die Stadt Würzburg zusammengetragen worden waren. Am 16. März 1945 wurden das Museumsgebäude und große Teile der Sammlung zerstört.

Einen Neubeginn initiierte der damalige Museumsdirektor Prof. Max H. von Freeden weitsichtig in Zeughaus, Kommandantenbau und Echterbastei der Würzburger Festung. So nistete sich „Geschichte in Geschichte" ein (Theodor Heuß bei einem Besuch), und in den Räumen des Wahrzeichens der Stadt, hoch über dem Main, kann der Besucher bis heute die Blütezeiten Würzburgs und Unterfrankens anhand exquisiter Sammlungen von internationalem Rang erleben. Ob barocke Pracht und verspieltes Rokoko des 18. Jahrhunderts, ob virtuoses, meisterhaftes Kunsthandwerk, ob graphische Sammlung, Stadtgeschichtliche Abteilung oder archäologische Funde: Die Sammlungen zeigen das Werden einer Kulturlandschaft, deren künstlerisches Vermächtnis sich mit anderen Europa-Regionen durchaus messen kann. Schließlich kam Giovanni Battista Tiepolo 1750 für einen herausragenden Auftrag von der Weltstadt Venedig hierher in das blühende Hochstift – nicht ohne heute auch im Mainfränkischen Museum seine Spuren zu hinterlassen, mit einer Öl-Skizze zum Deckenfresko im Kaisersaal der Würzburger Residenz.
Der Museumsrundgang endet in der „Kelterhalle", einem hohen, lang gestreckten Raum mit Stichkappengewölbe, der ursprünglich

Entwurf zum Deckenfresko im Kaisersaal der Würzburger Residenz, Giovanni Battista Tiepolo, 1750/51, Foto: von der Mülbe.

Linke und rechte Seite: Adam und Eva von der Würzburger Marienkapelle, Tilmann Riemenschneider, 1491 bis 1493, Foto: Ulrich Kneise.

als Arsenal, u.a. zur Aufbewahrung von Kanonen diente und mit der musealen Nutzung zur Ehrung des Frankenweins umgewidmet wurde. Der Wein lässt alle Feindschaft und Waffen sinken! Die hier ausgestellten großformatigen Keltern, die Fässer und Fassböden, die Tische und Stühle aus Trinkstuben, die Sammlung repräsentativer Gläser und Bocksbeutel, die Zunftfahnen, - Pokale und –Zeichen erzählen von der Bedeutung und der Wertschätzung des Frankenweins einst und jetzt, denn die Kelterhalle wird bis heute für Veranstaltungen genutzt, bei denen eines garantiert ausgeschlossen ist: der Bier-Genuss! Zu Ehren des Frankenweins!

Unverfälschter Dorfcharakter

Kirchenburgen sind in Unterfrankens Kulturlandschaft weit verbreitet. Mehr als 20 solcher Bauten zählt man im Landkreis Kitzingen, dem Kerngebiet Weinfrankens. Als besonders gut erhaltene Anlage präsentiert sich die Kirchenburg von Mönchsondheim, die bereits seit den frühen 1980er Jahren museal genutzt wird.

Kleinteilige Strukturen wie hier in Mönchsondheim kennzeichnen das typisch fränkische Dorf. Die Böden sind ertragreich, eine Familie konnte sich lange Zeit von einem kleinen Hof ernähren. Im Bild: die Gaststätte (links) und die Kirchenburg des Ortes.

Nach und nach entstand um den Kirchhof ein Freilandmuseum mit weiteren Einrichtungen, die in unverfälschter Weise zeigen, was ein Dorf in Mainfranken ausmacht. Alle Gebäude stehen an ihrem ursprünglichen Standort inmitten eines lebendigen, kleinteilig strukturierten Dorfes. Die Kirchenburg bildet das Zentrum und zugleich das Schokoladenstück des Museums. Sie war zu allen Zeiten mehr als nur eine Kirche: Sie diente der mittelalterlichen Bevölkerung in Notzeiten als Zufluchtsort. Nach dem 30-jährigen Krieg ging diese Funktion verloren, die Burg wurde aber weiterhin landwirtschaftlich genutzt: oben, in den so genannten Gaden, zur Lagerung von Getreide; unten, in den Kellern, zur Aufbewahrung von Wein und Obst; dazwischen befanden sich Geräte zum Keltern. 1975 gaben die Gadenbesitzer ihr stark renovierungsbedürftiges Eigentum an die Stadt Iphofen ab, um den Weg frei zu machen für eine umfassende Sanierung.

In den Gaden wurden Musterhandwerksstuben eingerichtet, die alte, beinahe vergessene Handwerkstechniken und Beispiele der bäuerlichen Vorratshaltung zeigen.

Der Spaziergang im Museumsdorf gleicht einer Zeitreise. Es gibt das barocke Gasthaus als Zeugnis für die über 200-jährige Tradition des Dorfwirtshauses, zwei Bauernhöfe und einen Kräutergarten, ein Rathaus aus dem 16. Jahrhundert mit Gemeinde-Bäckerei im Erdgeschoss, einen bis heute betriebenen Krämerladen und – besonders beeindruckend für Schüler – eine 1927 erbaute Dorfschule, die bis 1967 genutzt wurde. 2012 kamen eine Milchsammelstelle und Gefrieranlage, beide aus genossenschaftlicher Nutzung, dazu. So schnell ist die jüngste Vergangenheit Geschichte. Das Kirchburgmuseum macht sie nicht nur durch Führungen, sondern auch mit Festen und Aktionen wie Brotbacken und Keltern erlebbar.

Kirchenburgmuseum Mönchsondheim

An der Kirchenburg 5
97346 Iphofen-
Mönchsondheim

Tel. 09326 / 1224

www.kirchenburg
museum.de

kirchenburgmuseum@
kitzingen.de

Öffnungszeiten:
Mitte März bis
1. November:
Dienstag bis Sonntag
und Feiertag
10 – 18 Uhr

5. November bis
1. Advent: Samstag
bis Sonntag
10 – 16 Uhr

Zeugnisse für die ewige Suche nach dem Authentischen

In der Mainschleife, gegenüber von Volkach, liegt Astheim mit dem 1409 von Erkinger und Anna von Seinsheim gestifteten ehemaligen Kartäuserkloster.

Oben links: Der Chor der Kirche des ehemaligen Kartäuserklosters Astheim. Oben rechts: Mariahilf, ein Hinterglasbild vom Staffelsee (um 1830). Unten: Reliquienbüste einer heiligen Jungfrau (um 1480).

Museum Kartause Astheim

Kartäuserstr. 16
97332 Astheim
Tel. 0931 / 38665600

www.mussen.
bistum-wuerzburg.de

Öffnungszeiten:
1. März bis 31. Oktober

Freitag bis Sonntag und an Feiertagen
14 – 17 Uhr

Weitere Termine für Gruppenführungen nach Anmeldung

Die 1603 bis 1606 erbaute Klosterkirche ist ein überregional bedeutendes Zeugnis kartusianischer Architektur, da sie noch den ursprünglichen Lettner, das Chorgestühl sowie die Ausmalung und die Altäre des 17. und 18. Jahrhunderts besitzt. Mit der Johanniskapelle und dem ebenfalls noch erhaltenen Prioratsbau bildet die Kirche ein Ensemble, das heute von der Diözese Würzburg als Museum genutzt wird.

Auf 1300 Quadratmeter Ausstellungsfläche dokumentieren über 600 Kunstwerke des 15. bis 19. Jahrhunderts Aspekte der katholischen Bildkultur in Gottesdienst und Frömmigkeit. Dabei wird nicht nach Kunst und „Volkskunst" geschieden, sondern die Bildzeugnisse sind als ehemals allen Gläubigen gemeinsame Zugangs- und Ausdrucksform des Glaubens erfahrbar.

Die Präsentation beginnt mit den von Legenden umrankten „Wahren Abbildern" Christi und Mariens, die für die Sehnsucht nach der Präsenz der heiligen Personen stehen. Die dort gesuchte Authentizität

besitzen auch die Reliquien der Heiligen, für die man kunstvolle Fassungen schuf. Von der Menschwerdung Jesu erzählen Krippen und die Darstellungen Mariens als Gottesmutter. Andachtsbilder des leidenden Christus bringen die Schilderung der Evangelien mit den menschlichen Erfahrungen in Einklang. Bestimmte Bildwerke haben sich durch Wunder als Gnadenbilder erwiesen, wie das Passauer Mariahilf-Bild. Dazu gesellen sich Votivbilder als Ausdruck des Vertrauens auf die Fürsprache und den besonderen Schutz der heiligen Patrone. Die Nachfrage nach religiösen Bildern für den Hausgebrauch befriedigten schließlich die massenhaft produzierten Hinterglasbilder.

Den Höhepunkt des Rundgangs, der hier nur skizziert werden kann, bildet die noch immer für Gottesdienste genutzte Klosterkirche, deren Bildwerke in den originalen Zusammenhängen erfahrbar sind.

Kreisläufe zwischen Einst und Jetzt

Das Museum am Dom, auch wenn es von der Diözese Würzburg getragen wird, ist kein klassisches Diözesanmuseum, das sich der jeweils diözesaneigenen Geschichte und Kunst widmet.

Museum am Dom
Kiliansplatz 1
97070 Würzburg
Tel. 0931 / 38665600
www.
museum-am-dom.de

Öffnungszeiten:
Dienstag bis Sonntag
und Feiertag
1. April bis
31. Oktober:
10 – 18 Uhr
1. November
bis 31. März:
10 – 17 Uhr

Blick in das Museum am Dom. Vor dem Kemberger Altar von Michael Morgner (2000/2001) steht das Kilians-relief aus dem Lusamgärtchen des Neumünsters (um 1170).

Es präsentiert Kunstwerke unabhängig von regionaler, historischer und konfessioneller Gebundenheit. Aufgebrochen werden dabei auch die stilgeschichtliche Chronologie sowie die Gruppierungen nach Gattungen und Schulen.

Gezeigt werden die Werke alter Kunst in befruchtendem Miteinander und manch-mal auch spannungsreichem Gegenei-nander zu Werken der Moderne und der Gegenwart. Die Intention ist es, die Menschen in diesen Dialog der Kunstwerke hinein zu nehmen und an Grundfragen ihrer Existenz heranzuführen. Den Faden der Präsentation bildet dabei die Heilsge-schichte, ausgehend von Schöpfung und Sündenfall, über Menschwerdung, Leiden, Tod und Auferstehung Jesu Christi bis hin

Apostel Jakobus der Ältere, eine Sand-steinskulptur Tilman Riemenschneiders von der Würzburger Marien-kapelle (1500-1506).

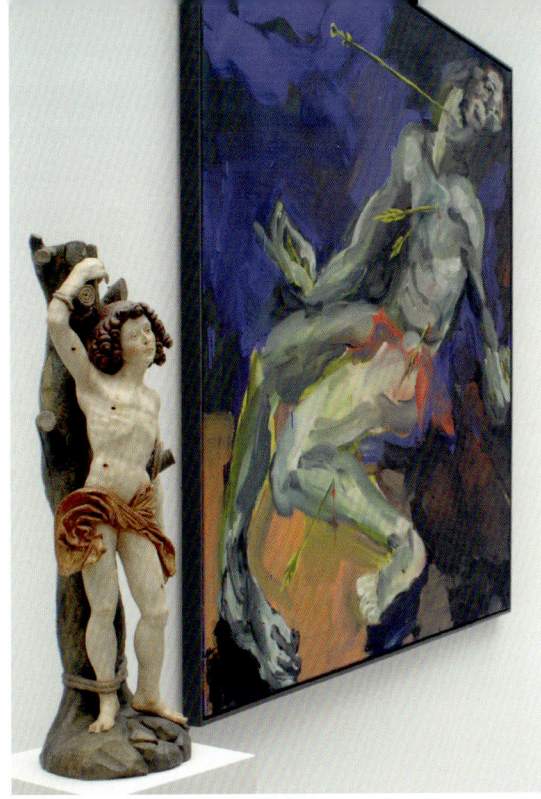

Oben links: Spätgotische Sebastiansfigur (um 1500) neben einem Gemälde Rainer Fettings (1998). Oben rechts: Steinerne Muttergottes (um 1380) vor Michael Triegels „Um Mitternacht" (2005) und einem Weltgerichtsbild (um 1430). Unten: Maria Immaculata von Johann Peter Wagner (um 1790)

zu seiner Wiederkehr. Daran schließen sich die großen Bildthemen Maria, die Heiligen und die Eucharistie an.

Werke aus fast 1000 Jahren, vom 11. Jahrhundert bis zur Gegenwart, sind ausgestellt. Dabei trifft, um nur wenige Beispiele anzuführen, eine steinerne Gruppe der Anbetung der Könige (um 1380) auf die Fassungen dieses Themas von Adolf Hölzel (1920) und Otto Dix (1948) sowie die unkonventionelle Variation von Eckart Hahn (2011). Johann Kupezkys „Geißelung Christi" (um 1730) ist der „Geißelung Christi" von Johannes Grützke (1995) gegenübergestellt. Das Relief mit Christus Salvator und St. Kilian aus dem Kreuzgang des Neumünsters, eines der ältesten plastischen Kunstwerke Würzburgs (um 1170), verweist auf Michael Triegels „Um Mitternacht" (2005). Ein kleines niederländisches Vesperbild aus Alabaster (um 1480) korrespondiert mit Käthe Kollwitz' bronzener „Pieta" (1937). Tilman Riemenschneiders monumentale eigenhändige Sandsteinfigur des Apostel Jakobus des Älteren (1500-

1506) von der Würzburger Marienkapelle erhält in dem aus Abfall zusammengefügten „Pilger" von Antonius Höckelmann (1998/2000) ein starkes Gegenüber. Zwei spätgotische Figuren des heiligen Sebastian können mit den motivgleichen Gemälden von Rainer Fetting (1998) und Arno Rink (2008) verglichen werden.

Ein prägender und umfangreicher Bestand, der das Museum am Dom innerhalb der deutschen Museumslandschaft auszeichnet, sind die Werke von Künstlern aus der ehemaligen DDR. Daran wird auch die Tatsache nichts ändern, dass die Präsentation nicht statisch, sondern auf Veränderung und Erweiterung hin angelegt ist, so dass sich immer wieder Neues und Überraschendes im Museum am Dom entdecken lässt. Temporär erweitern Ausstellungen mit internationalen Künstlern das Spektrum der Werke und die Chancen für Besucherinnen und Besucher auf Dialoge mit der Kunst und über sie.

Die Bilder lassen uns nicht los

Grenzen und Möglichkeiten eines kirchlichen Museums

von Jürgen Lenssen

Kirchliche Museen haben vor allem die Menschen in den Blick zu nehmen, welche die ausgestellten Kunstwerke betrachten werden. Da auch auf sie der gesellschaftliche Schlüssel zutreffen wird, werden die Museumsbesucher mehrheitlich im inneren beziehungsweise äußeren Abstand zur Kirche und zu den Inhalten der Glaubensverkündigung leben. Darüber hinaus ist die Kenntnis des Glaubensgutes selbst bei Kirchennahen zugunsten diffuser Vorstellungen über Gott, sein Wirken und die uns aufgetragene Befolgung seines Willens gewichen. Sowohl in dieser Grauzone der Kirchlichkeit als auch in die zunehmende Distanzhaltung der Kirche gegenüber hinein wirkt das kirchliche Museum, wird es doch gerade auch von der genannten Klientel aufgesucht werden, die in seinen Räumen durch Geschichte und Thematik der präsentierten Werke der Kunst und des Kunstgewerbes nicht umhin kann, sich auf die kirchlichen Verkündigungsinhalte einzulassen und sich mit ihnen aus ihrer jeweiligen Lebenswarte heraus auseinander zu setzen.

Dieser Prozess der Annäherung vollzieht sich im Museum aber frei von jedem Verdacht einer Vereinnahmung kirchlicherseits. Das Museum ist für diese innere Auseinandersetzung geradezu Garant hierzu notwendiger und hierfür gewährter Freiheit. Von daher treten hier ansonsten kirchlichen Angeboten gegenüber feststellbare Schwellenängste zurück. Weder missionarische Eiferer noch einengend-freundliche Serviceanbieter sind zu fürchten, die den zunächst unver-bindlich gewünschten Charakter des Besuchs nicht respektieren. Das Museum wartet nicht mit Agitatoren auf, deren Überzeugungsbemühen eher als abschreckend empfunden wird. Das Museum wartet mit Kunst und der Autonomie ihrer Sprache auf. Doch wer glaubt, dass sich dadurch das Museum dem kirchlichen Auftrag entzieht, irrt. Denn die Sprache der Kunst ist mächtiger als die der vielzähligen Resolutionen kirchlicher Stellen und Gremien sowie wortreich erhobener Ansprüche. Ja, letztlich sogar noch zwingender: Denn die Bilder lassen uns nicht los.

Ganzheitliche Bilderwelt

Unser Glaube, unsere Gottesvorstellungen wurden durch Bilder geprägt. Ohren können wir auf Durchzug stellen, Augen verschließen: Die Kunst und ihre Bilder – ob gemalte, plastische, aber auch die der Bewegung, der Sprache und Musik – nehmen wir nicht mit dem einen oder dem andern unserer Sinne auf, sondern ganzheitlich, deshalb auch ihre tiefe Verwurzelung in uns. Die Bilder des kirchlichen Museums künden von dem, was von vielen Menschen nicht mehr gehört wird beziehungsweise gehört werden will, vor jenen und für sie, die ansonsten die Auseinandersetzung mit den Glaubensinhalten eher meiden. Das ist in höchstem Maße pastoraler Dienst, ein Dienst an den Menschen, die in missverstandener Gemeindeideologie und nicht ganz ohne Arroganz als Fernstehende bezeichnet und abgeurteilt werden. Vor dem Kunstwerk gibt es keine Fernstehenden. Die Kunst erreicht sie alle, berührt sie, fordert sie heraus und führt sie über die gewohnten Grenzen hinaus – und lässt

Kunst hat eine suggestive Botschaft. Oben: Domkapitular Dr. Jürgen Lenssen, der Leiter des Museums am Dom, bei einer Führung. Unten: Der Maler Michael Triegel bei einer Kinderführung im Museum am Dom anlässlich einer Ausstellung seiner Werke.

erfahren, was uns mehr als nur Ahnung, vielmehr als neue Wirklichkeit innewohnt. Dem kirchlichen Museum ist zu wünschen, dass dieser von der Kunst ausgelöste Prozess allseits als notwendiger pastoraler Dienst in Zeiten zunehmender Kirchenferne gesehen wird. Dadurch wird auch die Bereitschaft wachsen, diesen Dienst zu unterstützen. Das ist keine Frage des Etats, des Personalstandes und der Ausstellungsfläche, vielmehr der gewährten und mitgetragenen Öffentlichkeitsarbeit.

Die dem Kunstwerk eigene Freiheit jenseits aller dogmatisierenden Illustration und deren Akzeptanz bewahrt das kirchliche Museum vor einer Indienstnahme und ideologischen Vereinnahmung der Kunst. Gerade die Erfahrung von nicht vollzogenen Grenzziehungen gewohnter Weise, sei es kunstgeschichtlich, sei es thematisch als künstlerische Bestätigung eines erhobenen Anspruchs, lässt das Würzburger Museum am Dom als Freiraum erfahren, in dem sich Kunstbetrachtung und eigene Reflexion des jeweiligen geistigen sowie geistlichen Standorts der Besucher vollziehen. So

verfolgt das Museum am Dom insgesamt einen Gegenwartsbezug sowohl der Präsentation als auch in der Besucherresonanz. Es will bei den Besuchern vermitteln, dass es einen Sitz im Leben hat und ihre Fragen aufgreift. Das stellt hohe Anforderungen an die Präsentation und die Didaktik, vor allem angesichts dessen, dass die Mehrzahl der Besucher zumindest kirchlich, wenn nicht gar religiös entfremdet ist. Genau dieser Klientel ist aber das Museum zugedacht, hier hat es seinen unaufdringlichen, vermittelnden Auftrag.

Weltkunst in Iphofen

Knauf-Museum
Am Marktplatz
97343 Iphofen
Tel. 09323 / 31528
www.knauf-museum.
de
knauf-museum@knauf.
de

Öffnungszeiten:
April bis November

Dienstag bis Samstag
10 – 17 Uhr
Sonntag 11 – 17 Uhr

Um Weltkunst der bedeutendsten Kulturen des Altertums von Mesopotamien über Ägypten, Rom, Griechenland, Altamerika bis nach Indien entdecken zu können, müsste eine einzelne Person lange unterwegs sein, aber selbst mit viel Ausdauer ist es heute nicht mehr möglich, alle Denkmäler im Original zu bestaunen, da diese entweder durch Kriege oder Umwelteinflüsse zerstört wurden oder nicht mehr öffentlich zugänglich sind.

Links oben: das irische Hochkreuz aus Clonmacnoise, frühes 10 Jh. n. Chr., im Innenhof des Museums.

Unten: Blick in die Sonderausstellung „MYTHOS Bullenheimer Berg", 2012.

Umso wertvoller ist die Reliefsammlung mit originalgetreuen Abgüssen, die das Knauf-Museum in Iphofen zeigt. Meisterleistungen alter Kulturen lassen sich auf 1000 Quadratmetern in einer faszinierenden Gesamtschau erleben. Sonderausstellungen ergänzen das Museumskonzept.

Dr. Alfons Knauf, einer der Gründer des Gipsherstellers Knauf, hatte zeitlebens ein großes Hobby: Er war viel in der Weltge-

schichte unterwegs und fasste nach einer Ägyptenreise gemeinsam mit seinem Bruder Karl den Entschluss, herausragende Zeugnisse der Weltkulturen unter einem Dach zu vereinen. Zusammen mit nur wenigen Mitarbeitern stellten sie ab 1973 über zehn Jahre hinweg die Sammlung zusammen. Ein von Archäologen begleitetes Team reiste zu den Standorten der ausgewählten Kunstdenkmäler und in die Museen der Welt, um nach einer eigens entwickelten Technik Werke für das künftige Knauf-Museum abzuformen. Das von Knauf perfektionierte Silikonabdruckverfahren funktioniert salopp gesprochen nach dem Kuchenbackprinzip. Eine aufwendig hergestellte Negativform aus Silikon dient als „Mutterform". Die damit erzeugten Gipsabgüsse werden anschließend koloriert – eine Besonderheit, die die Kopien noch ausdrucksstärker und bildhafter erscheinen lässt.
Das Museum befindet sich in einem imposanten Barockgebäude am Marktplatz von Iphofen und wurde 1983 eröffnet. In seiner wechselvollen Geschichte war das Gebäude unter anderem ein Wirtshaus, fürstbischöfliches Amtshaus, Zehntscheu-

ne, Gericht, Rentamt, Forstbehörde, und zuletzt Bürogebäude des Gipsherstellers Knauf. Die Qualität und die Seltenheit der Schauobjekte machen das Museum heute zu einer Institution in Sachen Gipsabgüsse. Teile der Sammlung werden von den berühmtesten Museen weltweit ausgeliehen. Um das Interesse am Knauf-Museum in Franken und über die Region hinaus wach zu halten, begann man 1987 mit einer bis heute andauernden Serie von Sonderausstellungen. Diese greifen sowohl Themen der Dauerausstellung auf als auch Themen, die mit der Dauerausstellung nichts zu tun haben. Hierbei kommen dem Knauf-Museum seine Kontakte und seine Repu-

tation in umgekehrter Richtung zugute: Für die Sonderausstellungen kann sich das Haus hochkarätige Exponate von renommierten Häusern und Sammlern ausleihen. Auch außerhalb Iphofens trägt das Museum zum Erhalt bedeutenden Kulturguts bei. Auf Bitten der Bayerischen Staatskanzlei und des Leiters des Hauses der Bayerischen Geschichte entsandte Knauf bereits 1989 einen Mitarbeiter nach Irland, um im Ort Clonmacnoise ein Hochkreuz abzuformen, das dann in der Ausstellung „Kilian aller Franken Patron" im Mainfränkischen Museum zu sehen war. Heute beeindruckt es im prächtigen Innenhof des Knauf-Museums die Gäste.

Der neue mit den Artouro, Bayerischer Tourismus Architekturpreis, ausgezeichnete, Erweiterungsbau aus dem Jahr 2010 des Knauf-Museums (Treppenhaus und Außenansicht).
Unten: Ein Blick in die Römische Abteilung der Dauerausstellung „Reliefsammlung der großen Kulturepochen".

Ein Kleinod, neu gefasst

Ehemals verkörperte das Haus in der Papiusgasse 3 den Stein gewordenen Trübsinn. Durch das Dach war Wasser eingedrungen und hatte Putzflächen gelöst. Die Holzböden wiesen Höhenunterschiede von bis zu 30 Zentimetern auf und auch die Holzbalkendecke war vom Zahn der Zeit arg beschädigt. Seit 1989 scheint der Trübsal wie weggeblasen.

Zeitgenössische Kunst in historischen Räumen. Angelika Müllner-Pianka heißt Kunstinteressierte willkommen.

Galerie Papiushof
Papiusgasse 3
97320 Sulzfeld
Tel. 09321 / 922072
www.papiushof.de
papiushof@yahoo.de

Das Haus im Sulzfelder Altort glänzt mit vorbildlich restaurierten Räumen. Eine kleine Ferienwohnung kuschelt sich an das Hauptgebäude und die Weinstube mit Zugang zum Hof kann bei Bedarf gastronomisch, auch für private Feiern, genutzt werden. In Nachbarschaft zum Weingut Brennfleck ist im Haus vor allem auch eine sehenswerte Galerie entstanden. In lockerer Abfolge werden Werke regionaler, überregionaler und internationaler Künstler gezeigt.

Das aus dem 16. Jahrhundert stammende Anwesen diente vormals als Amtskeller des Würzburger Domkapitels, als Weinhändlerhaus und als landwirtschaftlicher Nebenerwerbsbetrieb. Die Relikte aus der Vergangenheit wurden originalgetreu saniert. Hausherr Kristian Pianka hat sieben Jahre lang an jedem Wochenende und in seiner Freizeit selbst mit angepackt. Mit den Kunstausstellungen schlägt seine Frau Angelika Müllner-Pianka eine Brücke ins 20. und 21. Jahrhundert. Die Volkskundlerin, Kunsthistorikerin und

Modedesignerin holt junge, teils unbekannte Künstler, aber auch renommierte Meister in den Weinort bei Kitzingen. So präsentierte sie in den vergangenen Jahren eine abwechslungsreiche Auswahl moderner Kunst mit so unterschiedlichen Beiträgen wie Renate Jungs Spurensuche nach Goethe in Sulzfeld, Gerhard Launers Luftbilder-Serie „Deutschland von oben", Natascha Manns malerische Ausflüge ins Exotische und Karl Timmlers Objektstudien mit fränkischen Motiven. Dass es der Galeristin enorme Freude bereitet, Besuchern etwas Attraktives zu bieten, hat dabei nicht allein mit den Bildern zu tun. Mit so liebevoller Hingabe wurde selten am Rahmen für eine Galerie gearbeitet.

Blaue Zipfel im Wurzelsud

von Angelika Müllner-Pianka

von Angelika Müllner-Pianka

Zutaten für 4 Personen:

4 Paar Bratwürste
1 l Wasser
¼ l Essig
¼ l Frankenwein
(Empfehlung: Sulzfelder Silvaner)
4 große Zwiebeln, in Ringe geschnitten
1 kleiner Sellerie
2 Karotten
1 kleiner Lauch
3 Nelken
2 Lorbeerblätter
6 Wacholderbeeren
10 g Pfefferkörner
1 Prise Salz
1 Prise Zucker

Mein Lieblingsrezept: nach Art der alten Nachbarin. Zubereitung: Gemüse klein schneiden, mit Gewürzen und Essig im Wasser gut kochen lassen, bis es weich ist. Wein und Bratwürste zugeben und noch ca. 20 Minuten ziehen lassen. Im Sud anrichten und mit Schwarzbrot servieren.

Qualität muss Bestand haben

Was in der Kunstwelt von bleibendem Wert ist, zeigt sich erst mit der Zeit. Das gilt ebenso für eine Galerie zeitgenössischer Kunst. Durchhaltevermögen, Disziplin und Freude an der Kunst sind unabdingbar. „Die Überzeugung zählt", weiß die Galeristin Gabriele Müller. Sie vertritt eigenverantwortlich namhafte Künstler und Kunstverleger – Bilder jeglicher Art erhalten den passenden Rahmen.

2002 bot sich die Gelegenheit, einen hellen Präsentations- und Verkaufsraum in der Theaterstraße, gegenüber dem Bürgerspital, zu übernehmen, und Gabriele Müller ging das Wagnis ein. Für moderne Kunst gab es in Würzburg kaum einen Anbieter. Auf ein Netzwerk konnte die Unternehmensgründerin nur bedingt zurückgreifen. Aber ihr Interesse an zeitgenössischer Kunst, berufliche Erfahrungen und Kontakte im Kunsthandel bildeten günstige Voraussetzungen, um hier etwas aufzubauen. Qualität und Beständigkeit waren und sind der Galeristin wichtig. Sie bevorzugt

Künstler mit einer unverkennbar eigenen Handschrift. Es liegt ihr am Herzen, im Kontakt mit den Kunstschaffenden den Werdegang zu begleiten und damit anzuerkennen. „Ich sehe es als schöne Aufgabe, meine Kunden unter diesen Aspekten für zeitgenössische Kunst zu interessieren und sie natürlich auch zum Kauf zu motivieren", sagt die Galeristin. Letztlich sollte der Käufer so wie sie selbst vom Bild überzeugt sein, „damit er möglichst für immer seine Freude daran hat."

In Ausstellungen wird ein großes Spektrum etablierter Künstler gezeigt, darunter Christo, JANOSCH, Oskar Koller, Andreas Lutherer, Günther Uecker, James Rizzi und Philipp Hennevogl, um nur einige zu nennen. Zu finden sind aber auch Würzburger Größen wie Steffi Mayer, Angelika Summa, der fränkische Landschafts-Klassiker Gunter Ullrich sowie der Grafiker Harald Schmaußer.

Ein passend gerahmtes Bild macht die Freude komplett. Hier ist es Gabriele Müllers Anliegen, ohne Zeitdruck jedem Kunden und jedem Bild gerecht zu werden. In der eigenen Werkstatt führt eine Mitar-

Bild & Rahmen
Gabriele Müller

Theaterstraße 18
97070 Würzburg
Tel. 0931 / 4652954
www.galerie-gabriele-mueller.de
mail@galerie-gabriele-mueller.de

Öffnungszeiten:
Montag
10 – 13 Uhr
Dienstag bis Freitag
10 – 13 Uhr und
14 – 18.30 Uhr
Samstag
10 – 14 Uhr

Moderne Kunst findet ihren Ort: Die Galeristin mit einem Werk von Andreas Lutherer: KIEFERN, Mixed Media auf Glas 2012, (3-scheibig). Andere Seite: CHRISTO, Ponte Sant Angelo Wrapped, Project for Rome 1969-2011, Collage, handsigniert, Auflage 150 Ex. arabisch, 90 Ex. römisch.

beiterin die Einrahmungen nach neusten konservatorischen Kenntnissen aus.

Bei den Ausstellungen vergangener Jahre ist Gabriele Müller nach eigenen Worten manchen „Spagat" eingegangen. Als einen Glücksfall betrachtet sie die Empfehlung von Domkapitular Dr. Jürgen Lenssen für eine Ausstellung mit Arbeiten von Jehuda Bacon, der als Jugendlicher Auschwitz überlebt hat. „Es war die ergreifendste und beglückendste Begegnung in all den Jahren meiner Tätigkeit."

Gabriele Müller erinnert sich an unzählige schöne Erlebnisse, zum einen mit Künstlern, zum anderen mit kunstinteressierten Kunden. So manches Lob bekommt sie da zu hören. Das spornt sie an und gibt neue Energie. Auch wenn sie sich den Anforderungen der obligatorischen Webseite nicht verschließt und zudem bei Facebook zu finden ist, wird sie weiterhin den langsamen, kontinuierlichen Weg gehen. In einer Zeit, in der mehr und mehr Galerien auf kurzfristige Verkaufserfolge und schnelllebige Modekunst setzen, ist das keine Selbstverständlichkeit.

Das innere Bild gestaltet die Skulptur

Wenn Angelika Summa ihre Skulpturen zusammenfügt,
versteht man von außen erst einmal nichts. In meditativer
Konzentration schichtet sie Element auf Element. Manchmal über Tage, manchmal über Monate hinweg.

Angelika Summa
Atelier: Malerfürsten-
tum Neu-Wredanien
Innere Aumühlstraße
15 – 17
97076 Würzburg
Tel. 0931 / 413937
www.
angelika-summa.de
sum@
angelika-summa.de

Termine nach
Vereinbarung

Immer dichter steigert sich das Geflecht aus Metallstäben, bis zur
Undurchdringlichkeit. Sie arbeitet bevorzugt nachts, weil sie da
nicht unterbrochen wird und am besten über den Prozess meditieren kann. Wenn sie in ihrem Rhythmus ist, klingt der Lärm vom
Sägen und Schweißen wie Musik in ihren Ohren. Das Ergebnis ist
in der Tat eine virtuose Komposition.

Angelika Summa fertigt vorab keine Skizzen oder Modelle an. Sie
verlässt sich auf ihr inneres Bild und findet mit traumwandleri-
schem Gespür den Weg in einem Balanceakt. Klare geometrische
Formen wie Kugeln, Kegeln, Quadrate können lustvolles Rätselra-
ten hervorrufen, da der Betrachter in den Bündelungen der Metall-
teile versteckte Muster entdeckt und sofort nach einem größeren
Zusammenhang sucht, dabei aber immer wieder neu anfangen

Meditationen über Metall: Angelika Summa in ihrem Atelier. Unten: KörperSkulptur aus Draht und Metallspänen.

kann. Das macht Angelika Summas Skulpturen so faszinierend. Sie können die Augen zum Flimmern bringen und einen Wirbel auslösen. Aber unausweichlich lautet der Eindruck: schön. Schön, weil das Werk trotz chaotischer Momente schlüssig und stimmig ist, weil es nicht langweilig wird, weil es sensibel und sinnlich wirkt. Die aus Bayreuth stammende Künstlerin studierte in Würzburg Kunstgeschichte, Archäologie und Germanistik, arbeitet seit 1986 freischaffend und ließ sich mit ihrem Atelier 2007 im „Malerfürstentum Neu-Wredanien" nieder. Gemeinsam mit vier Kollegen teilt sie sich den Platz in einer ehemaligen Fabrikhalle im Industriegebiet Aumühl. Der Name des Ateliers darf ruhig ironisch verstanden werden, auch als kleiner Seitenhieb auf die Selbstnobilitierung von Gegenwartskünstlern wie Immendorf, Baselitz und vor allem Lüpertz. „Neu-Wredanien" verweist zudem zurück auf das Ex-Atelier der Würzburger in der Wredestraße.

Angelika Summa kann sich für ihre bisweilen laute und staubige Arbeit keinen besseren Ort vorstellen. Sie verwendet unterschiedliche Metalle und verwandelt unnachgiebiges, widerspenstiges Industriematerial mit Techniken wie Wickeln, Verknoten, Knüpfen und Schweißen in komplexe Skulpturen. Die kleinen bis raumgreifenden Körper erinnern an Wollknäuel oder Nester, manche erscheinen spröde, andere voller Strahlkraft, sie können zentnerschwer und mächtig da-

herkommen, aber auch filigran und leicht, als würden sie vom Boden abheben.
Eine eigene Werkfolge bilden die KörperSkulpturen aus Metall. Stärker noch als bei den Raumskulpturen besinnt sich die Würzburger Künstlerin hier auf Traditionen, die mit weiblicher Handarbeit assoziiert werden: Nähen, Stricken, Häkeln, Filzen, Plissieren … Die Metamorphosen stellen die Objekte in einen neuen Kontext, abseits der überlieferten Bekleidungszwecke (Schutz und Mode). Seit 1998 wird die „Haute Sculpture" in Performances inszeniert. Der Reiz liegt auch hier in der geglückten Verbindung von Gegensätzen. Was optisch zunächst labil und anschmiegsam scheint, entpuppt sich als widerständig und unnahbar. Die Spannung geht niemals verloren.

„… daß aus
tausend guten
ein neues Besseres
sich schaffen lassen
müsse…"

Das Spiegelkabinett
der Würzburger Residenz

von Peter A. Süß

Das 1740 bis 1745
geschaffene Spiegelkabinett
der Würzburger Residenz darf
wohl mit Fug und Recht als eine
der einzigartigsten Schöpfungen
des deutschen Rokoko gelten und
wird daher in der Kunstgeschichts-
schreibung auch einhellig in den
höchsten Tönen für seine
Besonderheit gelobt.

▸ Der im Stil barocker Theaterkostüme gekleidete Tänzer aus der Mitte einer Fensterleibung des Kabinetts zeigt die in der Wanddekoration verwendete einzigartige Mischung zwischen Verspiegelung, Hinterglasmalerei und gravierten Vergoldungen.

Neumann (1687–1753) als Baumeister, Antonio Bossi (1699–1764) als Stukkateur und Johann Wolfgang van der Auvera (1708–1756) als „Dessinateur" des Dekors, durch ihre qualitativ herausstechende Realisierung die Vorstellungen des Bauherrn.

Dass die Würzburger Residenz, das „Schloß über den Schlössern", eines Spiegelkabinetts bedurfte, wird wohl allen Beteiligten von Anfang an klar gewesen sein, da ein solcher Raum zum Grundbestand einer repräsentativen fürstlichen Hofhaltung der damaligen Zeit gehörte und somit eine Selbstverständlichkeit in Zeiten barocken Repräsentationswillens darstellte. Kein Schlossherr, der etwas auf sich hielt, und sei er noch so unbedeutend, mochte folglich auf ein mit Spiegeln geziertes Zimmer in seinem Hause verzichten. Denn nicht umsonst konnte man im 1743 erschienenen 38. Band der im 18. Jahrhunderts gängigsten deutschsprachigen Enzyklopädie, nämlich in Zedlers Universal-Lexikon, folgenden Eintrag lesen: „Spiegel-Gemach, Spiegel-Zimmer, Conclavia specularia, ist ein kleines enges Zimmer, worinnen die Wände mit grossen Spiegeln, die von der Erde bis an die Decke reichen, ausgetäfelt sind. Dergleichen Zimmer haben diese Eigenschafft, daß sie alles, was hinein gebracht wird, vielfältig vermehren, und eine grosse Weite in einen engen Raum vorstellen, und sind dahero in denen Lust-Schlössern grosser Herren eine anständige Zierrath."

Winziges Gemach, unendliche Weiten

Nach Zedler hatte ein solches Kabinett also hauptsächlich zwei Aufgaben zu erfüllen: Zum einen sollte es bei den Gästen durch die wörtlich zu nehmende Reflektionswirkung der Spiegelscheiben zur Illusion eines grenzenlos weiten und lichten Raumes führen, wobei de facto die relative „Winzigkeit" des Gemachs im Kontrast zur scheinbaren Endlosigkeit des mit Hilfe der Spiegel gewährten Blickes das in der barocken Zeit so gern gewünschte Absurde repräsentiert. Die Spiegelungen führen regelrecht zur

Selbst wenn man genügend Neigung, Zeit und Geld hätte, alle Schlösser dieser Welt zu besuchen, so dürfte man nirgendwo anders darauf hoffen, ein solches Kunstwerk ein zweites Mal zu finden. Ja, sogar das über die Maßen berühmte Bernsteinzimmer im russischen Zarskoje Selo – ein in seiner Grundidee dem Würzburger Kabinett durchaus verwandter Raum – dürfte es trotz seines seltenen und wertvollen Materials und der kunstfertigen Skulptierung desselben nicht vermögen, den Spiegeleffekten, dem Funkeln und der Vielfalt der phantasievollen Darstellungen des Spiegelkabinetts ein ebenbürtiges Pendant an die Seite zu stellen.

All dies ist dem – von der Zunft der Kunsthistoriker (zuletzt z.B. von Verena Friedrich) schon häufig gepriesenen – kongenialen Zusammenwirken des Bauherrn, Fürstbischof Friedrich Karl von Schönborn (1674–1746), mit seinen Hofkünstlern zu verdanken. Brachte er seinen erlesenen Geschmack und sein unmittelbares persönliches Interesse an der Gestaltung dieses Raumes ein, so ergänzten seine hervorragend talentierten Mitarbeiter, Balthasar

Oben: Die Darstellung einer exotischen Tigerjagd lebt vom anregenden Kontrast zwischen dem lapislazuli-blauen Hintergrund und der mit Blattgold hinterfangenen, lasierenden Braunmalerei. Unten: Schwungvolle vergoldete Stuckrahmungen und die reliefartige Wirkung der hinter Glas ins Blattgold geritzten Gravuren verschmelzen optisch zu einer unentwirrbaren Einheit.

Auflösung der Dimensionalität, denn optisch gibt es keine wirkliche Länge, Breite und Höhe mehr, vielmehr dehnt sich alles in unendliche Fernen, Wände und Decke öffnen sich zu Aus- und Durchblicken überraschender Art.

Zum anderen diente ein solcher Raum, wenn wir Zedler weiter folgen, der Vervielfältigung der in ihm aufbewahrten Sammlungen des Hausherrn, der Vergrößerung seiner Sammlungsbestände und damit der virtuellen Vermehrung seiner Reichtümer. Auf diese Weise steht das

Würzburger Spiegelkabinett einerseits in der Traditionslinie der Kunst- und Wunderkammern der deutschen Renaissance genauso wie der Schaukabinette andererseits, die mit dem vermehrten Import ostasiatischer Porzellane, Keramiken und Kleinplastiken seit dem 17. Jahrhundert immer zahlreicher wurden. Durch eine solche begehbare Vitrine ließ sich aber nicht nur die Sammlung suggestiv vergrößern, sondern es ermöglichte auch ein allseitiges Betrachten der ausgestellten Gegenstände, ohne diese bewegen und in die Hand nehmen zu müssen, was ja immer mit der Gefahr einer Beschädigung einherging. Dabei hätte dies im Würzburger Fall freilich gar kein Problem dargestellt, weil das Besondere hier in der Tatsache liegt, dass alle „Exponate" bloße Bilder hinter Glas sind. Aber es handelt sich dabei um Gemälde von großer Realitätsnähe und faszinierender Ausstrahlung, die in ihren Darstellungen hauptsächlich die exotische Welt des Fernen Ostens lebendig werden lassen.

Damit wird ein Drittes deutlich: In Würzburg wird die Beziehung zur renaissancehaften Vorliebe für „groteske" Szenen verknüpft mit der damals überaus aktuellen Mode der „chinoiserie". Darstellungen von Fabelwesen, Tieren, Genien und launigen „drôlerien" waren schon seit Raphael und seinen Schülern populär geworden, die unterirdische, wie Höhlen (ital. ‚grotte') wirkende Gelasse der

kaiserlichen „domus aurea" erforscht hatten. Friedrich Karl von Schönborn ließ nun diesen Reigen noch durch Herrscher, Höflinge, Jäger, Akrobaten und Musiker aus Ostasien ergänzen und zollte dergestalt einer weiteren modernen Geschmacksentwicklung seinen Tribut.

Das Spiel mit der Täuschung

In jenen gerade erwähnten römisch-antiken Räumen wurden Wandflächen mit Hilfe von gemalten oder stuckierten Kandelabern, Staketengängen und Gerüststangen sowie filigranen Stützstäben strukturiert. Diese Entwicklung wurde an den Wänden im Würzburger Spiegelkabinett beibehalten, um der Gestaltung optischen Halt zu geben. Das Ungewöhnliche hieran beruht allerdings vor allem auf der herrlichen Mischung von vordergründig aufgetragenen vergoldeten Stuckleisten und solchen Stegen, die hinter Glas durch Blattvergoldung und diese gliedernde Radierungen ausgedrückt werden. Dadurch gelang es den Künstlern, beim Betrachter die Frage hervorzurufen, ob das gerade zu Sehende vor oder hinter der Spiegelscheibe liege – oder anders gesagt: ob man soeben die haptische Wirklichkeit oder eine gemalte Illusion vor Augen habe.

Solche Täuschungswirkungen sind übrigens allenthalben im Kabinett zu finden. Bedingt durch die lapislazuli-blaue oder matt-weiße Hinterlegung der Spiegelscheiben oder die gravierten, Plastizität suggerierenden, goldenen Stäbe und Ornamente könnte man schnell der Einbildung aufsitzen, es wären teuere „Pietradura"-Mosaike, bemalte Porzellanplatten oder gar schwere Reliefs aus Goldbronze („or moulu") zu erblicken. Es wird also mit einem weiteren barocken Gestaltungsmittel gearbeitet, dem „trompe-l'œil", der Augentäuschung, in unserem Fall einem versuchten Materialienimitat. Dabei ist nie zu vergessen, dass dies alles eben hinter Glas stattfindet – verbunden mit all den technischen und künstlerischen Schwierigkeiten, die diese Ausführungsweise mit sich bringt!

Noch eine letzte Würzburger Ungewöhnlichkeit sei hier genannt: Die Wandgestaltung in ihrer Grundstruktur ist, wie Stefan Kummer treffend nachgewiesen hat, erstaunlicherweise von der Aufteilung der Deckenflächen abgeleitet, wie man sie in manchen Seitenkapellen römischer Kirchen finden kann. Eine Gliederung, bei der ein zentrales Rundmotiv transversal und diagonal durch (griechische bzw. Andreas-)Kreuzfor-

◄ In den ursprünglich von Antonio Bossi geschaffenen prachtvollen Eckreliefs der vier Kontinente an der Deckenkehle gestatteten sich „Mitgestalter" der Nachschöpfung des 20. Jahrhunderts ihre Verewigung in winzigen Büsten (v.o.n.u.: links vom Busch, auf der Palette, als Auswuchs der goldenen Ranke, im grünen Gras versteckt).

men mit den Rändern verbunden wird und dadurch optischen Halt findet, gab es zwar seit der italienischen Renaissance an Gewölben, aber bis zur hiesigen Idee noch nicht an der Wand eines Spiegelkabinetts: Insofern läßt sich also auch hier eine genuin würzburgische Innovation entdecken.

Jenseits Würzburger Innovationen: die europäische Perspektive

Überhaupt ist das Gesamtkunstwerk des Spiegelkabinetts zwar aus vielen bereits vorhandenen Ideen geboren worden, aber durch die Zusammenfügung, das Verschmelzen dieser vielfach unterschiedlichen, ja diffusen Gedanken und Vorbilder gelang es dem fürstbischöflichen Bauherrn und seinen Künstlern etwas „neues Besseres" zu kreieren, was dieser Schöpfung zu ihrem berechtigten Ruhm verhalf. So kannte Friedrich Karl von Schönborn zahlreiche andere Spiegelkabinette, deren zum Teil eigenwilligen Vorlagen er Elemente entlieh, die ihm jeweils wichtig und prächtig erschienen. Dass die meisten dieser Grundideen in Raumschöpfungen seines Oheims, des Reichserzkanzlers und Kurfürsterzbischofs Lothar Franz von Schönborn, in den Schlössern Bamberg, Mainz, Gaibach und Pommersfelden sowie seinen eigenen Interieurs im Wiener Gartenpalast oder in Göllersdorf entstammten, dürfte bei dem exquisiten Geschmack seiner unter dem „bauwurmb" leidenden Dynastie nicht verwundern, genauso wie die Aufnahme von wienerischen (Prinz Eugens Goldkabinett im Unteren Belvedere), badischen (Schloß Favorite bei Rastatt) oder französischen Einflüssen (Schloß Chantilly) das Bild eines auf der Höhe seiner Zeit stehenden und eine erlesene Quintessenz europäischer Kunst wünschenden Bauherrn nur abrunden kann.

Schöpferische Rekonstruktion: Wolfgang Lenz und Zeitgenossen

Höchsten Respekt vor unserer Zeit verlangt uns allerdings die Tatsache ab, dass es den Künstlern und Restauratoren des späten 20. Jahrhunderts geglückt ist, dieses großartige Raumkunstwerk nach der vollkommenen Vernichtung des Originals im Bombeninferno des 16. März 1945 wiederherzustellen. An der Spitze ist hier der Würzburger Maler Wolfgang Lenz

Die Imitation von Porzellanmalerei ist eine weitere Spielart der Wandgestaltung, die vornehmlich bei den herrlichen Blumen- und Tierdarstellungen oder den „Hofdamenportraits" Verwendung fand, wobei gerade bei den Damen gewisse Ähnlichkeiten mit der Künstlerfamilie Lenz nicht auszuschließen sind ...

(* 1925) zu nennen, mit dem sich dieses Buch an anderer Stelle noch beschäftigt (s. Seite 204). Ihm und seiner Hartnäckigkeit ist es mit zu verdanken, dass eine Rekonstruktion überhaupt ins Auge gefasst wurde. Er hat diesem Raum bis zur Wiedereröffnung im Herbst 1987 immerhin acht Jahre seines Lebens geopfert, in denen er rund 650 Spiegel nach historischen Photographien wieder in Hinterglastechnik bemalte, die Vergoldungen gravierte und die Flächen blau oder weiß hinterfing. Auch wenn er seine qualitätvolle malerische Handschrift weitgehend in den Geist des Barock zurückzuversetzen vermochte, so atmet der Raum doch auch etwas von unserer heutigen Zeit, was aber der so ungemein wichtigen Gesamtwirkung – gerade im Zusammenhang mit der Enfilade der davorliegenden Paradezimmer – keinen Abbruch tut. Die denkmalpflegerische Leistung des Künstlers, der Stukkateure, der Vergolder und Faßmaler ist nicht hoch genug zu loben, haben sie es doch verstanden, auch uns heutige Zeitgenossen, die wir oftmals von kühler Nüchternheit geprägt sind, wieder ein wenig vom Gefühl und der Lebensfreude der Barockzeit spüren zu lassen. Die grandiose Augenweide des Würzburger Spiegelkabinetts wird auf ihre Weise auch zukünftig helfen, uns in die Welt des 18. Jahrhunderts und seiner künstlerischen Glanzleistungen zu entführen – einer Zeit als der Fürstbischof danach trachtete, seinen Gästen mit dieser einzigartigen Raumschöpfung ein „éblouissement total" – eine vollkommene Verblüffung – zu bieten.

Wie Gegenstände eine Seele bekommen

Die Würzburger Künstlerfamilie Lenz

von Oliver van Essenberg

War es Zufall, Intuition oder Talent, dass der Maler Wolfgang Lenz zur Glasmalerei fand? Wahrscheinlich von allem etwas. Als Wolfgang Lenz 1963 bei seiner Lebensgefährtin und späteren Ehefrau Hella im Winterleitenweg zu Besuch war, hatte er sich vorgenommen, die Festung Marienberg einmal aus einer anderen Perspektive zu malen.

Von der Dachstube aus eröffnete sich ein reizvoller Blick auf die Rückseite der Anlage. Die mitgebrachte Glasscheibe war praktisch. Wenn dem Maler das Ergebnis nicht gefiel, konnte er das Bild wegwischen und von vorne beginnen. Die Möglichkeiten des Mediums begeisterten Wolfgang Lenz plötzlich jedoch so sehr, dass er mit anderen Motiven weitermachte und seine an alten Meistern geschulte Technik auch in der Glasmalerei perfektionierte.

Die von 1978 bis 1985 geschaffenen Hinterglasmalereien im Spiegelkabinett der Würzburger Residenz ragen aus dem Werk des Künstlers heute als eine Glanzleistung schöpferischer Restauration hervor (siehe Beitrag S. 198 – 199). Die handwerkliche Perfektion und der Erfindungsreichtum seiner Arbeiten beeindruckt immer wieder, auch weit über das Spiegelkabinett hinaus. Wie wenig Zeitgenossen beherrscht der akademische Kunstmaler, 1925 in Würzburg geboren, viele Techniken von der Grafik bis zur Tafel- und Wandmalerei. Sein Lieblingskind war indes nicht das Spiegelkabinett, sondern die Laube im Ratskeller, die er 1984 für seine Heimatstadt ausgemalt hat. Hervorzuheben sind auch die Bemalung des Vorhangs und der Decke im Hessischen Staatstheater Wiesbaden, Bühnenbild- und Kostümentwürfe für das Würzburger Mozartfest sowie umfangreiche Arbeiten zur Wiederherstellung des Grünen Kabinetts in der Residenz Würzburg.

Sein Werk ist reich an vielverschlungenen Beziehungen zwischen dem Künstlichen und dem Natürlichen. Historische Architekturen, Puppen, Spiegel, Automaten, Natursymbole und mythische Figuren beschwören eine verwirrend schöne Zwischenwelt herauf, in der sich das eine mit dem anderen durchdringt. Glas unterstreicht den schönen Schein der Bilder.

◄ Die Würzburger Künstlerfamilie Lenz: Vater Wolfgang, Mutter Hella, Tochter Barbara und Hund Bella in ihrem Atelier. Unverwechselbar individuelle Persönlichkeiten mit eigenem Stil. Zusammen eine Einheit, die ihresgleichen sucht.

Kampfgiraffe, 2012, „Fabelhafte Wesen"
von Barbara Lenz, Höhe 50 cm, Material:
Unterkonstruktion aus Metallstäben und
lufttrocknender Modelliermasse,
Verzierungen aus Glasperlen, vergoldetem
Papier und v.a. Vogelfedern in versch.
Farben und Strukturen.

Linke Seite:
Die Commedia dell'arte ist ein häufig wiederkehrendes Motive im Werk von Hella Lenz.
Im Bild: „Vorhang auf!", 2009, Hinterglasmalerei, 32 x 45 cm (ohne Rahmen)

Rechte Seite oben:
Ein Gemeinschaftswerk von Vater und Tochter: Ballon,1999, ges. Höhe 100 cm, Bemalung der Ballonhülle von Wolfgang Lenz, Konstruktion und Ballonfahrer von Barbara Lenz.
Material: grundierte Styroporkugel, div. Materialien.
Darunter:
Wolfgang Lenz und der Magische Realismus: „Kastenbild mit Gipsbüsten", 1984/85, 68 x 92 cm, Ölmalerei auf Faserplatte

Der schöne, brillante Schein war es auch, der Hella Lenz an der Hinterglasmalerei faszinierte. Bei der Widerherstellung des Spiegelkabinetts half sie im Hintergrund mit. Zu Hause erledigte sie Vorarbeiten, und wenn es pressierte, unterstützte sie ihren Mann bei der Ausmalung. Die 1935 in Würzburg geborene Künstlerin hat sich seit dem Schlüsselerlebnis mit dem ersten Hinterglasbild ausschließlich dem Medium Glas verschrieben. Ihr Metier sind Stillleben, die die Schönheit der Natur, aber ebenso häufig einfache Gegenstände aus dem Alltag thematisieren. In ihren Bildern werden die Dinge in einen neuen, unge-

wohnten, teils rätselhaften Zusammenhang gestellt. „Wer Stillleben malt", sagt Hella Lenz, „ist nicht von äußeren Dingen abgelenkt, sondern fühlt sich ehrlich, fast intim mit den Gegenständen verbunden."
Die Technik der Hinterglasmalerei ist sehr komplex: Die Künstlerin muss auf die Rückseite einer Glasscheibe malen und somit spiegelverkehrt denken. Sie beginnt mit dem kleinsten Detail. Später erst werden größere Flächen im Bild gemalt, ganz zum Schluss der Hintergrund. Der Arbeitsvorgang ist also dem der Tafel- oder auch Leinwandmalerei genau entgegengesetzt. Wenn zwei Menschen malerisch so ge-

schickt sind, liegt der Verdacht nahe, dass das Talent auf die gemeinsame Tochter übergeht. „Ganz im Gegenteil", wirft Barbara Lenz im Gespräch ein und führt aus, dass sie von freier Hand nicht gut zeichnen könne. Während ihre Eltern sich zu Malern ausbilden ließen – Wolfgang Lenz an der Akademie der Bildenden Künste in München, Hella Lenz an der Kunst- und Handwerkerschule in Würzburg –, schloss Barbara Lenz nach dem Abitur zunächst eine Feinmechaniklehre am Physikalischen Institut der Universität Würzburg ab und studierte anschließend Architektur an der TU München. Man muss jedoch nicht lange suchen, um in den Fabelwesen der 1965 geborenen Künstlerin den familiären Einfluss zu erkennen. Als seien die Figuren aus dem Bild herausgetreten, scheint Barbara Lenz mit Skulpturen im dreidimensionalen Raum das weiterzuführen, was Vater und Mutter malerisch zeigen.

Eine Vorliebe für skurrile Szenerien verbindet die Drei.

Das Natürliche und das Künstliche als Thema auch – in den Arbeiten von Wolfgang und Hella Lenz lässt sich das eine noch relativ leicht vom anderen abgrenzen. In Barbara Lenz' Zauberwelt fallen endgültig die Schranken. Aus Naturmaterialien wie Blättern, Disteln und vor allem aus Federn verschiedenster Vögel kreiert sie ihre mit Perlen, Watte und anderen Accessoires verzierten „Fabelhaften Wesen". Die Objekte erinnern angesichts der bewundernswerten handwerklichen Feinarbeit an die Schaustücke, die in „Wunderkammern" wie dem Grünen Gewölbe in Dresden oder dem Schloss in Gotha präsentiert werden. Mitunter erfordert es monatelange Geduldsarbeit, um eine der bis zu 30 Zentimeter großen Figuren anzufertigen. Als Werkzeuge reichen der Gestalterin Modelliermasse, eine Pinzette, und eine Einwegspritze für den Spezialkleber. Viele Figuren werden mit einer Mechanik ausgestattet. Als wären sie an sich noch nicht phantastisch genug, können sie zusätzlich zur Musik ihre Glieder bewegen, Seifenblasen pusten, mit den Augen leuchten, Rauch spucken... Dem toten und künstlichen Material wird durch Technik Leben eingehaucht. Das Mechanische tut der Freude keinen Abbruch. Im Gegenteil: Es steigert die Lust am Schauen noch.

Zwischen Baugerüst und Staffelei

Wer mit offenen Augen durch Würzburg streift, stößt garantiert auf die Malerin Renate Jung. An die hundert Außen- und Innenfassaden an Schulen, Kliniken, Klöstern, Gaststätten und Privathäusern wurden von ihr gestaltet, verschönt und aus trister Langeweile gerissen.

Renate Jung
Frankenstraße 61
97078 Würzburg
Tel. 0931 / 23500
malerin-renate-jung@
gmx.de
www.renate-jung.de
Termine nach
Vereinbarung

Sei es ihr riesiges Wandgemälde im Innenhof des Würzburger Augustinerklosters, das „Frau-Holle-Haus" im Inneren Graben oder die bildgewaltige Fresko-Treppenhausbemalung in der Don Bosco Berufsschule. Die Gestaltung großer Flächen ist immer wieder eine Herausforderung! Körperlicher Einsatz bis zur Erschöpfung, handwerkliches Wissen und künstlerische Sicherheit sind notwendig. Und dann gilt es noch, alles mit Liebe und Genie zu bewerkstelligen. Das machte sie bekannt und brachte ihr einen guten Ruf weit über Würzburg hinaus.

„This is our famous lady painter of the town", hörte Renate Jung einst den Oberbürgermeister der Stadt Würzburg sagen. Sie stand auf dem Gerüst, zu dem er die Blicke einer hoch dekorierten Delegation lenkte. In der Tat, sitzt eine auf dem Gerüst und malt, dann ist es Renate Jung. Daneben wuchs die Kunst an der Staffelei zu internationaler Bedeutung. Ab 1972 studierte sie u.a. an der Werkkunstschule Würzburg Malerei, Grafik und plastisches Gestalten bei Wolfgang Lenz und Leo Dittmer, später in Salzburg schwerpunktmäßig bei Professor Werner Tübke. Längst hat sie die verehrten Lehrer hinter sich gelassen und geht ihren eigenen, richtung-

weisenden Weg mit großem Erfolg. Steht ein Jubiläum, eine Ehrung oder ein Geschenk an, lässt man sich oder seine Lieben von Renate Jung porträtieren. Mit Herzblut, feinster Beobachtungsgabe und genial-sicherem Strich geht sie zu Werk. Sie kokettiert mit keinem Zeitgeist und neigt, unbeeindruckt von modischen Strömungen, dem „retour de l'ordre" zu. Dadurch ist sie topaktuell. Mit Talent, ja, sogar mit Humor ist ihre Malerei vital, geistreich, ausgewogen und bedarf zum Glück keinerlei Interpretationen. Sie malt nicht aus dem Bauch heraus drauf los. Ein Konzept steht immer am Anfang. Oder um Picasso zu zitieren, mit dem sie ihre elementare Mallust teilt und den sie „le Chef" nennt: „Die Nabelschnur zum Gegenstand muss immer erhalten bleiben. Stell dir einen abstrakten Jäger vor, was kann er schon machen? Erlegen jedenfalls wird er nichts."

Von ihren Reisen und Ausstellungen in alle Welt hat sie wundervolle Skizzen und Aquarelle mitgebracht.
Anerkennungen gab es viele. Unter anderem etliche Preise der Stadt Würzburg oder den renommierten Kunstpreis der Stadt Karlsruhe. Renate Jung, die Heidelbergerin, hat Würzburg schätzen und lieben gelernt.

Virginia Woolf, 70x90 cm (in Privatbesitz).

Und die Würzburger lieben sie, im Sinne des Goethe-Wortes: „Was zwanzig Jahre sich hält und die Neigung des Volkes hat, das muss schon etwas sein."

Suppenwärmer, Topf mit drei Atelierfenstern, altmeisterliche Öllasur, 40x50 cm (in Privatbesitz).

Wenn du mit Kopf und Hand gestaltest,
in Farben umsetzt, was du fühlst,
wenn du voll Leidenschaft verdichtest,
was du aus deinem Herzen stiehlst,
dann bist du tonangebend,
unanfechtbar, einfach gut,
dann brennt in deinen Bildern eine Glut,
die jeden Kennerblick erreicht.
Der Malerdilettant erbleicht,
Experten fangen an zu raunen.
Sie debattieren und bestaunen!

–Werner Tiltz
(Der Malerin Renate Jung gewidmet)

Szenenfoto aus „Orfeo ed Euridice" – Sonja Koppelhuber in der Rolle des Orfeo 2012 am Mainfranken Theater.

Ohrenschmaus und Augenweide

Würzburg als Musikstadt – einst und heute

Würzburg als eine Stadt der Musik – eine Musikstadt – zu bezeichnen, hat sicher seine Gründe, die zunächst aus der Historie herrühren. Wir können in Würzburg den musikalischen Bogen der Tradition spannen vom Minnesang eines Konrad von Würzburg oder Walther von der Vogelweide, dessen Grab im Lusamgärtchen vermutet wird, über die Musik in den Kirchen, Klöstern und am fürstbischöflichen Hof in Mittelalter und Renaissance und über die fürstbischöfliche Hofkapelle der Residenz, in der es sogar ein Jahr lang ein regelrechtes Opernhaus gab.

von Johannes Engels

Nach Auflösung der fürstbischöflichen Herrschaft durch Napoleon wurde aus der ehemaligen Hofkapelle allmählich ein städtisches Orchester, dessen Nachfahre das heutige Philharmonische Orchester Würzburg ist.

Ebenso in der Geschichte angesiedelt ist das wohl älteste deutsche Hochschulinstitut für Musik aus dem Jahre 1797 – die heutige Hochschule für Musik Würzburg. Der Gründer Franz Joseph Fröhlich nannte es noch Collegium musicum academicum.

Umsonst & Draußen –
Konzert auf der großen
Außenbühne.
Das U&D feierte im Jahr
2012 sein 25. Jubiläum.

Von 1921 bis August 1973 hieß das Institut dann Bayerisches Staatskonservatorium der Musik, bis es am 1. September 1973 zur Hochschule für Musik Würzburg umbenannt wurde.

Über 200 Jahre alt ist auch Würzburgs städtisches Theater, das heutige Mainfranken Theater. Seine Geschichte geht auf das Gründungsjahr 1804 – durch Julius Graf Soden – zurück. Immer wieder tauchen große Namen am Würzburger Theater auf. Richard Wagner, dessen Bruder am Theater als Sänger engagiert war, erhielt in der Spielzeit 1833/34 als „Choreinstudierer und Leiter der Pantomieme" am Haus seine erste Anstellung. In dieser Zeit komponierte er auch sein Erstlingswerk „Die Feen". Ein weiterer Höhepunkt dieser Zeit war ein Gastspiel des Virtuosen, „Teufelsgeigers" und Komponisten Niccolò Paganini. Zu den Sternstunden des Theaters gehört auch sicherlich der Auftritt von Richard Strauss, als er 1926 seine Oper „Ariadne auf Naxos" in Würzburg dirigierte.

Beim Fliegerangriff durch englische Kampfbomber am 16. März 1945 wurde auch das Theatergebäude völlig zerstört. Doch die Kultur- und Theaterfreude der Würzburger Bevölkerung war ungebrochen. Bereits im Sommer 1945 kam es zu ersten privaten Theateraufführungen, zum Teil in den Ruinen, die als realistische Kulisse dienten. Später wurde die Turnhalle des Lehrerseminars zum „Theater am Wittelsbacher Platz" umfunktioniert. 1966 schließlich öffnete der Theaterneubau auf dem Grund des einstigen Würzburger Bahnhofs mit Wagners „ Die Meistersinger von Nürnberg" feierlich seine Türen. Im Jahr 2002 gab die Urenkelin des Komponisten Katharina ihr Regiedebüt mit der Inszenierung von „Der fliegende Holländer" am Theater. Premierengast war unter vielen anderen ihr Vater Wolfgang Wagner.

Auch das erste gesamtdeutsche Sängerfest fand im Jahre 1845 in Würzburg statt: 1626 Sänger und wesentlich mehr Zuhörer nahmen teil. Das Fest drückte „dem deutschen Sängerwesen den Stempel einer kräftigen nationalen Wirksamkeit" auf (Otto Elben). Es wurde vom bayerischen König Ludwig I. unterstützt und hatte die Aufgabe „der Stärkung des deutschen Nationalgefühls". Den „Sängergruß zum Würzburger Liederfeste" dichtete im Mai 1845 der evangelische Pfarrer Johann Christian Karl Trebitz (1818-1884), ein ehemaliger Burschenschafter.

Der älteste Sängerverein in Würzburg, der Männergesangverein Zellerau-Harmonia – hervorgegangen aus dem Männergesangverein Harmonia 1889 (im Mainviertel) und dem Männergesangverein Zellerau 1894 – erhielt 1989 anlässlich seines 100-jährigen Vereinsjubiläums vom Bayerischen Staatsminister Thomas Zehetmair die Zelter-Plakette als Anerkennung für „besondere Verdienste um die Pflege der Chormusik". Dieser traditionsreiche Verein hat sich nach 120 Jahren seines Bestehens Anfang 2010 aufgelöst. In Würzburg

sind aber weiterhin 25 Chöre und Chorvereinigungen beheimatet und aktiv.

Und noch ein historisches Musikfest soll erwähnt werden, mit dem sich Würzburg seit 91 Jahren in die Reihe der Festspielstädte und Musikfestspiele einreiht: Das Mozartfest Würzburg geht zurück auf seinen Gründer Hermann Zilcher, der 1921 erstmals eine kleine Konzertfolge als „Residenzfest" in der Residenz veranstaltete, die er 1922 als „Mozartwoche in der Residenz" wiederholte und anschließend als jährliche Musiktage, später Musikwochen und schließlich als Mozartfest durchführte. Seither gilt das Mozartfest Würzburg als kultureller Musikhöhepunkt im Veranstaltungskalender der Stadt.

Und auch das Bachfest, das es in vielen deutschen Städten gibt, gehört zu den Musikereignissen, die der Stadt ihren künstlerischen Stempel aufdrücken.

Hafensommer Würzburg – innovatives Musikfestival auf schwimmender Bühne am Alten Hafen zwischen preisgekrönter Architektur.

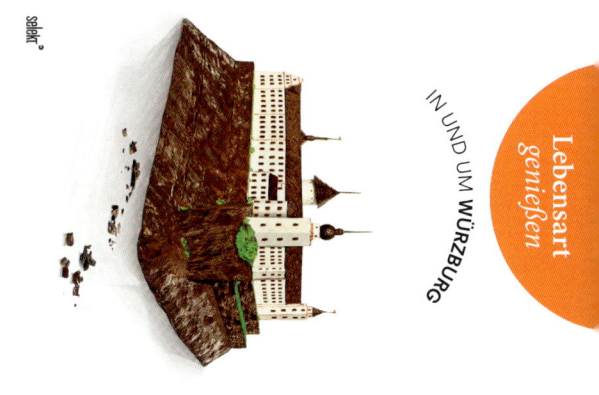

Lebensart genießen — IN UND UM BAMBERG

Bamberg

Fränkisches Rom auf sieben Hügeln und Weltkulturerbe, mittelalterliche Romantik und barocke Pracht – Bamberg und Umgebung sind reich an Attraktionen. Feines und Erlesenes befindet sich darunter sowie Hausbackenes und Bodenständiges im besten Sinn. Was und wo es Schönes gibt, das erfahren Sie hier.

Mit Beiträgen von: Peter Braun, Karin Dengler-Schreiber, Rolf-Bernhard Essig, Nora Gomringer, Martin Neubauer u.v.a.
ISBN: 978-3-981379-2-1, 248 Seiten,
selekt Verlag 2012, Preis: 16,80 Euro.

www.lebensart-bamberg.de

Lebensart genießen — IN UND UM NÜRNBERG

Nürnberg

Ob Spezialitäten wie Bratwurst, Lebkuchen oder Spiegelkarpfen, ob Bio-Produktion oder Nachhaltigkeit, der Mythos Nürnberg, Dürer, Großveranstaltungen wie die Blaue Nacht oder Rückzugsorte im Grünen – das Buch schlägt einen weiten Bogen und zeigt die Frankenmetropole in einem neuen Licht.

Mit Beiträgen von: Helmut Haberkamm, Fitzgerald Kusz, Ulrich Maly, Andreas Radlmaier, Gero von Randow, Klaus Schamberger, Evelyn Scherfenberg u.v.a.,
ISBN: 978-3-9813799-1-4, 288 Seiten,
selekt Verlag 2011, Preis: 19,80 Euro.

www.lebensart-nuernberg.de

Lebensart genießen — IN UND UM WÜRZBURG

Würzburg

Franken kann als Wiege deutscher Wein- und Kochkunst gelten. Das glauben Sie nicht? In Würzburg lassen sich die Spuren bis ins Mittelalter zurückverfolgen. Die Genusskultur Mainfrankens ist lebendig und bezieht so unterschiedliche Facetten wie Architektur, Tafelkultur, Kunst, Handwerk und die Naturlandschaft mit ein.

Mit Beiträgen von: Joachim Fildhaut, Otto Geisel, Markus Grimm, Rudolf Knoll, Hermann Kolesch, Johannes G. Mayer, Roman Rausch u.v.a.,
ISBN: 978-3-9813799-3-8, 272 Seiten,
selekt Verlag 2012, Preis: 19,80 Euro

www.lebensart-wuerzburg.de

Herausgeber der Bücher: Oliver van Essenberg, erhältlich im Medienfachhandel und im Internet unter:

selekt

Lebensart *genießen*

Bücher für Genuss *mit allen Sinnen*

Africa Festival –
Samba-Tänzerinnen
kündigen das Festival mit
einer Parade über die
Alte Mainbrücke in der Stadt
an. Es feiert 2013 seine 25.
Auflage.

Damit sei über die historisch gewachsenen Musikinstitutionen und -festspiele genügend berichtet.

Die aktuelle, gegenwärtige Musikszene in Würzburg ist mindestens ebenso lebendig wie die etablierten Musikveranstaltungen – bei einer Stadt, die eine Universität, eine Fachhochschule, eine Hochschule für Musik und andere Institutionen beheimatet, ist dies evident. Die Musikfestivals und Veranstaltungen, die ein jüngeres und junges Publikum anziehen, sind in Würzburg daher ausgesprochen zahlreich. Über das Jahr verteilt finden das Africa Festival, das größte Festival dieser Art in Europa, das äußerst beliebte Umsonst & Draussen Festival, der Hafensommer Würzburg, das Ringparkfest, das Straßenmusikfestival u. a. m. in Würzburg ihre begeisterten und regelmäßigen Besucher. Die ganz junge Musikszene sucht sich ihre eigenen Nischen und Orte und findet sie im Jugendkulturhaus Cairo (früher Café Cairo), im Bechtolsheimer Hof, im Immerhin, in der Posthalle, ganz neu und frisch in der studentischen Kellerperle und an weiteren Orten. Jahrelang gab es das akw! – die autonome Kunstszene Würzburg, die sich

als soziokulturelles Zentrum überlebte und leider nicht halten konnte. Eine Sing- und Musikschule gehört ebenfalls zu Würzburg wie die privat geführte Backline Music School, in der junge Menschen Bass, Gitarre, Schlagzeug, Gesang, Saxophon, Klavier, Percussion, und zwar vom Anfänger bis zum Profi, erlernen können. Der Ausbildungsschwerpunkt liegt dabei naturgemäß in der Popularmusik.

Live ist live

Würzburgs derzeit jüngstes Musikfestival ist der 2007 erstmalig veranstaltete Hafensommer. Für über drei Wochen zieht es immer zahlreicher werdende Besucherinnen und Besucher zum Alten Hafen an der Veitshöchheimer Straße. Dort ist auf dem Wasser eine schwimmende Bühne errichtet, die Zuhörer sitzen auf einer Freitreppe, die zum Wasser hinunterführt, und erleben Abend für Abend ein bunt gemischtes, hochkarätiges Musik-, Kunst- und Kulturfestival unter freiem Himmel am Ufer des Mains. Ob Klassik, Jazz, Pop oder Rock, ob Kabarett- oder Filmabend – immer finden sich Künstler, die eigens für diese Bühne, dieses Festi-

Einer der berühmtesten
Söhne Würzburgs,
der Minnesänger Walther von
der Vogelweide – Detail des
Frankoniabrunnens auf dem
Residenzplatz.

val und diese besondere Atmosphäre nach Würzburg kommen und die sommerliche Kulturszene erfrischen. Die Mischung aus Stars, „Geheimtipps", regionalen Künstlern und Weltmusik macht den Hafensommer Würzburg zu einer hochwertigen und reizvollen Kulturmarke in der jungen Musikszene unserer Stadt. Das Umsonst & Draussen Festival ist dagegen schon etablierter (2012 zum 25. Mal), begeistert aber durch seine Philosophie, Musikprogramme und –gruppen „for free" auf den Talavera Mainwiesen erleben zu können, eine große Menge musikinteressierter junger Menschen. Hier erlebt man „No Names", die Gelegenheit erhalten, sich einen Namen zu ersingen oder erspielen, junge Einzelkünstler oder Gruppen, die schon Erfahrung haben, oder auch ganz frische Bands, die tagsüber wie abends bei gutem Wetter Tausende von Besuchern anlocken. Diese Atmosphäre ist fast ebenso einzigartig wie die des Hafensommers – nur eben ganz anders.

Brücke zur Klassik

Die Brücke zur jungen klassischen Musikszene wiederum bildet die im Herbst 2007 ins Leben gerufene Junge Philharmonie Würzburg, ein Jugend-Sinfonieorchester,

das in jährlich zwei stattfindenden Projektphasen Werke der Klassik, Romantik und Moderne erarbeitet und sie sowohl in der Region als auch in Würzburg zur Aufführung bringt.

Im Internet findet man einige Städte in Deutschland explizit als „Musikstadt" aufgeführt, von Wien spricht man gar als der „Welthauptstadt" der Musik. Das Prädikat einer Musikstadt muss Würzburg nicht erst verliehen werden. Sie ist es aus sich heraus mit ihrem Musikangebot – ob für jung oder alt – von selber. Eine klingende Metropole am Main, in der es ein breites und großes Konzertangebot gibt. Die Verbindung von Musik und Stadt- oder Hafenkulisse, Konzertsaal, Halle, Keller oder Open Air schafft für den Besucher ein sinnliches Vergnügen und das Erlebnis des gemeinschaftlichen Genusses, das jeden Vergleich mit noch so perfekten Tonträgern aushält. Dabei spielen Altersstrukturen keine Rolle mehr – jung und alt können jeder auf seine Weise „Lebensart genießen".

Im Gleichgewicht

Die Musikschülerin möchte eine Geige haben und soll für den Einstieg ein Leihinstrument bekommen. Der Student aus Korea braucht für das Vorspiel in ein paar Tagen noch einen neuen Steg. Der Professor lässt sich eine Konzertgeige anfertigen. Und der Liebhaber alter Instrumente bringt ein Cello aus Familienbesitz zum Restaurieren vorbei …

Seit 1983 baut, restauriert und repariert Markus Lützel in Würzburg Streichinstrumente.
Seine ersten Berührungen mit dem Beruf reichen weit zurück. Bereits als Jugendlicher reparierte er eine Geige für einen Klassenkameraden, wohl wissend, dass es nicht seine letzte Arbeit gewesen sein sollte. Auf die Lehr- und Wanderjahre in Kaufbeuren, Konstanz und Straßburg folgte der Schritt in die Selbstständigkeit. In Würzburg war für einen Geigenbauer wie ihn Bedarf vorhanden. Angesichts der günstigen Rahmenbedingungen – eine Musikhochschule und über 500 klassische Konzerte im Jahr – reißt die Nachfrage nicht ab.

Die große Bandbreite an Anforderungen reizt Markus Lützel. Jede Geige ist auf ihre Weise anders. Das Instrument auf die Bedürfnisse des Spielers abzustimmen, dass es ihm wie auf das Herz geschrieben ist, gehört dabei noch immer zu den herausragenden Leistungen seiner Tätigkeit. Rund 200 Stunden erfordert der Bau einer Meistergeige. Aus hochwertigem Holz gefertigt klingt sie auch für den Laien schöner und ausgewogener als jedes Massenprodukt. Markus Lützel vergleicht den Geigenbau gerne mit dem Austarieren von Waagschalen. „Zig Komponenten müssen so justiert werden, dass am Ende alles im Gleichgewicht ist." Ein hochkomplexer Prozess, der Feinstarbeit, Engelsgeduld und Erfahrung erfordert. „Keine Maschine könnte die Arbeit ersetzen", meint der Geigenbaumeister. Andernfalls ginge etwas von der Qualität verloren.

„Keine Maschine könnte die Arbeit ersetzen"
– Geigenbaumeister Markus Lützel

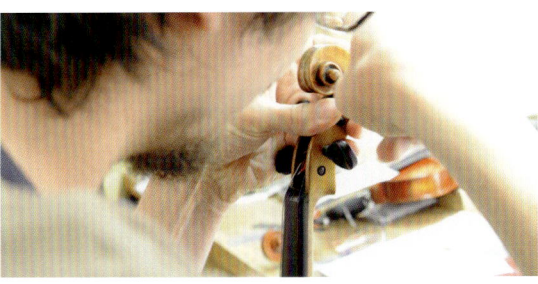

Das Handwerk des Geigenbauers erfordert ultimatives Fingerspitzengefühl. Am Ende entsteht immer ein individuelles Instrument.

Geigenbaumeister Markus Lützel
Neubaustr. 46
97070 Würzburg
Tel. 0931 / 572638
www.markus-luetzel.de
info@geigenbau-luetzel.de

Öffnungszeiten:
Dienstag bis Freitag
9.30 – 12 Uhr und
14 Uhr – 18 Uhr
Samstag
9.30 – 12 Uhr

Mozartfest Würzburg –
Von Mozarts Kaffeepause zum Fest der Sinne

**Mozartfest
Würzburg**
Rückermainstraße 2
97070 Würzburg
Tel. 0931 / 372336
Fax 0931 / 373939
www.mozartfest-
wuerzburg.de
info@mozartfest-
wuerzburg.de

Schriftlicher
Vorverkauf ab 1. März

Nachtmusik im Hofgar-
ten der Residenz.

Mozartfest Würzburg – schon der Name lässt Töne und Bilder lebendig werden. *Mozarts Melodien,* über 200 Jahre alt und immer noch die am häufigsten gespielte klassische Musik, und *Würzburg*, die fürstbischöfliche Stadt am Main, umrahmt von malerischen Weinbergen.

Auch Mozart schätzte diese Stadt, wenn auch nur ein einziger Besuch des Musikers und Komponisten historisch belegt ist. In einem Brief vom 28. September 1790 schreibt Wolfgang Amadé an seine Frau Constanze: „Zu Würzburg haben wir unseren theuern Magen mit Kaffee gestärkt, eine schöne prächtige Stadt." Solch eine „schöne prächtige Stadt" ist Würzburg nicht zuletzt wegen der einzigartigen Residenz, die zur Zeit von Mozarts Besuch bereits mehrere Jahrzehnte vollendet und in ihrer ganzen Schönheit zu bewundern war. 1921 fand das erste Mozart-Konzert im Kaisersaal statt, das sein Initiator Hermann Zilcher, der damalige Leiter des Würzburger Musikkonservatoriums, als „eine innige Vermählung zwischen Ton, Architektur und Farbe" erlebte. Der Grundstein für ein erfolgreiches Festival mit besonderen Musikerlebnissen war gelegt und seitdem steht die mainfränkische Metropole jedes

Jahr im Juni einen Monat lang ganz im Zeichen Mozarts.
In der Verschmelzung der Künste liegt bis heute der besondere Reiz des Mozartfestes: Dass die hohe Kunst der Architektur Balthasar Neumanns, die Fresken Giovanni Battista Tiepolos und die Stukkaturen Antonio Bossis einen faszinierenden Rahmen für erstklassige musikalische Darbietungen bieten, hat sich bei jährlich bis zu 25.000 Gästen aus dem In- und Ausland herumgesprochen. Diese Gäste schätzen die Sinfoniekonzerte im Kaisersaal mit Weltklasse-Künstlern und -Orchestern ebenso wie die Nachtmusiken im Hofgarten, Cross-over-Konzerte in einer ehemaligen Druckhalle, Lesungen mit Musik in Weinkellern oder meditative Konzerte im ehemaligen Kloster Himmelspforten. Der Beginn des Mozartfestes wird seit 2010 jeweils am Eröffnungswochenende mit kostenlosen Konzerten beim „Mozart-Tag"

in der Würzburger Innenstadt gefeiert. Anschließend geben sich einen Monat lang namhafte Solisten, Dirigenten und Orchester in Würzburg die Ehre. Zu Gast beim Mozartfest waren unter anderem schon Eugen Jochum, Rafael Kubelik, Fritz Wunderlich, Lorin Maazel, Martha Argerich, Rudolf Buchbinder, Philippe Herreweghe, Gidon Kremer, Sir Neville Marriner, Christopher Hogwood, Sol Gabetta, András Schiff und viele weitere Klassik-Stars. Regelmäßig zu Gast sind auch die Bamberger Symphoniker sowie das Symphonieorchester des Bayerischen Rundfunks.

Ein Programm aus dem Jahr 1951 beschreibt die stimmungsvolle Atmosphäre: „Über den weiten Vorplatz schreiten wir dem im Abendlichte … schimmernden Schlosse zu. Eine Treppe empfängt uns, die, ein einzigartiges Andante steingewordener Musik, Auge und Herz emporzieht zu den Gewölbevisionen Tiepolos. Sie ist die Ouvertüre in dem symphonischen Gefüge genialer Architektur, das im Kaisersaale sich vollends offenbaren will. Dort wachsen

Bauform, Plastik und Malerei zu einer Einheit zusammen, die menschlicher Sinn erstrebt … . Bedarf es einer Erklärung, dass in diesem Raume Mozarts göttliche Musik … beheimatet ist?
Doch auch die Natur will an diesem Zusammenklang … teilnehmen. Aus nächtlichen Gärten, deren Terrassen in sanftem Adagio auf- und abwärts schweben, verbindet sie Gesang von Nachtigall und Amsel mit dem Orchester und der menschlichen Stimme.
Traumschöne Nachtmusik im Park entführt vollends in … glückliche Gefilde …"

Dieses wunderbare Ambiente, das auch heute noch bei den Kaisersaal-Konzerten und den Nachtmusiken seinen Zauber entfaltet und der besondere Charme der außergewöhnlichen neuen Spielorte machen das Mozartfest zu einem Juwel in der Festival-Landschaft und einem Aushängeschild Würzburgs.

Sinfoniekonzert im Kaisersaal der Residenz.

Nach Picasso in die Disko

Der Alte Hafen entwickelte sich zügig zum Kunst- und Kreativquartier

An einigen besonders erlesenen Tagen im Jahr zeigt sich die Stadt vom Alten Hafen aus in stark veränderter Perspektive: bunt und schwebend. Der nahe gewaltige Steinberg wirkt etwas verschoben.

von Joachim Fildhaut

Die gesammelten parallelen Verkehrsströme – Stadtautobahn, Intercity-Expresse und Wasserstraße Main – sind eher Zeichen ihrer selbst als nervende Geräuschquellen. Der Betrachter gewinnt den Eindruck, sein gutes altes Würzburg habe durchaus die Tendenz zu utopischen Entwicklungen. Gewinnen lässt sich diese reformierte Wahrnehmung gut vom Freideck der schwimmenden Diskothek „das boot" aus. Vielleicht nicht gerade nachts, wenn hier die Club-Kids paffen. Aber bei Sonderveranstaltungen öffnet die Aussichtsplattform schon am frühen Abend. Oder man entert den Tanzkahn gleich zu Beginn der Nacht um neun Uhr – im Hochsommer noch eine passable Zeit für einen Feierabend-Touchdown in der Sonnenröte. Daher möglicherweise auch das eingangs erwähnte Bunte, Schwebende. Denn was heißt schon „Alter" Hafen? Am Stadtviertel Äußere Pleich liegt strenggenommen der Mittlere Hafen. Denn noch im 18. Jahrhundert lag der Hafen ein Stück flussaufwärts und wurde vom Alten Kranen bestens bedient. Diesen ganz Alten Hafen löste das Schifffahrtsbecken unterm Steinberg mit seinem langgestreckten

Eine neue Einladung: Die Luitpoldbrücke ist das Tor zum Kulturquartier.

Speicherhaus erst 1904 ab. Noch weiter mainabwärts nahm man jedoch bereits 1940 einen neuen Neuen Hafen in Betrieb, worauf die also erst 36 Jahre junge Ein-Becken-Anlage zum neuen Alten Hafen wurde. Der diente in seiner ursprünglichen Funktion zuletzt der Koksanlieferung für das Fernheizwerk. Mit dessen Umstellung auf Gas wurde die Wasserbauanlage frei für Yachten und Kreuzfahrtschiffe. Das passt gut zum Gesamtcharakter der Äußeren Pleich, deren Wasser-

front 2012 in einem städtebaulichen Gutachten als „Kultur- und Kreativquartier" bezeichnet wurde. Wozu Freizeit & Touristik mit gehören.

Nun ist der Würzburger kein großer Industrieromantiker. Dass sich der Distrikt links und rechts der (zu) viel befahrenen Veitshöchheimer Straße in den letzten Jahrzehnten unaufhaltsam in Richtung auf ein Kunst- und Unterhaltungsviertel entwickelt hat – das abzustreiten, dafür ist es zu spät. Als das Fernheizwerk noch Koks verfeuerte, fanden auf der gegenüberliegenden Straßenseite in der Viehauktionsarena der Frankenhalle lediglich vereinzelt Rockkonzerte statt. Auch die 1982 eröffnete Diskothek „Zauberberg" fristete ein Inseldasein, obwohl sie als eine von Sannyasins geführte, hell gestylte, poppige Begegnungsstätte Akzente setzte. Aber erst seit der Jahrtausendwende geht es Schlag auf Schlag. Gegenüber vom „Zaubi", der sich um einen Biergarten erweiterte, war „das boot" gelandet. Beinahe

Die Frankenhalle soll für Opernaufführungen, vielleicht auch Ausstellungen taugen. Umgebaut wird sie auf jeden Fall.
Fotomontagen: Brückner&Brückner

gleichzeitig eröffneten der Museums- und Theaterkomplex „Kulturspeicher" sowie das Cinemaxx mit seinen sieben Leinwänden. Das Kunstvereinsschiff „Arte Noah" fand eine Bleibe im Hafenbecken. Das Hotel Ibis entstand und wird gerade von einem weiteren Übernachtungsbetrieb ergänzt. In den alten Zollamtshallen haben sich eine riesige Wohndesign-Galerie, das gut 20-köpfige Architektenbüro Brückner & Brückner sowie weitere Kreative eingerichtet. Schließlich ist eine dauerhafte kulturelle Nutzung der Frankenhalle kaum mehr zu bremsen. Und zieht man den Bezirk ein bisschen weiter, dann fällt die äußerst kregel berockte ehemalige Postabfertigungshalle am Bahnhof mit ins Kreativquartier.

Im Frühjahr 2012 legte ein Dortmunder Planungsbüro ein „Integriertes Städtebauliches Entwicklungskonzept" für die Würzburger Innenstadt vor. Das Kapitel Äußere Pleich zieht aus dem Ist-Stand nur zwei Folgerungen: Die Frankenhalle sollte wirklich als regelmäßig bespielte Location saniert werden, dann fehle lediglich noch die Anbindung des gesamten Areals an die Innenstadt. Auch dafür schlugen

die Dortmunder gestaffelte Maßnahmen vor, die praktisch jeden Augenblick beginnen können.

Für findige Lösungen lässt sich das Kreativquartier bereits jetzt rühmen. Denn ausgerechnet in den alten Büros der Frankenhalle schlugen die eben erwähnten Brückner-Architekten ihre erste Würzburger Niederlassung auf, als sie den Umbau des Hafenspeichers in ein Museum mit bunten Nebennutzungen planten. Derselbe Standort bot ein Jahrzehnt später abermals einen innovativen Anblick, denn hier wurde unter dem Namen Co-Working Station ein Geschäftsraum-Modell erprobt: Freiberufler der digitalen und ästhetischen Branche fanden zu Zweck-Bürogemeinschaften auf Zeit zusammen.

Kabarett von Kom(m)ödchenformat: Bockshorn.

Die international renommierte digitale Poetin Waltraut Cooper schuf die Lichtinstallation für die Kulturspeicher-Fassade.

Ein Flaggschiff und ein Flusskahn

Halten wir fest: Hochkulturelles Kernstück des Areals, das Flaggschiff, ist der Kulturspeicher mit seinen sieben Abteilungen (s. Seite 222). Drei davon bilden das „Museum im Kulturspeicher", eine weitere die Galerie des Berufsverbands Bildender Künstler (s. Seite 224). Außer der bildenden Kunst sind zwei Bühnen hier zu Hause: Links das Kabarett „Bockshorn", dessen Programm der Schauspieler und Regisseur Mathias Repiscus macht. Der Mann ist so lange im Geschäft, dass er die wichtigsten Polit-Satiriker, Spötter und Groteskkünstler in seinen 200-Sitze-Keller holen kann – oder mit Stars wie Hildebrandt oder Hader in das große Theater ausweicht. Jedenfalls spielt das „Bockshorn" in der Oberliga deutschsprachiger Kabaretts, macht aber zugleich konsequente Nachwuchsförderung. Letzteres ist auch ein Beruf von Thomas Kopp, Tanzlehrer und Chef der zweiten Kellerbühne im Kulturspeicher. Sein „tanzSpeicher" im rechten Gebäudeflügel stellt die breite Palette des zeitgenössischen Tanzens vor. Breit ist die, weil die Choreographien häufig Grenzen überschreiten. Nur in eine Richtung geht es nicht – zurück ins Reich der wippenden Tütüs. Dafür pulsiert das Leben nach den Vorstellungen im Hause weiter. Das Restaurant „Lumen" pflegt eine mediterran einfache Küche der kräftigen Aromen, die gewohnte Gerichte neu schmecken lehrt. Man möchte bisweilen von der „Umnutzung" einer Pasta sprechen –

so gut passt das Küchenkonzept zum gesamten Kulturquartier, in dem ja auch vielfach alte Räume neue Funktionen übernahmen. Zum Beispiel der Frachtraum eines Flusskahns, umgebaut zum Museumsschiff des Kunstvereins, zur „Arte Noah". Die liegt gleich hinterm „Lumen" auf dem Wasser, zeigt Wechselausstellungen mit neuester Kunst und steuert ein eisernes Giraffenpaar zu den Würzburger Wahrzeichen bei. Eine technisch noch anspruchsvollere Arbeit desselben schweißenden Künstlers läutet an der Molenspitze den künftigen Skulpturenpfad ein: Herbert Mehlers Cortenstahl-Getüm aus der Serie „Bella Donna" begrüßt besonders eindringlich Schiffspassagiere aus Richtung Veitshöchheim.

Aus der Lage am Fluss bezieht mancherlei seine Atmosphäre – von der Zigarettenpause beim Internationalen Filmwochenende im Cinemaxx hoch über den Wellen bis zum Hafensommer, der 2007 gegründeten mehrwöchigen dichten Konzertfolge im Juli-August. Das Programm auf der schwimmenden Bühne fällt Jahr für Jahr spannend und anregend aus, betrieb sein Macher Jürgen Königer doch vor seiner Kulturmanagement-Ausbildung einen Tonträgerhandel samt Plattenfirma im europaweiten „Recommended"-Netzwerk. Nicht zuletzt darauf gehen die Verbindungen zurück, die zukunftsweisende neue Musiker an und auf den Main holen – selbstverständlich ins Kultur- und Kreativquartier Alter Hafen.

Reine Farbpigmente und regionale Kunstgeschichte

Museum im Kultur-speicher Würzburg
Oskar-Laredo-Platz 1
97080 Würzburg
Tel. 0931 / 322250

Öffnungszeiten:
Dienstag 13 – 18 Uhr
Mittwoch 11 – 18 Uhr
Donnerstag 11 – 19 Uhr
Freitag, Samstag,
Sonn- und Feiertag
11-18 Uhr

Von der Heimatkunstsammlung zum Museum von internationalem Format – so entwickelte sich die Städtische Galerie zum Museum im Kulturspeicher.

Drei Schau-Abteilungen hat das kommunal geführte Museum im Kulturspeicher. Betrachtet man den umgebauten Getreidespeicher vom Oskar-Laredo-Platz aus – benannt nach einem Kunsthändler und Förderer der Moderne in Würzburg –, so gehören die oberen beiden Stockwerke in der nördlichen Gebäudehälfte der ständigen Sammlung, deren Grundstock ab 1941 gelegt wurde. Dieser städtische Kunstfundus blieb sehr auf mainfränkische figurative Maler konzentriert, bis die Kommune 1971 den Nachlass der aus

Würzburg stammenden Bildhauerin Emy Roeder erbte. Deren stille Menschen- und Tierporträts laden dazu ein, sich in die Frage nach dem Wesen des Lebendigen zu versetzen. Und: Mit diesem Schwergewicht der Klassischen Moderne konzentrierte sich das Museum darauf, das Sammelgebiet Skulpturen auszubauen. Das macht beispielsweise die Präsenz zweier Reliefs des berühmten Fritzlarers Stephan Balkenhol plausibel, selbst wenn immer noch eine regionale mainfränkische Verankerung die Dauerausstellung prägt. Und das soll sie

Oben:
Städtische Sammlung, mit Werken von Herbert Mehler, Rudolf Wachter und Stephan Balkenhol

Unten:
Sammlung Ruppert, mit Werken von Victor Vasarely, Hans Arp, Friedrich Vordemberge-Gildewart und Auguste Herbin

auch, illustrieren die Werke der Hiesigen doch, wie die ästhetischen Entdeckungen der Metropolen im deutschen Durchschnitt ankamen: Was übernahm die Mehrheit der Maler vom Impressionismus, von Expressionisten, Abstraktion und Konzeptkunst? In ihrem alten Domizil an der Hofstraße 3 setzte sich die Städtische Galerie in Sonderausstellungen mit dieser verdienstvollen Frage auseinander. Aber sie holte – teils zum Verdruss heimischer Maler – auch fremde und avantgardistische Künstlerinnen und Künstler nach Würzburg. So erspielte sich das kleine Museum allmählich einen guten Ruf in der bundesweiten Szene. Zwar lehnten die Stadtväter es ab, der hochkarätigen Expressionismus-Sammlung des Unternehmers Hermann Gerlinger Säle zur Verfügung zu stellen. Doch als das Sammlerehepaar Rosemarie und Peter C. Ruppert 200 Musterbeispiele für die – konsequent unfigurative – Konkrete Kunst zur Verfügung stellte, nahm der weise Rat Würzburgs an. „Konkrete Kunst in Europa nach 1945" lädt in der linken Gebäudehälfte in sechs Säle ein. Hier ist der Betrachter programmgemäß völlig entlastet von der Frage: Was mag das bedeuten? Konkrete Kunst macht alles offensichtlich, was sie hat. Es geht ihr ausschließlich um Farbe, Form und deren Verhältnisse selbst. Dahinter steckt dann manche mehr oder weniger mathematische Spielerei, manch äußerst eleganter oder witziger Konstruktions-

Oben: Sammlung Ruppert, mit Werken von u.a. Josef Albers, Erich Hauser und Rudolf Valenta. Mitte: Blick in Raum 8, Sammlung Ruppert, mit Werken von u.a. Horst Bartnig, Günter Fruhtrunk, Ralph Eck und Norman Dilworth Unten: Städtische Sammlung, Werke von Anna Tretter und Valentin Schwab (links). Werke von Wilhelm Kohlhoff, Emy Roeder und Alfons Klühspies (rechts).

gedanke und somit ein ganz verschwiegener Sieg des Geistes. Seit seiner Eröffnung im Alten Hafen am 22. Februar 2002 zeigt das Museum also Werke von Weltgeltung. Und hat Platz, die zwei großen Säle rechts im Erdgeschoss nämlich, für Sonder- und Wanderausstellungen. Weil das Umfeld inzwischen auf so hohem Niveau siedelt, lassen sich auch die Kooperationspartner und Leihgeber der Würzburger nicht lumpen: Seit dem Umzug hat die frühere Städtische Galerie Werke der berühmtesten modernen Künstler nach Würzburg geholt. Dabei protzt der Kulturspeicher nicht mit klangvollen Namen – denn noch besser als Prominenz sind intelligent zusammengestellte Exponate.

Kunst in Bewegung

Die künstlerischen Positionen in Unterfranken sind, selbst wenn es sich global gesehen um einen relativ kleinen Raum handelt, von erfrischender Vielfalt. Spannend kann bereits das sein, was ein Künstler an individueller Qualität bietet.

Berufsverband Bildender Künstlerinnen und Künstler Unterfranken

Oskar-Laredo-Platz 1
97080 Würzburg
Tel. 0931 / 50612
www.bbk-unterfranken.de
bbk-galerie@t-online.de

Öffnungszeiten Galerie und Werkstattgalerie:
Mittwoch bis Samstag 14 – 18 Uhr
Sonntag 11 – 18 Uhr
Werkstatt: Mittwoch und Donnerstag 9 – 18 Uhr

Die BBK-Galerie zeigt zeitgenössische Kunst.

Quicklebendig wird eine Kunstszene indes erst durch den Blick über den Tellerrand hinaus. Verbindung und Grenzüberschreitung, themenorientierte Ausstellungen und Experimente, das Zusammenspiel zwischen unterschiedlichen Medien wie Fotografie, Malerei, Skulptur, Literatur und Musik befruchten sich im Berufsverband Bildender Künstler Unterfranken gegenseitig. Die Lage der Galerie im rechten Flügel des Kulturspeichers ist prädestiniert für Vernetzung. Von hier aus wirkt der Verein mit rund 200 Mitgliedern in die Öffentlichkeit hinein, über den Austausch mit befreundeten Verbänden zum Teil weit über die Bezirksgrenzen hinaus.

Ohne Teamarbeit und Netzwerk geht nichts. Künstler brauchen eine Lobby, gerade weil sie sich in einer schwierigen Situation befinden, nicht zuletzt finanziell. Genau aus diesem Grund haben sich ab 1972 bundesweit Berufsverbände als Interessenvertretung gebildet, die unter anderem für so verdienstvolle Belange kämpfen wie den

reduzierten Mehrwertsteuersatz, eine ausreichende soziale Absicherung, den Schutz des Urheberrechts, ein geregeltes System für die Ausschreibung von Wettbewerben und eine angemessene Ausstellungsvergütung. Der unterfränkische Berufsverband kann sich guter Kontakte zum Bezirk Unterfranken und zur Stadt Würzburg glücklich schätzen. Die Stadt unterstützte die Ansiedlung in den Räumen des Kulturspeichers, sie bezuschusst Projekte im Rahmen ihrer Förderrichtlinien und finanziert die im Untergeschoss gelegene Druckwerkstatt.

Um Mitglied im Verband zu werden, genügt ein abgeschlossenes Studium an einer Kunstakademie in Deutschland. Wenn der Aspirant darlegen kann, dass er mit Kunst seinen Lebensunterhalt zu verdienen sucht, geht es auch ohne Studium. Einmal in jedem Jahr stellt der Verband die Neuzugänge in einer Gruppenschau vor. Insgesamt zwölf Ausstellungen zeitgenössischer Kunst pro Jahr spielen sich in der

setzt werden. Nicht nur BBK-Mitglieder, sondern prinzipiell jeder kann sie nutzen. Künstler bieten VHS-Kurse an und führen in die Techniken ein. Ob mit oder ohne Spezialkenntnisse: Kunstinteressierte finden hier zudem eine große Auswahl an Druckgrafiken, darunter ältere Drucke und Bestände aus Sammlungen, die an den BBK übergeben wurden – qualitätvolle Arbeiten in kleinsten Auflagen.

Von Vereinsmeierei ist der BBK zum Glück weit entfernt. Während sich in zahlreichen

In der Druckwerkstatt des Künstlerhauses entstehen Grafiken.

Galerie im ersten Geschoss ab, Einzel- und Gruppenausstellungen, sowohl mit Arbeiten der Mitglieder als auch mit Exponaten von Gast-Künstlern. In der Werkstattgalerie im Untergeschoß kommen weitere zehn Ausstellungen pro Jahr hinzu. Die ebenfalls dort aufgebaute Druckwerkstatt ist eine auch überregional hochgeschätzte Besonderheit des unterfränkischen Verbandes, bietet sie doch beste Arbeitsmöglichkeiten mit sämtlichen Maschinen, die für die traditionelle Druckgrafik einge-

Vereinen eine Hand voll Personen um alles kümmert, übernehmen im BBK viele Mitglieder Verantwortung für „ihre" Sache. Da versteht man, weshalb die Vorstände Dierk Berthel und Jürgen Hochmuth, beide Bildhauer, die Atmosphäre als „freundschaftlich" und „lebendig" beschreiben. Sie hat viel mit dem Selbstbewusstsein und dem Selbstwert zu tun, den Künstler aus ihrer Arbeit schöpfen.

„Heimatstädte sind dazu da, dass man sie liebt und hasst"

– Erwin Pelzig

Erstaunlich viele Kabarettisten aus der Region um die Domstadt sind bundesweit erfolgreich. Bloßer Zufall oder glückliche Fügung?

von
Thomas Brandstetter

Mittelalterliche Geschichte und ihre Burgen war das Vorlesungsthema, und der Hochschulprofessor erklärte, dass Burgen auf Bergen Berg-Burgen heißen und Burgen im Tal Tal-Burgen. 200 Studenten schrieben eifrig mit. Und Urban Priol langweilte sich ganz fürchterlich. „Das war's", dachte er sich in diesem Moment. Er verließ den Hörsaal, um die Julius-Maximilians-Universität in Würzburg nie mehr zu betreten. Drei Scheine hatten ihm noch gefehlt zu den Examen in den Studiengängen Englisch, Russisch und Geschichte, Fachrichtung Lehramt. „Ich habe es noch nie bereut", sagt Urban Priol heute, ein Vierteljahrhundert später.

Offenbar hat Priol (geboren 1961 in Aschaffenburg, aufgewachsen in Obernburg) damals nur den letzten kleinen Kick gebraucht, um das Risiko einzugehen, professionell Kabarett zu machen. „Den Kopf vollgepumpt mit Informationen und Assoziationen legen sich die Pointen auf seine Zunge

Erwin Pelzig: „Würzburg war schon zweimal führend: das erste Mal bei der Hexenverbrennung und etwas später dann beim Schuldenstand."

und drängen schnell hinaus, ob er will oder nicht, sie müssen raus, weil ihm sonst wahrscheinlich irgendwann der Kopf platzen würde." Das sagte Priols Würzburger Kollege Frank-Markus Barwasser (Jahrgang 1960), als er die Laudatio auf Priol hielt bei der Verleihung des Deutschen Kabarettpreises. Mittlerweile sind die beiden Partner, nicht nur im Geiste. Nach Georg Schramms Rückzug im Sommer 2010 präsentiert nun Barwassers Alter Ego Erwin Pelzig mit Priol zusammen die ZDF-Show „Neues aus der Anstalt", die mit weitem Abstand erfolgreichste Satiresendung im deutschen Fernsehen.

Kabarett und Würzburg? Klar! Da fällt den meisten erstmal der Pelzig ein: kackbraunes Feincordhütli, ledernes Herrenhandtäschli, rot-weiß-kleinkariertes Hemdli unterm Trachtenjanker – optisch ist Barwassers Kunstfigur die Fleisch gewordene Spießigkeit, inhaltlich der Mensch gewordene Störfaktor.

Kabarettistisches Dreieck am Main: Universität, Katholizismus, Wein

Würzburg und Kabarett? Das ist aber bei weitem nicht nur der Pelzig: Neben Barwasser und Priol bespielen die Bühnen der Republik Vince Ebert (geboren 1968 in Miltenberg), Rolf Miller (1967 in Wertheim), Michl Müller (1972 in Bad Kissingen), Philipp Weber (1974 in Miltenberg) und Mathias Tretter (1972 in Würzburg). Ebert findet, dass es in Würzburg die „perfekte Verbindung von Wissenschaft und Weinfest gibt", weshalb aus den Studenten

Arbeiten seit Mitte der 80er zusammen: Urban Priol (links) und Bockshorn-Chef Mathias Repiscus, gemeinsam im aufblasbaren Pool in Repiscus' Garten im Sommer 2003.

so viele Kabarettisten hervorgegangen seien, und Tretter meint, dass „das Angebot aus Katholizismus und Weinstuben in Würzburg gut ist."

„Ohne Mathias Repiscus wäre die deutsche Kabarettszene ein großes Stück kleiner."
— Michael Mittermeier

Wurzeln in Unterfranken hat außerdem Holger Paetz (der Westerwelle aus dem traditionellen Singspiel beim Starkbieranstich auf dem Münchner Nockherberg), der zwar in München geboren wurde (1952), aber in Aschaffenburg aufwuchs und sein Studium an der Uni in Würzburg abbrach, um anfangs seiner Karriere mit selbst geschriebenem Liedgut und Texten durch die unterfränkische Provinz zu tingeln. Seine Erinnerung an Würzburg: „Das Studentenleben war angenehm. Als störend erwies sich nur die Uni."

Auch Comedy-Rüpel Ingo Appelt (1967 in Essen geboren) ist mit Würzburg vertraut. Weil sein Stiefvater, Profi-Fußballer Günter „Nobby" Fürhoff, 1978 beim damaligen Zweitligisten FV 04 Würzburg (der 1981 in Konkurs ging) anheuerte, verbrachte Appelt seine Jugend am Main. Er lernte bei Siemens Maschinenschlosser und hatte Ende der 80er erste Auftritte bei Konferenzen der IG Metall.

Richard Rogler (geboren 1949 in Selb) hat seine ganz eigenen Erfahrungen gemacht mit der Domstadt. Der vielfach preisgekrönte Kabarettist, später Stammpersonal im ARD-„Scheibenwischer" und Gast in nahezu jeder Satiresendung im deutschen Fernsehen, studierte in den Siebzigern in Würzburg Französisch und Sport auf Lehramt, er war Mitglied der Kinder- und Jugendtheatergruppe „Ömmes & Oimel". Rogler sperrte sogar einmal den Würzburger Stadtrat ein. Er hatte gerade begonnen, Kindertheater zu machen.

Politiker liefern einem Kabarettisten reichlich Material für Satire: In seiner Würzburger Zeit musste sich Richard Rogler in unerwarteter Weise mit dem Würzburger Stadtrat auseinander setzen.

Vince Ebert: „In Würzburg gibt es die perfekte Verbindung von Wissenschaft und Weinfest."

„Unser Stützpunkt war ein altes Schloss in Remlingen." Roglers Gruppe hatte die Zusage für eine Premiere am Stadttheater. „Plötzlich hieß es, der Stadtrat wolle vorher sehen, was wir so machen. Zensur in Reinstform." Also fuhren in Remlingen, einem Markt im Landkreis Würzburg, zwölf schwarze Limousinen vor. „Wir haben die Leute hereingebeten. Und von außen abgeschlossen. Dann sind wir in die Kneipe gegenüber gegangen und haben ein paar Bier getrunken", erzählte Rogler einmal. Das Stück – laut dem Kabarettisten ganz harmlos, „so etwas wie der kleine Däumling in moderner Fassung" – durften Rogler und Co. dann natürlich nicht im Stadttheater aufführen. Und in den Schulen, sagt Rogler, durften sie auch nicht auftreten. „Deshalb haben wir Würzburg dann verlassen und sind ins Ruhrgebiet gefahren." Dort ließ man sie spielen.

Kabarett und Würzburg? Da darf einer natürlich nicht fehlen: Mathias Repiscus. Der Impresario des Kabarettkellers Bockshorn, das er im Oktober 1984 in Sommerhausen vor den Toren Würzburgs gründete – 2001 zog er dann in die Domstadt in den neuen Kulturspeicher um –, gilt als großer Talentförderer. „Ohne Mathias Repiscus wäre die deutsche Kabarettszene ein großes Stück kleiner! Ich habe sehr viel von meinem Schweizer gelernt", sagt etwa Michael Mittermeier, den Repiscus anfangs unter seinen Fittichen hatte. „Dass der Junge

Talent hatte, hab' ich gesehen, aber bis wir fertig waren, war das harte Arbeit", sagt Repiscus und lächelt. Er hat Ingo Appelt gefördert, auch Dieter Nuhr, heute sucht die junge Garde um Tretter und Weber seinen Rat, und mit Urban Priol arbeitet der gebürtige Schweizer seit Mitte der 80er zusammen – Repiscus führte bei jedem von Priols Bühnenprogrammen Regie.

Priols Stärken sind das Tempo und die Fähigkeit, aus Unzusammenhängendem aberwitzige Fäden zu spinnen, die er zu einer bisweilen absurden, manchmal traurigen, oft brüllend komischen Logik verdichtet, und beim Reagieren auf die Tagesaktualität schlägt ihn sowieso keiner. Als Student wohnte der Hochgeschwindigkeitskabarettist, der mit seinen hochtoupierten Fusselhaaren, der fast runden Brille und den quietschbunten Hemden von erlesener Scheußlichkeit daherkommt wie eine Mischung aus Struwwelpeter, Woody Allen und Detektiv Magnum, im Würzburger Stadtteil Grombühl, wo auch das unterfränkische Idiom zu Hause ist, das ihn offenbar tief beeindruckte: „‚Hallo! Hier dürf' Sie fei nix gebarg.' – Solche Sätze stählen für ein Kabarettistenleben." Wobei man dazu wissen sollte: Auch Priol bemüht sein Hochdeutsch eher selten, er mag diesen

Aschaffenburger Dialekt – nicht mehr Fränkisch, noch nicht ganz Hessisch –, der, anders als bei Barwassers Pelzig, keine Kunstsprache ist, sondern mitten aus dem Leben kommt.

Auch Frank-Markus Barwasser ficht so manchen Strauß mit seiner Heimatstadt aus: Er hat zwar nie in Würzburg studiert (sondern, nach der Redakteursausbildung bei der Würzburger Tageszeitung „Main-Post", Politikwissenschaften, Neuere Geschichte und Ethnologie an den Universitäten in München und im spanischen Salamanca) – aber Kindheit und Jugend prägen schließlich auch. Wenn man mit Barwasser ratscht und er sich dabei erinnert an seine „wilde Mopedzeit" und an Würzburg als „Stadt, an der man sich wunderbar reiben kann", dann kann man auch ein Gefühl dafür bekommen, was er meint, wenn er sagt: „Heimatstädte sind ja dazu da, dass man sie liebt und hasst. Das Schlimmste ist doch, wenn sie einem gleichgültig sind."

Ein ernsthafter Mensch mit sehr viel Humor

Vielleicht hat er deshalb die Zelte noch nicht endgültig abgebrochen. Barwasser hat auch einen Wohnsitz in München, und in der Bretagne besitzt er ein Häuschen, sein „Ort der Unschuld", wo er so wunderbar abschalten kann und „mit bestem Gewissen einfach auch mal nichts tut." Aber darüber spricht er nicht so gerne. Viel lieber und ausführlicher und ernsthaft und lustig erzählt er von der Gratwanderung zwischen intelligenter Unterhaltung, dumpfen Ablachpointen, auf die er gerne verzichtet, und dem vermeintlich aufklärerischen Anspruch des Kabaretts.

Man muss sich Frank-Markus Barwasser schon als ziemlich ernsthaften Menschen vorstellen, als ernsthaften Menschen mit sehr viel Humor, und wenn man ihn ein bisschen länger kennt und weiß, dass er bisweilen gerne grübelt und manchmal dazu neigt, den Perfekti-

onismus zu perfektionieren, dann kann man ahnen, wie diebisch er sich auch freut, wenn ihm Sätze einfallen wie dieser: „Würzburg war schon zweimal führend: das erste Mal bei der Hexenverbrennung und etwas später dann beim Schuldenstand."

Womöglich kann man heute noch den Eindruck bekommen, dass der Kabarettist Frank-Markus Barwasser verschlungen zu werden droht von seinen Figuren. Er hat ja noch mehr als sein zwar kleines klariertes, aber ganz sicher nicht kleinkariertes anderes Ich: Erwin Pelzig, Hartmut, Doktor Göbel – dem einen fehlt der Vor-, dem anderen der Nachname, nur einer ist wirklich komplett in dieser satirischen Dreifaltigkeit. Beim Versuch, im Koordinatensystem von Pelzig, Hartmut, Doktor Göbel auf der einen und ihrem Schöpfer auf der anderen Achse, neben den Figuren auch den Menschen Frank-Markus Barwasser zu orten, landet man zwangsläufig immer wieder bei seinen, ja, man muss es so schreiben: zu Kult gewordenen Geschöpfen. Es war mal ein alter Freund in einer Vorstellung, einer aus den wilden Würzburger Mopedzeiten, mit dem Barwasser seit 20 Jahren keinen Kontakt mehr hatte. Der Spezi hatte Pelzig noch nie gesehen, anschließend sagte er, dass es für ihn wie eine Reise in die Vergangenheit gewesen sei, weil er so viele Leute und Situationen wieder erkannt habe. „Da ist mir erst wirklich bewusst geworden", sagt Barwasser, „wie viel Erlebtes und Erlittenes drinsteckt."

Sicher sagt das ziemlich viel über den Künstler aus, und vielleicht sagt es sogar noch mehr über den Menschen Frank-Markus Barwasser – und über seine Heimatstadt.

Mathias Tretter: „Das Angebot aus Katholizismus und Weinstuben in Würzburg ist gut."

Waltraud Mayer und Diana Damrau waren hier groß geworden, der Zaubergeiger Paganini und Richard Strauß hatten auch schon hier gespielt, nicht zu vergessen Richard Wagner und natürlich der jüngste Spross der Familie, Katharina, die ihr Regiedebüt nicht in Bayreuth, sondern am Mainfranken Theater gegeben hatte.

Allesamt große Namen mit denen man sich gerne schmückte. Und nun sollte mit dem Tenor Francesco Vilar der nächste Meilenstein gesetzt werden. Der junge Mann kam von der ansässigen und nicht minder erfolgreichen Musikhochschule. Eine große Karriere wurde ihm prophezeit.
„Das wird ein unvergessliches Erlebnis",

rief Julias Mann aus dem Badezimmer herüber. „Ich habe ihn auf Knien bitten müssen …"
Francesco hin, Vilar her. Es kümmerte Julia nicht, sie kannte ihn noch nicht einmal. Heute war ihr Hochzeitstag, und sie würde einen Teufel tun, ihn mit 700 anderen Verrückten in einem muffigen Theatersaal zu verbringen.
Ihr Göttergatte hatte diesen Tag natürlich wieder ein-

mal vergessen, wie so vieles in den letzten Jahren. Aber das kümmerte sie nicht länger. Die schönste Sommernacht seit Jahren stand bevor und sie wollte hinaus ans Wasser, die Füße in den warmen Sand stecken und bei einem Glas kühlen Rosé vom Süden träumen.
Zuvor vielleicht noch etwas essen. Bei Luigi & Paolo zum Beispiel, das neue italienische Restaurant unten am Main. Es war in aller Munde. Von der Dachterrasse

aus hatte man einen grandiosem Blick auf die beleuchtete Festung und das Käppele, konnte bei Kerzenlicht und Chiaretto träumen und, wem der Sinn danach stand, auch tanzen.

Wie lange hatte sie schon nicht mehr getanzt? Schulter an Schulter die Sterne bei Nacht gezählt? Oder war barfuß im Sand gelaufen?

Das brauchte sie in solch einer Nacht, nicht die hohe Gesangskunst eines Francesco Vilar. Daher ließ sie Mann und Wohnung hinter sich, ergab sich ganz ihrem Gefühl.

Es sagte ihr auch, dass sie ihren Mann auch verlassen könnte. Sie hatte es schon einmal getan – mit 25, als sie gespürt hatte, welch ein Egoist er im Grunde seines Herzens war. Sie könnte es jederzeit wieder tun …

Aber wenn sie ehrlich war, machte sie sich etwas vor. Weglaufen war ein Luxus der Jugend. Mit 50 trennte man sich nur, um festzustellen, dass man nicht länger 25 war.

Wieso konnte hinter dem Nikolausberg nicht das Meer beginnen?

Die Straßen der Stadt waren leer, selbst am belebten Oberen Markt war sie allein. Die Schaufensterpuppen der Modehäuser starrten reglos an ihr vorbei. Die Burger-Braterei spuckte eine Traube junger Menschen aus. Am Unteren Markt wurde es lebhafter. Unter Wohnzimmerpalmen aß man Riesen-Garnelen in Knoblauch und trank ein Glas Silvaner dazu. Gepflegte Abendstimmung. Ein verlockendes Angebot und eine angenehme Szenerie. Aber nicht jetzt.

Sand stand auf ihrem Plan. Sie musste ihn spüren, seine Wärme und die Umarmung ihrer Füße. Mit dem

Meer in Sichtweite wäre sie sogar glücklich gewesen. Wieso konnte hinter dem Nikolausberg nicht das Meer beginnen? Dann wäre Würzburg der ideale Platz auf Erden.

Der Stadtstrand am Mainufer hatte ausreichend Sand. Die Stimmung war wie erwartet. Sambamusik spielte, es wurde getanzt, getrunken und gelacht. Julia zog die Schuhe aus und setzte den Fuß in den Sand. Ja, das war das Gefühl, das sie suchte.

Diese Sommernacht war samtweich. Es fühlte sich an als wäre sie im Süden, bunte Lichter spiegelten sich im Wasser, über ihr die Pracht der Sterne, ein perfekter, endloser Himmel. Sie seufzte.

Ein kleines Motorboot surrte vorbei, nahezu lautlos, wie ein Schwan, der übers Wasser glitt. Ein Mann und eine Frau. Demonstrative Zweisamkeit.

Etwas, das sie wohl nie wieder erleben würde. Sie setzte sich in einen der vielen Liegestühle um sie herum, schloss die Augen und träumte von ihren Träumen, die sie als Studentin noch gehabt hatte.

„Ist der Stuhl noch frei?"

Ein junger Mann – nicht unattraktiv – stand vor ihr, lächelte sie mit diesem Mittelmeer-Lächeln an, als sei er der wiedergeborene Adonis. Vor zwanzig Jahren hätte sie es noch erwidert, heute brachte sie nur mütterliche Gefühle für den Schönling auf.

Sie schaute sich verdutzt um. Alle Stühle waren frei. Wieso musste es ausgerechnet der neben ihr sein? Sie seufzte. „Bitte sehr."

Wie lange würde es dauern, bis der erste Spruch kam? „Eine wunderbare Nacht", sagte er mit Blick zum Himmel, „warm und bezaubernd schön."

Das hatte sie schon besser gehört.

„Sind Sie alleine hier?"

Sah er vielleicht noch jemanden?

„Hören Sie, ich will nicht unfreundlich sein, aber ich bin nicht interessiert."

Das war unmissverständlich. „Entschuldigen Sie. Ich wollte Sie nicht belästigen."

Er lächelte ihr noch einmal zu. Dann ging er seines Weges.

So schnell hatte das ja noch nie geklappt. Gewöhnlich machten diese Knaben ein Gezeter als hätte man ihnen die Ehre geraubt. Andererseits: Wieso war sie eigentlich so schroff? Der Fremde war nett gewesen, in keinster Weise aufdringlich.

„Warten Sie!" Er blieb stehen und drehte sich um, sie winkte ihn herbei. „Es tut mir leid, ich wollte nicht unhöflich sein. Aber …"

„Ich verstehe das."

„Setzen Sie sich doch." Sie wies ihm den Stuhl neben ihr zu. „Um auf Ihre Frage zurückzukommen: Ja, ich bin alleine hier."

„Ich will nicht neugierig sein, aber eine solche Nacht", er präsentierte den Sternenhimmel mit einer ausladenden Handbewegung, „sollte man mit einem Freund oder seinem Liebsten feiern."

Sie seufzte. „Mein Mann hat es vorgezogen, diesen Abend im Kreis seiner Freunde im Theater zu verbringen statt mit mir unter dem Nachthimmel."

„Das ist unverzeihlich."

„Aber wahr."

„Wie könnte ein Mann …"

„Er kann."

Sie lächelte ihn verlegen an, gleichwohl hätte sie vor lauter Elend heulen können. „Und das an meinem Hochzeitstag."

Die Augen wurden ihr feucht. Mein Gott, auch das noch.

„Darf ich sie etwas aufmuntern?", fragte er.

Sie schniefte. „Das ist nett. Danke."

„Ich möchte sie zu einer kleinen Bootsfahrt einladen."

„Sie haben ein Boot?"

„Ein kleines."

Konnte sie zu einem Fremden aufs Boot steigen? Vielleicht war er … Ach, was soll's, sagte sie sich. Was sollte ihr schon passieren? Sie waren mitten in der Stadt.

Er reichte ihr die Hand. Barfuß stapften sie durch den Sand, wie Mutter und Sohn, an den vielen tanzenden Menschen vorbei zu einem Boot, das am Mainufer vertäut lag.

Der Fremde hatte nicht gelogen. Das Boot war wirklich klein, nein, es war eher schmal und lang. Es war eine Gondel, wie sie sie zu Dutzenden in den Kanälen von Venedig gab.

Sie musste allerdings zugeben, dass diese Gondel alles andere als gewöhnlich war. Wo sie eine harte Holzbank vermutete, stand eine bequeme Couch in rot, darauf zwei mit goldenen Fäden bestickte Kissen, davor ein Tisch mit Champagnerkübel und zwei Gläsern, außerdem ein sechsarmiger Kerzenleuchter an der Seite.

„Was ist das hier?", fragte sie.

„Ihr Taxi, Senora."

Er stieß die Gondel mit einem Ruder vom Kai ab, stellte sich ans Heck, wo sich der Gondoliere gewöhnlich aufhielt und begann zu singen. Nicht mit irgendeiner Stimme, sondern mit der eines Tenors, eines bald weltberühmten. Und er sang nicht ein Sole mio, sondern Se bastasse una canzone von Eros, eines ihrer Lieblingslieder.

Das Herz ging ihr auf. Meine Gott war das kitschig … aber auch so schön. Nichts anderes hatte sie sich für diese eine Nacht gewünscht. Noch einmal schwärmen so wie in alten Zeiten mit dem Mann, den sie …

Und wenn sie nicht alles täuschte, stand er dort drüben am Ufer der Maininsel und wartete darauf mitgenommen zu werden.

„Sollen wir?", fragte der Fremde scherzhaft.

Sie drehte sich zu ihm um. „Wer zum Teufel sind Sie?"

„Ich heiße Franceso Vilar und bin Ihr Gondoliere für diese Nacht."

***

(K)ein Kinderspiel

Es bedarf einiger Phantasie, um sich das Theater Spielberg als heruntergekommenes Haus vorzustellen, durch dessen Dach der Wind pfeift. Vor der Eröffnung des Theaters im Jahr 1983 sah es hier wüst aus.

Noch mehr Phantasie erforderte es von Norbert Böll freilich, an der Stelle des einstigen Verschlags ein pädagogisch-künstlerisches Kleinod aufzubauen. Im Nachhinein darf es als Glücksfall gelten, dass die Finanzmittel knapp waren und keine durchgeplanten Entwürfe für eine Freizeitstätte existierten. Ein bürokratisches Korsett hätte dem Gestaltungsmenschen Norbert Böll den Freiraum genommen, der sich hier eröffnet. Für Kinder wie Erwachsene beginnt das Puppentheater nicht erst, wenn das Licht zur Vorstellung erlischt, und hört nicht auf, wenn der Vorhang fällt. In den Ecken und Winkeln des Hauses wohnen zartgliedrige Marionetten, sind kindergroße Stabpuppen aufgereiht. Fensterchen reizen zum Durchblick. Die Holzkonstruktion mit der Galerie und dem Kindercafé im ersten Stock, in dem Kinder auch ihre Geburtstage feiern können, wirkt wie ein Haus im Haus, wie eine zweite Bühne, auf der die Menschen ihre Rolle spielen.

Theater Spielberg
Reiserstr. 7
97080 Würzburg
Tel. 0931 / 26645
www.
theater-spielberg.de
theater-spielberg@
online.de

Bürozeiten:
Dienstag und
Mittwoch
8.30 – 12.30 Uhr

Bis zu 120 Aufführungen finden pro Jahr im Theater Spielberg statt, der größte Teil Eigenproduktionen, erweitert um Gastspiele und Auftritte außer Haus. Die vier Mitspieler arbeiten seit langem zusammen. Nahezu von der ersten Stunde an im Programm sind Spielberg-Klassiker wie „Laterne und Sterne" oder „Krokodilstränen". Zehn Stücke befinden sich laufend im Repertoire, darunter Adaptionen von Kinderbuch-Hits wie „Wo die wilden Kerle wohnen" oder „Der Zauberer von OZ", der auch als Abendveranstaltung für Erwachsene in Kombination mit einem Essen über die Bühne ging.

„Kinder spielen nicht aus Langeweile, sondern aus innerem Antrieb", weiß Impressario Norbert Böll. „Spielen bedeutet kämpfen gegen die Angst, es bedeutet Glück erfinden, denn das Glück ist die Überwindung der Angst." – Das Zitat des französischen Theatermachers Jean-Louis Barrault ist für Norbert Böll zum Wegweiser für seine Theaterarbeit geworden. „Ich will keine perfekte Illusion aufbauen,

sondern motivieren." Speziell die Kinder werden angeregt, selbst kreativ zu werden. Die Gestaltungsmöglichkeiten des Figurentheaters sind enorm. Kleine Bilder reichen, um große Phantasien wachzurufen. Die Erfahrung bestätigt sich, wenn junge Mütter und Väter mit ihren Kindern Stücke sehen, die sie selbst bereits als Kind gesehen haben. „Sie kennen Situationen oft noch genau, die Szenen haben sich ihnen als Kindheitserinnerung eingeprägt", erzählt Norbert Böll.

Auch im Erwachsenen steckt ein Kind, das spielen will. Das Puppentheater schafft eine befreiende Distanz zur Realität. Der Puppenspieler ist als wirkliche Person sichtbar und agiert aus unterschiedlichen Positionen, mal vor der Bühne, mal dahinter, mal darüber, mit wirklich erfundenen Figuren. Selbst Erwachsene vergessen manchmal, dass hier gespielt wird, die Kinder tauchen ein in eine magische Welt.

Mitspieler des Theaters. Linke Seite oben: Don Quijote, der Ritter von der traurigen Gestalt. Diese Seite oben: Puppen hängen vor oder nach den Vorstellungen ein bisschen ab – in der Vitrine.

Mathilde Maus plaudert mit Arthur dem Plakataufkleber

„Ich will keine perfekte Illusion aufbauen, sondern motivieren."
– Norbert Böll

Aufgang zum Kindercafé, in dem sich ideal Kindergeburtstage feiern lassen … Hier kann auch der Prinzipal Norbert Böll (Bild rechts) entspannen.

Vielfalt statt Einfalt

Die Kinobetreiber und das Kinopublikum können eigentlich ganz glücklich sein mit der Situation: Im Frühjahr zieht mit dem Filmwochenende internationales Flair in die Stadt ein, im Sommer stehen Filmnächte mit der beeindruckenden Kulisse des Hafens und des Festungsgartens an, und auch außerhalb der Stadt sorgt Open-Air-Kino derweil für Impressionen und großes Theater.

**Central
Programmkino**

Maxstraße 2
97070 Würzburg
Tel. 0931 / 78011055
www.central-
programmkino.de
info@central-
programmkino.de

**Casablanca
Filmtheater**

Wagstraße 4a
97199 Ochsenfurt
Tel. 09331 / 5441
www.casa-kino.de
info@casa-kino.de

Überhaupt besteht im ganzen Jahr kein Mangel an cineastischen Freizeitangeboten. Um Vielfalt machen sich vor allem die Programmkinos verdient.

Für Programmkinos gab es in Deutschland Anfang der 1960er Jahre günstige Voraussetzungen. Junge ambitionierter Filmemacher wendeten sich mit dem „Oberhausener Manifest" von der als spießig empfundenen Tradition der Heimatfilme ab und begannen im Kino eine andere Art von BRD-Realität zu zeigen. Alexander Kluge, Werner Herzog und Rainer Werner Fassbinder wurden zu exponierten Autoren des Neuen Deutschen Films. Es entwickelte sich eine eigene Kultur mit Kinos in kommunaler Trägerschaft und Programmkinos, finanziert durch den Markt und durch Zuschüsse. Heidrun Podszus erinnert sich noch lebhaft an jene Zeit, als Kinobegeisterte für einen neuen Film mit einem klapprigen Auto bis ans Ende der Welt gefahren sind. Wie sehr sich das

Publikum mit „seinem" Kino identifizieren kann, merkte sie erneut bei der Gründung des Würzburger Programmkinos „Central". Es sollte 2010 das Programmkino „Corso" ersetzen, das schließen musste, obwohl Würzburg aufgrund der Uni und des Internationalen Filmwochenendes immer zu den ersten zehn Arthaus-Kinoplätzen in Deutschland zählte. Rund 500 Menschen unterstützten als Paten die Gründung des Programmkinos, das seit November 2010 als Genossenschaft betrieben wird, mit der Cineastin und Filmverleiherin Heidrun Podszus als Vorstandsvorsitzender.
„Von Anfang an wurde eine unglaubliche Menge an Kooperationen an uns herangetragen", sagt die gebürtige Berlinerin, die familiäre Verbindungen nach Würzburg führten. Entsprechend vielfältig: das Angebot. Neben aktuellen Arthaus-Filmen zeigt das in einem 50er-Jahre-Schulhaus untergeschlüpfte „Central" spannende Reihen und lädt zu Festivals sowie einem umfangreichen Rahmenprogramm ein.

Kino bedeutet Impressionen, vor allem bei dieser Kulisse: Festungsflimmern in Würzburg, Juli 2012.

Einladende Kinos, reizvolles Programm:
Das Casablanca Ochsenfurt (diese Seite links) wurde
vom Beauftragten für Kultur und Medien der Bundes-
republik Deutschland (BKM) für das Jahr 2003 als
bestes Programmkino Deutschlands ausgezeichnet.
Das 2010 gegründete Programmkino Central in
Würzburg (unten) erhielt aus dem Stand u.a. einen
Programmpreis des BKM für das herausragende
Jahresprogramm und das gute Dokumentarfilm-
programm 2011 sowie eine Kulturmedaille der Stadt
Würzburg 2012.

Die Begeisterung für das gesellschaftliche Querschnittsmedium Kino trägt weit
und schlägt sich auch beim Ochsenfurter
„Casablanca" in einem attraktiven „Drum-
herum" nieder. Das Filmfrühstück ist nur
ein Highlight. An ein bis zwei Sonntagen
im Monat serviert das Kino hierfür kein
Frühstück im eigentlichen Sinn, sondern
einen aktuellen Film und ein darauf abge-
stimmtes 5-Gänge-Menü. Hannes Tietze,
neben Gert Dobner einer der beiden
Geschäftsführer der 1982 gegründeten
Gesellschaft, liebt speziell stimmungs-

volles Open-Air-Kino: beim Weingut
Meintzinger in Frickenhausen (im Juli),
bei der Mosesmühle in Bächlingen, im
Winzerkeller Sommerach und im Spitalgarten Aub (jeweils im August). Wenn
das Wetter mitspielt, gibt es Kino unter
Sternenhimmel. Für den Sternenhimmel
im Kinosaal gibt es die Elektrik.

In den sechziger Jahren des
letzten Jahrhunderts leitete
Veit Relin das Ateliertheater
am Wiener Naschmarkt. Dort
stand er als Baal in dem vom
zwanzigjährigen Bert Brecht
geschriebenen, gleichnamigen Stück „Baal" in einer
legendären Inszenierung auf
der Bühne.

Das Torturmtheater im Marktfleck Sommerhausen – Hier residiert seit 1976 Veit Relin als
Nachfolger des legendären Luigi Malipiero.
Relin, einstiger Burgschauspieler, Gründer des
Wiener Ateliertheaters am Naschmarkt, Maler,
Regisseur und Drehbuchautor – hoch gewachsen,
schlank, weißhaarig, mit immer noch neugierigen
blauen Augen – ist seit über drei Jahrzehnten Herr
über einen Mini-Musentempel.

von Ursula Düring

Auf der engen Bühne im schmalen Turm
über dem Stadttor, durch das bis heute die
Autos fahren, werden immer wieder neue,
aufregende Stücke junger Autoren gezeigt,
wird experimentiert und aufs Trefflichste
unterhalten.

Als Sohn eines Polizisten und einer
„schönen Mutter" 1926 in Linz geboren,
stand Veit Relin bereits mit zwölf Jahren
als Statist auf der Bühne des dortigen Lan-
destheaters und debütierte in Innsbruck
als Ansager im „Jedermann." Ausgebildet
am Wiener Max-Reinhardt-Seminar und
parallel dazu an der Wiener Akademie der
Bildenden Künste, waren, bevor Relin am
Main sesshaft wurde, Salzburg, Zürich,
Wien, Graz, München, Frankfurt, Kassel
wichtige Stationen für den „Österreicher
von Geburt, den Franken aus Liebe". Davor
gab es erfolgreiche Tourneen, Fernseh- und
Drehbucharbeiten, Gastspiele – und immer
wieder Malerei. Große Namen begleiteten
den Weg des Allround-Künstlers: der Aka-
demieprofessor Herbert Boeckl (Professor
an der Akademie der Bildenden Künste
Wien und Hauptvertreter der Wiener
Moderne) und die Maler Oskar Kokosch-
ka, Joachim Schlotterbeck und Josef Versl.
Schauspieler wie Werner Hinz, die Wesse-
lys, die Hörbigers, Josef Meinrad, Elisabeth
Bergner und Erika Pluhar gehörten dazu.

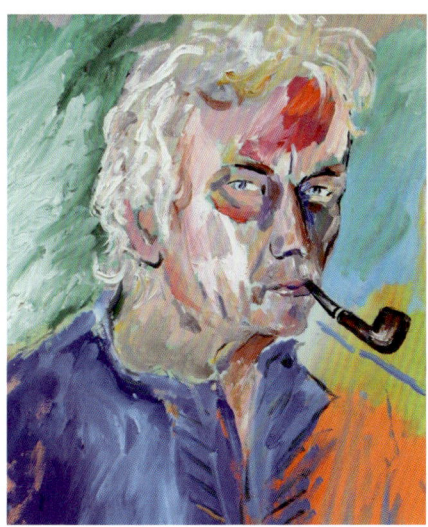

„Österreicher von Geburt, Franke aus Leidenschaft"
– so sieht sich der Maler, Autor, Schauspieler und
Regisseur Veit Relin, der selten ohne Zigarillo oder
Pfeife anzutreffen ist.

Im Sommerhäuser Torturm begann so
manche Karriere. Joachim Króls erster
Tatort war die Torturmbühne. Dort erhielt
er seine erste Gage und schaut seitdem
jährlich einmal vorbei, der Falckenberg-
Schüler Frank Muth, in Würzburg gebore-
ner und durchs Fernsehen einem breiteren
Publikum bekannter Schauspieler und
Synchronsprecher, tritt immer wieder im
Torturm auf, und Autor Patrick Süßkind,

Unten fahren die Autos hinein in den idyllischen Weinort, oben gibt es Nachdenkliches, Heiteres, Schwarzhumoriges und Unterhaltsames.

dessen „Kontrabass" hier gezeigt wurde, ließ sich, obwohl fotoscheu, von Veit Relin in dessen Münchner Atelier porträtieren.

Ein „Zerrissener" ist er, der in Ehren ergraute, schöne Herr Relin, der bis heute jedes Theaterprogramm, jedes Bühnenbild entwirft. Gern zitiert er Nestroys Figur, den Herrn von Lips. Denn auch Relin sieht sich hin- und hergerissen, pendelnd zwischen Theaterbühne und Atelier. Auf der anderen Seite des Flusses, in Winterhausen, frönt das Multitalent nämlich, wenn er nicht gerade Station in München macht, seiner zweiten Leidenschaft, die er mit Tusche und Rohrfedern betreibt. Die schneidet er sich im Garten ab, richtet sie zurecht und nimmt sie mit ins Atelier. Auf den roten Tonfliesen liegen, sorgfältig verteilt, die Früchte seiner Arbeit, die Wände sind bedeckt mit Zeichnungen, Bildern und Skizzen. Auch die Kacheln am behäbigen Ofen tragen Veit Relins Handschrift. Geordnet

stehen dicke und dünne Pinsel starr in großen Gläsern neben unzähligen Farbtuben. Bisweilen arbeitet der Maler mit Aquarellfarben, dann wieder greift er zum Braunrötelstift. Ihn führt er mit traumwandlerischer Sicherheit über das helle, in einer Wiener Manufaktur zu einem Buch gebundene Büttenpapier. „Zeichnen ist für mich das Wichtigste", bekennt der begnadete Aktzeichner und Porträtist, und erzählt von dem Obst auf seinem ersten Ölbild, das er mit sechs Jahren gemalt hat.

Morgens Malerei, abends Theater

Fremde Länder, Tiere, bekannte und unbekannte Persönlichkeiten hat er im Lauf der Jahrzehnte auf Papier festgehalten. „Beim Zeichnen sieht man hinter die Fassade", erinnert er sich. „Beim Boeckl hab ich erst richtig sehen gelernt." Ein Zug am Zigarillo, ein Schluck aus dem von Ehefrau Angelika zurechtgestellten Glas, und die kreative Arbeit wird minutenlang schweigend fortgesetzt. „Der Akt ist am schwierigsten", erklärt Relin nach vollendetem Werk. „Den muss man ununterbrochen trainieren". Das tut der Maler und Theatermann nach einem täglichen Frühstück im Bett, das aus Bergen von Obst besteht, bevor er sich vor ein leeres Blatt Papier setzt und den Zeichenstift in die Hand nimmt.

Am Abend steht der Torturm wieder an erster Stelle. Hier wurde Theatergeschichte geschrieben, hier gab es große Erfolge, etliche Ur- und Erstaufführungen. Veit Relin ist in sportliches Schwarz gekleidet. An einer silbernen Kette, einem Beduinenschmuck, den er vor 30 Jahren in Jerusalem bei den Dreharbeiten zur „Braut von Messina" erstanden hat, hängen zwei Ringe. Es sind die Ringe der beiden Frauen, die sein Herz am meisten berührt haben: Maria Schell und Angelika Relin. Meist sitzt er im kleinen Stübchen hinter der Kasse, das vor Fotos, Bildern, Blümchen, Zeitungsausschnitten und einem Sammelsurium von Erinnerungsstücken schier ertrinkt, oder auf der steilen Treppe hinauf zur winzigen Hinterbühne. Das unvermeidliche Zigarillo zwischen den langen, schlanken Fingern, nickt er den Leuten zu, die sich gespannt im einer Galerie ähnlichen Foyer umschauen und die unzähligen Bilder an den Wänden bewundern, bevor sie auf dem schmalen Treppenaufgang hinauf in den Zuschauerraum steigen, um sich wieder einmal von der Story auf der Bühne verzaubern zu lassen.

Was er tut, tut er mit Herzblut und Leidenschaft: Veit Relin mit Pinsel, Leinwand und einer Farbpalette in seinem Atelier in Winterhausen.

Die Gemeinschaft belebt das Theater

Vielen ist das Fränkische Theater Schloss Maßbach durch die Freilichtbühne vor der malerischen Schlosskulisse bekannt. Von Juni bis September wird dort unterhaltsames Sommertheater für Erwachsene und Kinder geboten.

**Fränkisches Theater
Schloss Maßbach**

Parksiedlung 8
97711 Maßbach
Tel. 09735 / 235
www.fraenkisches-
theater.de
kontakt@fraenkisches-
theater.de

Im Garten der Theater-
menschen.

Doch auch in den kühleren Monaten spielt das Ensemble: im Intimen Theater im Schloss mit seinen 86 Plätzen ist das Publikum ganz nah am Geschehen auf der Bühne. Auf dem anspruchsvollen Spielplan stehen gleichermaßen ernste und heitere Stücke, immer wieder auch in Ur- oder Erstaufführungen. Klassiker sind ebenso vertreten wie moderne Theatertexte. Das Kaminzimmer ist gemütlicher Aufenthaltsort vor der Vorstellung und in der Pause, bei Kerzenschein und Sekt oder Selters. Das kleine TiP – Theater im Pferdestall des ehemaligen Gärtnerhauses hat man 2005 speziell für professionelles Jugendtheater eingerichtet.
Der Vorläufer des Theaters wurde 1946 von Oskar Ballhaus und Lena Heinz-Hutter, beide vor dem Krieg Schauspieler in Berlin, als „Coburger Kulturkreis" gegründet und fand ab 1948 im Schweinfurter Oberland einen großen Zuschauerkreis. Seit 1960 ist es auf Schloss Maßbach ansässig. Es erfüllt als staatlich subventioniertes Privattheater heute die Funktionen einer Landesbühne. Nicht nur auf den drei Bühnen in Maß-

bach wird gespielt, sondern auch an vielen Gastspielorten in Franken, Bayern, Hessen, Thüringen und Nordrhein-Westfalen. Die Gründer wollten ein Theater betreiben, das aus dem Geist der Gemeinschaft lebt. Noch heute, unter der Leitung von Anne Maar, wird die Ur-Idee verwirklicht: Die Schauspieler wohnen und arbeiten im Schloss. Dadurch ergibt sich eine besondere Intensität des Zusammenspiels.

Hollywood-Bildregisseur Michael Ballhaus hat seine Laufbahn als Theaterfotograf in Maßbach begonnen, und Paul Maar, einer der meistgespielten Theaterautoren Deutschlands, hat seine ersten Theatererfahrungen hier gemacht, wo später viele seiner Stücke als Uraufführungen herauskamen. Im Sommer 2009 wurde das Theater mit dem Kulturpreis Bayern ausgezeichnet, und auch bei den Bayerischen Theatertagen 2012 gab es eine Auszeichnung für eine herausragende Inszenierung.

An jeder
Ecke lauert
Pittoreskes

Sommerhausen zwischen
Nostalgie und Künstler-
kolonie

Kurioserweise war es sehr oft die Liebe, die Künstler nach Sommerhausen gebracht hat. So schon beim Maler Carl Grossberg und Hilde Schwarz: Beide lernte sich in den 1920er Jahren hier kennen, fanden Gefallen aneinander, musizierten gemeinsam und heirateten schließlich. Dann die Schauspieler Ernst Kuhr und Peter Martin Urtel: Das Paar entdeckte 1937 den damals baufälligen Blauen Turm und baute ihn zu seinem Wohnsitz aus. Schließlich Angelika und Veit Relin: Sie lernten sich im Torturmtheater kennen und blieben.

von Oliver van Essenberg

Es ist dieses Künstler- und Liebesidyll, das den Mythos Sommerhausen begründet. Einen fränkischen Sonderfall nannte den Ort der Reiseschriftsteller Horst Krüger, der selbst oft und gerne hier zu Gast war. Das trifft noch heute zu, selbst wenn der Mythos ein wenig verblasst scheint. Künstlerlauben und Galerien gibt es inzwischen in vielen fränkischen Weinorten. Weihnachtsmärkte ebenso. In Sachen Wein reicht der Ruf Sommerhausens nicht an Escherndorf, Volkach und Nordheim heran. Dennoch macht es einfach großen Spaß, zu sehen, welche Blüten Kunst, Kultur und Lebensart hier treiben.

Für den Gaumen gibt es kulinarische Sterne-Köstlichkeiten (s. Seite 96), deftige Brotzeiten und anerkannt gute Weine. Für Auge und Herz finden sich Galerien voller Kunst und Krempel, Fachwerkhäuser mit dicken Eichentüren und schiefen Stufen davor. Allenthalben erhascht der Blick Handwerkliches, Pittoreskes. Über die roten Dächer hinweg ragt der Treppengiebel des gräflichen Schlosses, in dem bis in die 1950er Jahre hinein die Familie von Rechteren-Limpurg-Speckfeld gewohnt hat und in dem heute Tausende Flaschen edler Sekt, nach der Champagner-Methode ausgebaut, lagern. Und für Unterhaltung und Kopfarbeit gibt es gleich zwei Theater, eines im Torturm (s. Seite 238), das andere im Haus nebenan. In der 2003 eröffneten Kleinkunstbühne „Sommerhaus" schafft es Brigitte Obermeier immer wieder, ein breit gefächertes,

Künstlerisches Organisationstalent: Die Sommerhauser Ehrenbürgerin Annadora Diller-Köninger in ihrem Refugium im Mönchshof.

lebensfrohes Programm zu bieten. Und auch die Atmosphäre stimmt: Die Gäste sitzen bei Wein und Winzerstangen an mit Kerzen erleuchteten Bistrotischen und werden von der Theaterchefin persönlich umsorgt. Klein, individuell und anspruchsvoll – so nehmen sich auch die Sommerhauser Hofkonzerte aus. Stets Ende Juni Anfang Juli finden im Weingut Artur Steinmann am Plan, dem Marktplatz des Ortes, drei bis vier intime Konzertabende statt.

Vier Märkte lohnen im Verlauf des Jahres einen Besuch. Den Reigen eröffnet ein Floh- und Trödelmarkt jeweils am zweiten Sonntag im Mai. Einige Wochen später, jeweils an Fronleichnam und den darauf folgenden Tagen stehen die Kunsttage an. Alle Galerien und Ateliers öffnen ihre Türen, um mit Ausstellungen, Konzerten, Lesungen und Workshops Gäste anzuziehen. Im Frühherbst, Anfang September, gibt es einen Töpfermarkt.

Ort für Sehnsüchte

Die Künstlerin Annadora Diller-Köninger gründete den Weihnachtsmarkt 1984, auf ihre Initiative gehen auch die Kunsttage zurück. Ein kleiner romantischer Dorfweihnachtsmarkt schwebte ihr vor. Die Besucher strömten jedoch schon am ersten Tag scharenweise in den Altort. Auch wer größere Menschenansammlungen an sich nicht für romantisch hält, kann sich

hier immer noch sehr gut nostalgischen Erinnerungen und geheimen Sehnsüchten hingeben. Denn Weihnachten lässt die Menschen nach einer friedvollen Welt suchen, in der sie ihre Ängste vergessen können. Sommerhausen bietet ihnen mit dem Weihnachtsmarkt, der sich vor allem in Höfen, Galerien, im Schloss und in Häusern abspielt, eine optimale Projektionsfläche.

Verträumt wirkt Sommerhausen in der ruhigen Zeit abseits der Feste und Märkte.

Skulpturengarten der Galerie beim Roten Turm.

Im „Werkstatt-Galerie-Café" legt Marliese Würzburger Wert auf eine zwanglose Atmosphäre. Nach kurzer Zeit fühlt sich der Gast wie zu Hause in ihrem Wohnzimmer.

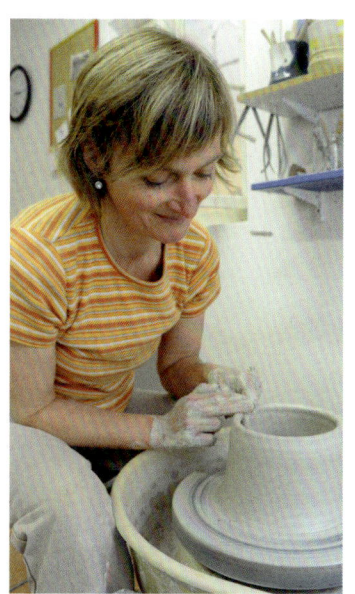

Bei ihrer Arbeit kann die Keramikerin Heidrun Traupe über Formen meditieren. Schön, dass diese nicht nur harmonisch ausfallen, sondern sich auch im Alltag gebrauchen lassen.

Aber der Eindruck täuscht. Hinter der mittelalterlichen Stadtmauer und in den historischen Häusern kann man das ganze Jahr über lebendige Kultur entdecken. Eine Besonderheit stellt die von Waltraut Jänicke und ihrem Mann betriebene Galerie beim Roten Turm dar, in der seit 1981 nicht nur Bilder und Skulpturen, sondern vor allem auch Glas und Keramik zu Ehren kommen. Das Haus zählt zu den wenigen der damals in Deutschland entstandenen Galerien, die heute noch bestehen. Das aus dem 17. Jahrhundert stammende Anwesen wurde mit viel Sorgfalt restauriert. Im Lauf der Jahre etablierte sich hier eine der größten und schönsten Galerien ihrer Art in Deutschland mit einer Ausstellungsfläche von rund 200 Quadratmetern. Um die Atmosphäre im intimen Galeriegarten hinter dem Haus genießen zu können, kommen jährlich unzählige Besucher. Die Galeristen haben den Töpfermarkt gegründet und diesen inzwischen an Heidrun Traupe weitergegeben, die in der Rathausgasse ein Keramikatelier führt. Ihre Gefäße und Gefäßskulpturen zeichnen sich durch eine gute Form aus, die Spannung und Harmonie vermittelt. Einen Schwerpunkt bilden die in der Ikebana-Tradition hergestellten Schalen und Gefäße der Scheibentöpferin. „Ikebana" ist die traditionelle japanische ZEN-Kunst des Arrangements von Blumen und Zweigen. Vertiefen lässt sich der meditative Weg mit einer Ayurveda-Therapie im Raum 5, ebenfalls in der Rathausgasse (siehe S. 246). Gemütlichkeit und Kreativität erwarten den Besucher Sommerhausens an nahezu allen Ecken und Enden, in den Galerien und in den Cafés. Ingrid Schuberts 1998 gegründete „Galerie am Schloss" hat sich in kurzer Zeit als empfehlenswerte Adresse etabliert. Das Caféhaus „Schatztruhe" ist indes schon lange ein Aushängeschild. Viele Gäste kommen allein wegen Frau Gerths heimeliger Stube mit Oma-Flair und selbstgebackenem Kuchen in den Ort. In punkto Originalität unübertroffen aber ist Marliese Würzburgers „Werkstatt-Galerie-Café", wie der Name sagt: Werkstatt, Galerie und Café zugleich. Das Haus wurde von ihr in dreijähriger Arbeit restauriert und befindet sich praktisch neben dem Theater Sommerhaus, ein paar Meter hinter der Hauptstraße. Herrlich große Blechkuchen mit wunderbar großen Stücken backt sie jeden Morgen selbst. Im Café befindet sich auch die Nähstube, in der die Inhaberin elegante Mode für die Frau fertigt. Wundern muss einen diese Mischung in Sommerhausen nicht. Es ist dem Ort zu wünschen, dass er sich den Charme eines echten Kleinods bewahrt.

Käse Mascarpone Kuchen Classic

von Marliese Würzburger, Werkstatt-Galerie-Café

Streuselteig:

250 g Mehl

150 g Zucker

150 g Butter (gewürfelt, kalt)

1 Eigelb

Mit dem Handrührgerät zu kleinen Streuseln verarbeiten. Eine Springform gut einfetten, die Teigstreusel zuerst am Rand der Springform andrücken, dann den Rest gleichmäßig am Boden der Springform verteilen.

Füllung:

2 Eier

200 g Zucker

1 Pkg. Vanillepuddingpulver

500 g Mascarpone

500 g Quark

1 Becher Schmand

Eier, Zucker und Puddingpulver schaumig rühren, dann zur Ei-Masse geben und cremig rühren. Alles in die Springform füllen. Backofen auf 170 °C vorheizen, ca. 50 Minuten backen. Der Käsekuchen sollte leicht gebräunt sein und nicht aufplatzen.

Innehalten, im Selbst verweilen, durchatmen

Gepflegte Weinseligkeit, kleine Kopfsteinpflastergassen, hier
und da ein Blick auf Weinberge oder Mainauen –
man erwartet es einfach nicht. Das große Holztor zum Haus
in der Rathausgasse 5 öffnet eine Welt des Wundervollen.

Raum 5
Sabina Schmiedel
Rathausgasse 5
97286 Sommerhausen
Tel. 09333 / 9044241
www.raum5-
sommerhausen.de
info@raum5-
sommerhausen.de

Die Kunst der Achtsamkeit, das Schöne der Begegnung und das Wohltuende der Berührung.

Kräuter und Gewürze
unterstützen die ayurve-
dischen Anwendungen:
Sabina Schmiedel ist
auch Ernährungsbera-
terin.

Ein klein wenig exotisch ist es hier, diverse
Gottheiten lächeln den Gast wissend an, es
duftet nach Entspannung.
Sabina Schmiedel ist Ayurveda-Therapeutin, Diplom-Yogaübungsleiterin und
Inhaberin von Raum 5. Hier hat sie einen
Platz geschaffen, der die Verbindung aus
indischem Wissen und abendländischer
Gesundheitskultur glaubwürdig vereint.
„Mir ist es wichtig, dass die Menschen wieder anfangen sich zu spüren, behutsam und
bewusst ihr Selbst entdecken und Achtsamkeit üben", sagt die Ayurveda-Therapeutin.
Sie bietet mit Raum 5 ein aktuelles Angebot
zur individuellen Gesunderhaltung in einer
immer komplexer werdenden Welt. Es geht
darum, die innere Harmonie zu finden
und sie mit dem Naturgedanken wieder in
Einklang zu bringen.
Durch intensive Selbsterfahrung entsteht
eine persönliche Achtsamkeit, die den Weg
zur eigenen Kraft und zum individuellen
Wohlbefinden zeigt. Für ayurvedische
Anwendungen werden, ähnlich wie in

der Klosterheilkunde, aus heimischen
und indischen Kräutern Salben, Auflagen
und Kräuterweine hergestellt. Bei den
Massagen werden Kräuter in Sesamöl
aus biologischem Anbau oder Kokosfett
gegeben und mit einfühlsamen, langen und
dynamischen Strichen einmassiert. Das
Immunsystem und das vegetative Nerven-
system werden dadurch gestärkt. Auf der
emotionalen Seite können durch spezielle
Behandlungen der Energiepunkte auch alte
Verletzungen und Gefühle an Bedeutung
verlieren. Begleitet werden die Behandlungen mit Mantras, Klang-und Edelstein-
therapien. Ausgewählte Ernährung, Yoga
und Meditationsübungen erweitern die
Anwendung. In diese faszinierende Welt
des Ayurveda kann man im Altort von
Sommerhausen eintauchen. Man kann für
eine Stunde, den ganzen Tag oder mehrere
Kurtage dort verweilen. Die Reise zum
Selbst braucht also die Reise nach Sommerhausen.

Kleinstadt mit großem Programm

Die Kulturinitiative Ars Musica in Aub

von Andreas Reuß

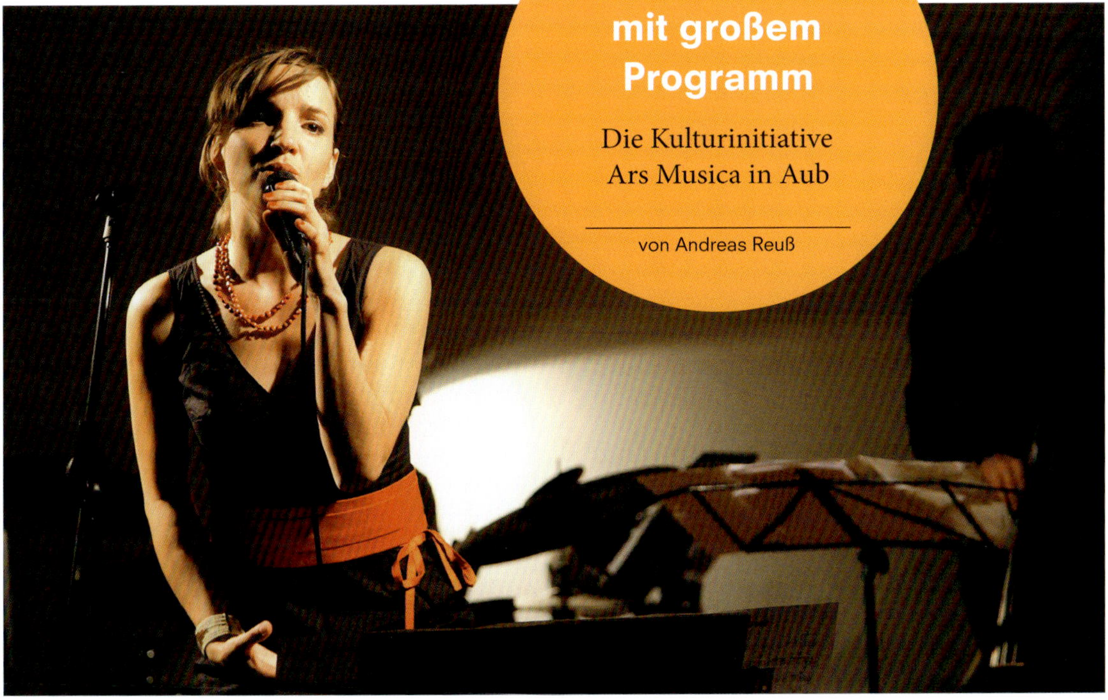

Veranstaltungen vom Frühling bis in den Winter, darunter ein Gesprächskonzert mit Uraufführungen, ein Liederabend mit dem international bekannten Tenor Jan Kobow, ein Kammerkonzert mit dem Amaryllis-Quartett, ein Konzert mit dem New Yorker Chor Ghostlight – Ist das ein Auszug aus dem Kulturprogramm einer größeren Stadt?

ARS MUSICA
Gasthaus zum Hirschen
Marktplatz 3
97239 Aub
Tel. 09335 / 99910
www.ars-musica.de
arsmusica.jwolf@t-online.de

Man glaubt es kaum: Das war nur der erste Teil des Jahresprogramms der Ars Musica Aub e.V. 2012, einer Kulturinitiative im Städtchen Aub mit ca. 1800 Einwohnern. Manchmal scheint es ein besonderer „genius loci" zu sein, der Kunst anzieht. Aub liegt nahe am unterfränkischen Weinland, zwischen Würzburg und Rothenburg ob der Tauber. Außerdem führt ein alter Pilgerweg von Bamberg über den Steigerwald herüber, der Kunigundenweg, der schon mehrmals Grundlage von musikalischen und dichterischen Projekten war. Überhaupt die Geschichte: Schon seit vorgeschichtlicher Zeit hat der fruchtbare Gollachgau Menschen angezogen. Bei Kriegsgefahr konnte man auf die Erhebungen des Steigerwalds fliehen, wo Burgen und Ruinen ihre Geschichten erzählen: von Kelten und Rittern, von Pilgern und Leichenzügen, von Wegelagerern und schönen Frauen.

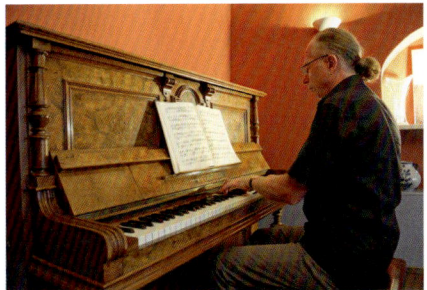

Musikalischer Programmmacher: Johannes Wolf greift bei Ars Musica in die Tasten und holt Künstler aus nah und fern nach Aub (im Bild oben: die Jazz-Sängerin Yara Linss bei ihrem Auftritt in Aub).

Solche Geschichten flossen ein in die einzigartige „Stadtoper", die zum 20-jährigen Jubiläum der Ars Musica 2011 aufgeführt wurde. Anke Rauthmann aus Berlin hatte die Texte geschrieben und die Szenen gestaltet, Jürgen Schmitt (Veitshöchheim) und Christoph Wünsch (Aub), beide an der Musikhochschule Würzburg lehrend, komponierten die Musik.

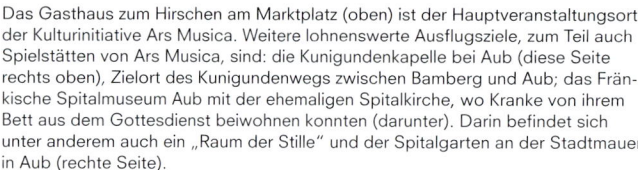

Das Gasthaus zum Hirschen am Marktplatz (oben) ist der Hauptveranstaltungsort der Kulturinitiative Ars Musica. Weitere lohnenswerte Ausflugsziele, zum Teil auch Spielstätten von Ars Musica, sind: die Kunigundenkapelle bei Aub (diese Seite rechts oben), Zielort des Kunigundenwegs zwischen Bamberg und Aub; das Fränkische Spitalmuseum Aub mit der ehemaligen Spitalkirche, wo Kranke von ihrem Bett aus dem Gottesdienst beiwohnen konnten (darunter). Darin befindet sich unter anderem auch ein „Raum der Stille" und der Spitalgarten an der Stadtmauer in Aub (rechte Seite).

Bei der Stadtoper führte die Figur eines Pilgers einen Zug an, der singend und spielend mit dramatischer Handlung das Städtchen umrundete: den liebevoll angelegten Spitalgarten zwischen Spital und Stadtmauer, die gotische Spitalkirche selbst, die Gollachbrücke, den idyllischen Weg zwischen Gollach und Stadtbefestigung, den Judenfriedhof, den Stadtturm, die Stadtpfarrkirchen, das Schloss und das Rathaus.

Die weiteren renommierten Namen, die allein bei der Stadtoper mitwirkten, ergäben ein eigenes Kapitel. Sie treten immer wieder in Aub auf, zum Beispiel der vielseitige Musiker Peter Fulda und das Ensemble „Hot and Cool". Aber wo ist vor Ort Platz für die ganzen Veranstaltungen?

Hauptbühne ist das eigentliche Ars-Musica-Gebäude, ein ehemals prachtvoller Gasthof am Marktplatz. Von hier aus blickt man auf den Brunnen mit Madonna im Strahlenkranz, das Rathaus, verschiedene denkmalgeschützte Bürgerhäuser und die katholische Kirche, die

im Zweiten Weltkrieg zwar schwer getroffen wurde, aber noch eine wunderbare Riemenschneider-Gruppe bewahrt.

Diese sehr einfühlsam renovierte Ars Musica kann für Kurse gemietet werden. Ein Höhepunkt ist der alljährliche Gesangs-Meisterkurs von Roberta Cunningham (Berlin) und Neil Semer (New York), zu dem sich Sängerinnen und Sänger sowie Gäste aus aller Welt einfinden. Dann sind alle Hotels, Gaststätten und Privatzimmer in der Umgebung ausgebucht; denn zwischen den einzelnen Gesangsvorführungen gibt es Weinproben eines bekannten Schweinfurter Wein- und Porzellanhändlers, der sich nicht nur auf Franken konzentriert.

Inzwischen konnte ein zusätzlicher Kulturraum in Aub eröffnet werden, weil in der ehemaligen gotische Spitalkirche das Fränkische Spitalmuseum eingerichtet wurde. Hier brachte zum Beispiel im Jahr 2000 das weltberühmte, vielfach preisgekrönte Miró-Quartett

aus Cleveland Beethoven zu Gehör. In weiteren Spital-
gebäuden sind wechselnde Kunstausstellungen möglich, daneben laden der historische Spitalgarten und
eine Freilichtbühne zu Ruhe und Schauspielkunst ein.

Sagenumwobener Schleierflug

Herausragend in der Geschichte der Ars Musica waren
die Feiern zum zehnjährigen Bestehen 2001 sowie das
Chor- und Orchesterwerk „Schleierflug" zum 600-jäh-
rigen Stadtjubiläum 2004, an dem alle Musikgruppen
der Stadt beteiligt waren: Der sagenumwobene Schleier
der heiligen Kunigunde flog gleichsam, getragen von
den Stimmen der Chöre und begleitet vom Rauschen
der Orgel und den Blasinstrumenten, durch die gotischen Gewölbe der Stadtpfarrkirche. Und schon 2001
gab es eine musikalisch-szenische Prozessionsnacht,
die den Pfingstgedanken aufnahm, sowie einen Litera-
turpfad, der poetische Einblicke in fiktionale, außer-
irdische Ereignisse eröffnen wollte.

Begonnen hat alles Mitte der 1970er Jahre, als der
Musiker Johannes Wolf nach Aub zog und Künstler
um sich sammelte. Dafür hat „seine" Ars Musica
inzwischen mehrere Anerkennungen erhalten: 2006
beim Wettbewerb „Respekt! Kultur!" des Bayerischen
Rundfunks als beliebteste Kulturinitiative Bayerns,
2011 den Preis der Bürgerstiftung der VR-Bank
Würzburg im Rahmen der Aktion „Zeichen setzen", in
der die Mediengruppe Main-Post und das Lernwerk
Volkersberg bürgerschaftliches Engagement würdigen.
2012 schließlich hat Johannes Wolf etwas ganz
Außergewöhnliches erreicht: überregionale kulturelle
Zusammenarbeit für die Reihe „Musik in Fränkischen
Spitalkirchen" – zur Eröffnung mit Künstlern aus Aub,
Veitshöchheim und New York. Ein Modell für lebendi-
ges, kulturelles Landleben.

Im Hofgarten Würzburg:
der heutige Küchengarten
vor der Orangerie.

Welch eine Liaison!

Fürstbischof Adam Friedrich von Seinsheim und sein Hofgärtner Johann Prokop Mayer

Wenn es um die großartigen, repräsentativen Bauten in Franken geht, ist immer wieder die Rede vom „Bauwurmb" der gräflichen Familie Schönborn. Mitunter werden auch die nicht minder imposanten Gartenanlagen in Zusammenhang mit dieser baufreudigen Herrscherfamilie gebracht.

von Marion Dubler

Dabei wird allerdings übersehen, dass Franken die Vollendung seiner berühmtesten Gärten dem Fürstbischof Adam Friedrich von Seinsheim (1755-79) verdankt. Ein Grund für dieses Vergessen mag auch darin liegen, dass Adam Friedrichs Nachfolger Franz Ludwig von Erthal (1779-95) schon stark vom Geist der Aufklärung geprägt war und der feinsinnigen Gartenkunst seines Vorgängers wenig Beachtung schenkte, ja sogar ihre Ausstattung durch Rückbau dezimierte.

Der in Prag geborene Gartenkünstler Johann Prokop Mayer (1735-1804) kam im Zuge seiner Gesellenwanderung nach Veitshöchheim, wo er ein Jahr lang beim fürstbischöflichen Gärtner Georg Joseph Oth arbeitete und seine Ausbildung abschloss. In dieser Zeit begegnete er Fürstbischof Adam Friedrich. Immer auf der Suche nach Weiterbildung bereiste er anschließend England, Holland und Frankreich. Am französischen Hof stand er in Dienst und lernte dort all das, was ihn in seinen späteren Berufsjahren in Würzburg zu einem der herausragenden Gartenkünstler Frankens werden ließ.

Der Fürstbischof musste bei seinem Amtsantritt in Würzburg keine größeren Bauaufgaben mehr übernehmen – die prachtvolle Residenz war so gut wie fertig gestellt und ihm verblieb die Aufgabe, den Innenausbau zu vollenden. Dagegen glich der unfertige Hofgarten eher einer Baustelle als einem repräsentativen Garten, denn der Siebenjährige Krieg (1756-63) hatte den Haushalt stark geschwächt und in den Jahren zuvor war man mehr mit Planungen als mit deren Umsetzung beschäftigt gewesen. Diese Umstände und die große Gartenleidenschaft des Fürstbischofs führten dazu, dass Prokop Mayers Bewerbung auf den Posten des Hofgärtners im Jahr 1770 Erfolg hatte. Hoch ambitioniert trat er seinen Dienst an und bezog mit seiner Frau das Erdgeschoss des Gesandtenhauses der Residenz.

Die Hochphase des Hofgartens

So unmittelbar am Ort des Geschehens entwarf er einen perfekten Gartenplan im Stil des Rokoko und konnte dafür sogar die ungünstigen Flächenverhältnisse der als Bastion erbauten Residenz nutzen. Sein Meisterstück war jedoch das außerordentliche, seinem Fürstbischof gewidmete Druckwerk „Pomona Franconica", das in seiner Endfassung im Jahr 1801 erschien. Neben ausführlichen Beschreibungen der Obstsorten in deutscher und französischer Sprache enthielt es über 500 farbige Obstbaumdarstellungen des Nürnberger Kupferstechers und Verlegers Adam Wolfgang Winterschmidt. Der Untertitel „Natürliche Abbildungen und Beschreibung der besten und vorzüglichsten Europäischen Gattungen der Obstbäume und Früchte, welche in dem Hochfürstlichen Hofgarten zu Würzburg gezogen werden" verweist auf das grandiose Unterfangen, im fürstbischöflichen Garten eine möglichst große Vielfalt an zum Verzehr bestimmten Obstsorten zu ziehen, zu zeigen und gartenkünstlerisch in Szene zu setzen. Mayer sah dafür im Obstgarten zwei symmetrisch

dem Residenzbau vorgelagerte Flächen vor, auf denen die aufwendig geschnittenen und kunstvoll in Form gebrachten Bäume präsentiert werden sollten. Die große Anzahl an unterschiedlichsten Fruchtbäumen, die so aussagekräftige Namen trugen wie Saffranpersich, Lange violette Dattelzwetschge, Deutsche Marzipanbirne oder gar Kastanienapfel, konnte freilich nur verwirklicht werden, weil die meisten aus der berühmtesten Baumschule Frankreichs, aus der Karthause von Vauvert, bezogen wurden. Mit dem Tod des Fürstbischofs im Jahr 1779 fand, obwohl Mayers Pläne noch längst nicht alle umgesetzt waren, die Hochphase des Würzburger Hofgartens ein jähes Ende.
Nach vielen Umgestaltungen und starken Veränderungen wurde der künstlerische Wert von Johann Prokop Mayers Entwurf erst am Anfang des 20. Jahrhunderts von

Bild der Apfelblüte aus dem Druckwerk „Pomona Franconica", das der Hofgärtner Johann Prokop Mayer dem Fürstbischof Adam Friedrich von Seinsheim widmete.

Im Veitshöchheimer
Garten: Blickschneisen
in der Heckenzone
(oben) sowie zwei heiter
verspielte Figuren des
Bildhauers Ferdinand
Tietz.

den nun Zuständigen erkannt. Das heutige
Erscheinungsbild wurde daher in seinen
Grundstrukturen wieder auf dessen Ideen
zurückgeführt. In Anlehnung an die einst
umfangreiche Obstbaumsammlung werden
seit einigen Jahren im neu geschaffenen
Küchengarten südlich der Orangerie in
Form geschnittene Obstbäume in alten
Sorten gezeigt.

Intime Verspieltheit in Veitshöchheim

Ein weniger bewegtes Schicksal widerfuhr
der zweiten, fast einzigartigen Garten-
anlage des Würzburger Fürstbistums,
dem Rokokogarten der Sommerresidenz
Veitshöchheim. Dessen Besonderheit und
Bedeutung wurden früh bemerkt. Schon
1823 traf der damalige Besitzer, König Max
I. Joseph die Anordnung, die „symmetri-
schen Formen dieses königlichen Gartens"
zu bewahren. Die letzte Ausbauphase im
18. Jahrhundert erfuhr der Garten ebenfalls
unter Fürstbischof Adam Friedrich von
Seinsheim, den dort mit größter Wahrscheinlichkeit auch Johann Prokop Mayer
beraten hat. Bei Amtsantritt fand der Fürstbischof bereits einen ansehnlichen Barock-

Johann Prokop Mayer,
„Pomona Franconica":
die Marzipanbirne (links)
und der Kastanienapfel.

garten vor. Seine Liebe für Gärten und das
für die Epoche des Rokoko typische Faible
für natürliche Szenerien setzen dieser
ohnehin schon geglückten Gartenstruktur
das Sahnehäubchen auf. Im umfassenden
Skulpturenprogramm des fränkischen
Bildhauers Ferdinand Tietz (1708-77) fand
die Gestaltung ihren absoluten Höhepunkt.
Sein Werk krönt bis heute den von intimer
Kleinräumigkeit, heiterer Verspieltheit
und exotischer Anmut gekennzeichneten
Gartenstil Veitshöchheims.

Beide Gärten galten zur Zeit ihrer letzten
Vollendung übrigens bereits als „unmo-
dern", hatte doch der neue, revolutionäre
Stil des englischen Landschaftsgartens
längst die Höfe des Festlands erreicht.
Johann Prokop Mayer, ein überzeugter
Gegner dieses Gartenstils, sah sich daher
gezwungen, seine Überzeugung zu begründen: „Man hat mir bisweilen den Vorwurf
gemacht, daß ich die Scene mit allzuhäufi-
ger Pracht überladen und die Verzierungen
ohne Noth verschwendet hätte. Allein ich
antworte ein vor allemahl, daß hier nicht
die Rede von einer ländlichen Schäferin

war, die ihren Schmuck in der nahen Wiese
pflücken muste, sondern hier sollte eine
solche stolze Schöne des Hofs mit aller
Schminke, mit allem Putze vorgestellt
werden, welcher weder durch ihren Stand,
noch durch einige Kleiderordnung der Gebrauch des Goldes und Schmucks untersagt
war, sondern die in einem dem Pallaste ihres Fürsten würdigen Aufputze erscheinen
sollte; und welchem Pallaste denn? Einem
der schönsten von Europa!"
Prokop Mayer bekennt sich damit zum
schöpferischen Prinzip des Absolutismus,
aus den Residenzen Gesamtkunstwerke zu
schaffen – der Garten dient dem Schloss,
macht es gleichzeitig zu seinem Mittelpunkt und erhöht es in seiner Wirkung
durch seine ihm eigenen Stilmittel. Die
Ergebnisse dieser künstlerischen Ausdrucksform haben an Faszination nichts
eingebüßt. Mit einem großen Unterschied:
Heute bleiben die Gartenschöpfungen
dieser Zeit nicht einer feudalen Minderheit vorbehalten, sie stehen uns allen zur
Verfügung.

Inspiration Natur

**Forum
Botanische Kunst**
Obere Hauptstr. 18
97291 Thüngersheim
Tel. 09364 / 813633
www.
botanische-kunst.de
www.sylvia-peter.de
info@alterstern.de

Öffnungszeiten:
Samstag, Sonntag
und an Feiertagen
13 – 18 Uhr

Botanische Kunst? Wer da an kunstvoll geformte Pflanzen denkt, kennt nur die halbe Wahrheit. Der Begriff ist hierzulande noch sehr jung. Genau genommen gibt es ihn erst seit 2009, als Sylvia Peter mit ihrem Mann Michael Junginger im verträumten Weinort Thüngersheim das Forum Botanische Kunst eröffnete.

Rechts: Sylvia Peter und Michael Junginger mit Aquarellen aus England
Unten: *Trichosanthes kirilowii* Maxim. - Schlangenhaargurke, Farbstiftzeichnung von Joo Yeon Nam (2012).

Eine außergewöhnliche Galerie, die erste dieser Art in Deutschland: Sie präsentiert ausschließlich Künstlerinnen und Künstler, die sich mit der Pflanzenwelt befassen.

Der Name leitet sich von der internationalen Richtung „Botanical Art" ab, die besonders in England, den USA und Australien abseits der bekannten Kunstströmungen eine eigene Szene bildet. Die meisten Botanischen Künstler arbeiten in Aquarell und zeigen meisterhaft ausgeführte Pflanzenstudien in der Tradition naturwissenschaftlicher Illustration. Die Thüngersheimer Galerie knüpft daran an, hat die Bedeutung der Botanischen Kunst jedoch erweitert. Denn gerade in Deutschland, aber auch in Frankreich arbeiten die Künstler freier. Neben expressiver Malerei finden sich im Programm daher auch Fotografie und Bildhauerei, Schmuck und pflanzliche Objekte. Präsentation und Verkauf sind dabei nicht die einzigen Anliegen. Künstlerkontakte zu knüpfen und zu vermitteln gehört im Sinne eines Forums dazu.
„Kontakte zur Künstlerszene in England, insbesondere zur Londoner Kunstsammlerin Dr. Shirley Sherwood, legten den Grundstein für die Galerie", weiß Sylvia Peter. Den eigentlichen Antrieb für ihre Arbeit schöpft sie aus ihrer Liebe zu Pflanzen und zur Kunst. Die Galeristin studierte zwischen 1994 und 1997 Kunst in Halle/ Saale und widmet sich seitdem der frei aufgefassten Malerei mit pflanzlichen Objekten. Ihr Mann hat als Forstsachverständiger ei-

In der Ausstellung „ich bracht dir Blumen" zeigen zwei deutsche Künstlerinnen ihre Werke: Blütenschmuck in Silber von Gabriela Fink und Amaryllisblüten auf Ölgemälden von Anette Koch.

Ipomea purpurea (Prunkwinde), Aquarell auf Pergament von Annie Patterson (2009). Wegen ihrer Leuchtkraft und Beständigkeit sind Aquarelle auf Pergament bei Sammlern besonders begehrt.

nen praktischen Bezug zur Botanik. Was in der Galerie vorgestellt wird, wählen beide gemeinsam aus. „Dass etwas handwerklich gut gemacht ist, reicht nicht", führt Junginger aus. „Wir müssen es spannend finden." Die Ausstellungen überzeugen nicht nur durch die Auswahl, sondern auch konzeptionell. Übergeordnete Themen betten die Werke in einen Kontext ein. „Laubwerk Astwerk" lautete der Titel einer Schau, an der unter anderem der bekannte niederländische Künstler Herman de Vries mitwirkte, „All you can eat" eine andere zu Obst- und Gemüsevariationen. 2012 holte das Forum eine Gruppenausstellung mit koreanischen Künstlern nach Thüngersheim. Die Themenvielfalt ist erstaunlich. Jedes Jahr sind von Ostern bis Weihnachten drei Ausstellungen zu sehen.

Das Forum liegt im historischen Altort von Thüngersheim und wartet mit einem stilvollen Ambiente für die ausgestellten Kunstwerke auf. Das Gebäude ist ein typischer fränkischer Winzerhof aus der

Renaissancezeit und wurde in enger Zusammenarbeit mit dem Landesamt für Denkmalpflege vorbildlich restauriert. Im Vorderhaus haben die Inhaber ein charmantes Galeriecafé eingerichtet (siehe nächste Seite), das während der Ausstellungszeiten geöffnet hat. So oder so: ein willkommener Ort für eine Auszeit.

Der Galerieraum in der Querscheune gewährt durch die hohen Glastore freien Blick in den Innenhof. Hier finden großformatige Arbeiten Platz, wie die Schwarz-Weiß-Fotografien von Gräsern von Horst Ziegler.

Café Milchstern

Mandel-Pfirsichkuchen, gluten- und laktosefrei

von Sylvia Peter, Café Milchstern

Zutaten:
800 g Pfirsiche
2 Eier
50 g Zucker
1 großer El Honig
1 Prise Meersalz
3 El Olivenöl
120 g Möhren, fein geraspelt
150 g frisch gemahlene Mandeln
30 g Maismehl
1 Tl Weinsteinbackpulver (glutenfrei)
50 g Marzipanrohmasse grob geraspelt
3 El Johannisbeergelee
3 El Mandelblättchen

Den Boden einer runden Kuchenform mit Backpapier auskleiden. Ofen vorheizen auf 175°C. Früchte gründlich waschen, in schmale Spalten schneiden.

Eier schaumig aufschlagen, Honig, Zucker und Salz zugeben und zu einer cremigen Masse rühren. Olivenöl unterrühren.
Marzipan und Rüben verkneten, ebenfalls unterrühren.
Mandeln, Maismehl und Backpulver gründlich mischen, unterrühren.

Teig in die Backform füllen, Pfirsiche darauf verteilen.
30 bis 40 Minuten backen. Johannisbeergelee in einem Topf schmelzen, die Pfirsiche damit bestreichen. Mit gerösteten Mandelblättchen bestreuen.

Milchstern – Bei einem Café mit diesem Namen sind Assoziationen wie Milchstraße oder Milchschaum keine Seltenheit. Dabei bezeichnet der Milchstern nichts weiter als eine im April blühende Weinbergsblume. Viele Besucher kombinieren einen Besuch des Cafés in Thüngersheim tatsächlich auch mit einer Wanderung in den Weinbergen, von denen aus sich schöne Blicke über das weite Maintal eröffnen, oder unternehmen einen Ausflug zu dem nahe gelegenen Orchideengebiet „Höhfeldplatte".
Das Café mit Jugendstil-Flair ist direkt mit dem „Forum Botanische Kunst" verbunden und zu Ausstellungszeiten geöffnet, lohnt aber auch allein einen Besuch. Im Angebot befinden sich hausgemachte, teilweise gluten- und laktosefreie Kuchen, Kaffee und Tee aus fairem Handel und Getränke in Bio-Qualität. (Adresse siehe Seite 254)

Der Kräutergarten des Franziskanerinnen-Klosters Oberzell liegt idyllisch zwischen Klosterkirche und dem Main.

Heilpflanzen zwischen Medizin und Genuss

Würzburg – Herbipolensis
Stadt der Kräuter und Gewürze

von Johannes Gottfried Mayer

Nicht allen Bürgern und Besuchern der mainfränkischen Metropole dürfte die Bedeutung des Stadtnamens Würzburg bewusst sein. Seit etwa 700 ist der Name in Urkunden und anderen Texten als „Virteburh", „Wirzaburg" und „Wirziburg" belegt. Ab dem ausgehenden 10. Jahrhundert findet sich in den Quellen der graeco-lateinische Name „Herbipolis", der aus dem lateinischen Wort „herba", also Kraut und griechisch „polis" (Stadt oder Burg), gebildet wurde.

Der Name heißt demnach „Kräuterstadt" oder „Stadt der Kräuter". Das germanische oder gar keltische „Wirza" – Würzburg war in der Antike ein keltischer Fürstensitz – wurde demnach mit dem altdeutschen „wurz" gleichgesetzt, das wie „herba" Kraut oder Gewürz bezeichnet. Ob diese Gleichsetzung von „Wirza" mit „wurz" und „herba" zutrifft, wird sich wohl nicht mehr zweifelsfrei klären lassen, auf jeden Fall ist der Name Herbipolis nicht unberechtigt, denn hier finden sich klimatische und geologische Bedingungen, die nicht nur Wein und Obst, sondern auch Kräuter gedeihen lassen.

Ein eindrucksvolles Beispiel bietet im Botanischen Garten der Universität die Felsheide des Mittelmeergebietes und des Vorderen Orients, die Pflanzen dieser Regionen nicht im Gewächshaus, sondern im offenen Hanggelände zeigt.

Mainfranken besitzt schon seit Jahrhunderten einen bedeutenden Anbau von Heil- und Gewürzpflanzen, mit den Kneipp-Werken einen namhaften Produzenten von Heilpflanzenprodukten. Das Zentrum des deutschen Kräuterhandels befindet sich im nahe gelegenen Steigerwald, insbesondere in Abtswind und Vestenbergsgreuth. In der Wissenschaft spielt Würzburg auch international eine gewisse Sonderrolle, weil hier naturwissenschaftliche und historische Forschung zusammenkommen. Unter dem Stichwort Klostermedizin bzw. Forschergruppe Klostermedizin wird über die historische und aktuelle Bedeutung von Heilpflanzen gearbeitet. Auch das passt gut zu Würzburg, denn die „Kräuterstadt" war und ist auch eine Stadt der Klöster.

Heilpflanzen – Therapie, die auch schmeckt

Gerade in der Klostermedizin, die das frühe und hohe Mittelalter bestimmte, kommen Arznei- und Lebensmittel zusammen, getreu dem Spruch des Hippokrates: Dein Arzneimittel sei Dein Nahrungsmittel und dein Nahrungsmittel sei dein Arzneimittel.

Dabei sind für heutige Geschmacksnerven die alten Pflanzenmittel nicht immer ein Genuss. Die Klostermedizin schätzte ganz besonders die Bitterstoffe. Die Artemisia-Arten Beifuß und Wermut sowie der strengbittere und kaum noch bekannte Andorn standen mit ganz oben auf der Beliebtheitsskala unter den Arzneikräutern. Aber die Bitterstoffe, die heute aus vielen Gemüsearten weggezüchtet wurden, wie zum Beispiel aus Gurke und Chicorée, haben eine sehr positive Wirkung auf nahezu den gesamten Verdauungstrakt. Sie regen allein über ihren Geschmack die Freisetzung von Verdauungssekreten in Mund, Magen und Galle an und sorgen so für die ideale Vorbereitung einer guten Verdauung, außerdem wirken sie antibakteriell.

Von enorm großer Bedeutung waren und sind aktuell wieder die Heilpflanzen, die heute mehr als Gewürze betrachtet werden. Hier treffen sich Gesundheit und guter Geschmack.

Das wahrscheinlich älteste Gewürz in unseren Breiten ist der Kümmel, der eigentlich in keinem echten Würzburger Brot fehlen darf – eines der besten Magenmittel durch sein ätherisches Öl.

Schon in der Antike und noch mehr im Zeitalter der Klostermedizin ab dem 11. Jahrhundert nutzte man im verstärkten Maße asiatische Gewürze, allen voran Ingwer, Pfeffer, Muskatnuss und Gewürznelke. Hildegard von Bingen schätzte diese Gewürze ganz besonders. Im hohen Mittelalter kamen noch Galgant und Zitwerwurzel, und schließlich auch die Gelbwurzel (Kurkuma), alles Ingwergewächse, hinzu. Besonders

Kleine Schiefertafeln erklären die Wirkung der Heilpflanzen oder laden mit kleinen Sprüchen zur Meditation ein. Auch die Wege sind mit Schiefer belegt.

Ingwer und Kurkuma stehen heute mit im Zentrum der Arzneipflanzen-Forschung.

Der Gelbwurzel, dem wichtigen Bestandteil des Curry, werden aufgrund von pharmazeutischen und medizinischen Studien bemerkenswerte Eigenschaften zugeschrieben: Sie fördert nicht nur die Verdauung und beseitigt Störungen wie Blähungen, sondern wird auch bei Reizmagen und Reizdarm, Pankreas- und Leberschwäche empfohlen, soll die Blutfette regulieren und gegen Entzündungen wirken.

Ingwer gilt dagegen schon lange als ein bewährtes Mittel gegen Übelkeit, fördert den Fluss der Verdauungssekrete, wirkt aber auch bei Erkältungen und soll sogar bei Rheuma helfen.

Schwester Leandra Ulsamer hat zu Beginn der 90er Jahre des 20. Jahrhunderts den Garten angelegt und bis zu ihrem 85. Geburtstag liebevoll gepflegt. Er zählt zu den schönsten Klosterkräutergärten Deutschlands.

mit Thymianöl besser als der Alleskönner Kamille. Auf einen Liter heißes Wasser darf man nur zwei Tropfen geben, höhere Dosen kann man nicht mehr einatmen. Nicht jedermanns Sache, aber sicher sehr gesund ist der Knoblauch, der vor allem unsere Blutgefäße schützt, indem er die Fließeigenschaften des Blutes verbessert und die Blutfettwerte senkt und so einer Arteriosklerose vorbeugt. Der regelmäßige Genuss beugt auch Darminfektionen und Pilzen vor. In geringerem Maße gilt das auch für die übrigen Lauchgewächse wie Zwiebel und Gemüselauch (Porree).

Mehrere Gemüsepflanzen wie Rettich, Sellerie und Kohl waren nicht nur in der Küche, sondern auch in der Heilkunde zu finden. Rettichsaft wurde schon von Hildegard von Bingen bei Husten empfohlen, heute wissen wir, dass sein Senföl auch das Immunsystem stärkt. Sellerie gehörte zu den sehr beliebten Arzneimitteln. Er galt vor allem als Mittel zur inneren Reinigung über die Harnwege, obwohl seine harntreibende Wirkung nur schwach ist. Für den modernen Menschen ist er jedoch ein ideales Nahrungsmittel, weil er viele Ballaststoffe besitzt und wenig Kalorien.

Kohl wurde bereits bei den Griechen und Römern als ein ganz besonderes Arznei- und Lebensmittel hoch geschätzt. Man kannte bereits verschiedene Sorten. Kohlblätter dienten als Verband bei Wunden und Geschwüren. Noch heute gelten Kohlblätter bei Geschwüren als bewährtes Hausmittel. Kohl hilft tatsächlich gegen Entzündungen und beugt anormalem Zellwachstum vor. Die Kohlarten stellen auch eine sinnvolle Ernährung bei erhöhten Cholesterinwerten und Bluthochdruck dar, weil sie wenig Fett, dafür viele Ballaststoffe und gefäßschützende Antioxidantien besitzen. Am gesündesten sind übrigens Grünkohl und Rosenkohl.

Gegen die Blähungen, die leider manche Kohlsorten verursachen, hilft vor allem wieder der Kümmel. Nicht gegen alles ist ein Kraut gewachsen, deshalb spielte in der mittelalterlichen Heilkunde die Vorbeugung, die Erhaltung der Gesundheit eine sehr große Rolle. Die Schriften zur Gesundheitslehre (Regimen sanitatis) waren fast ebenso zahlreich, wie die Werke zur eigentlichen Therapie. Das richtige Verhältnis von Arbeit und Erholung, von Wachen und Schlafen, Essen und Trinken, Nahrungsaufnahme und Ausscheidung sowie von einer gesunden Psyche waren die Hauptthemen dieser Regimina.

Aber auch bei schweren Erkrankungen können Arzneipflanzen zusätzlich zu anderen Mitteln hilfreich sein. Sogar Tumore werden heute mit Extrakten aus Pflanzen behandelt, und die Suche nach entsprechenden pflanzlichen Wirkstoffen ist im vollen Gange.

Auch die Muskatnuss war früher eher ein Arzneimittel denn ein Gewürz. Sie hilft durch ihr ätherisches Öl bei Verdauungsschwäche, Völlegefühl, Oberbauch- Galle-, Leberbeschwerden, eventuell auch bei Harnwegsinfekten und Depressionen.

Aber auch die einheimischen Gewürze sind nicht zu verachten. Salbei war in der Klostermedizin fast ein Allheilmittel:

> *„Was fürchtest du den Tod, wenn du Salbei im Garten hast",*

heißt es in einem Lehrgedicht des Hochmittelalters. Er galt sogar als Schutz vor einem Schlaganfall. Seine vielen Inhaltsstoffe wie ätherisches Öl, Gerbstoffe, Bitterstoffe und Flavonoide wirken gegen Bakterien, bestimmte Viren und helfen bei übermäßigem Schwitzen. Ähnliche Inhaltsstoffe besitzt auch der Rosmarin, der krampflösend und durchblutungsfördernd wirkt. Nach neuesten Studien kann er sogar die Leistung des Gehirns steigern, was für eine amerikanische Salbeiart ebenfalls herausgefunden wurde. Rosmarinöl wirkt sehr gut bei Fußpilz.

Zu den beiden Lippenblütlern Salbei und Rosmarin sollte der Thymian nicht vergessen werden. Das Thymol, das in seinem ätherischen Öl enthalten ist, gehört zu den stärksten natürlichen Mitteln gegen Bakterien. Bei Husten gehört Thymian zur ersten Wahl. Bei Nasennebenhöhlenentzündung wirkt eine Inhalation

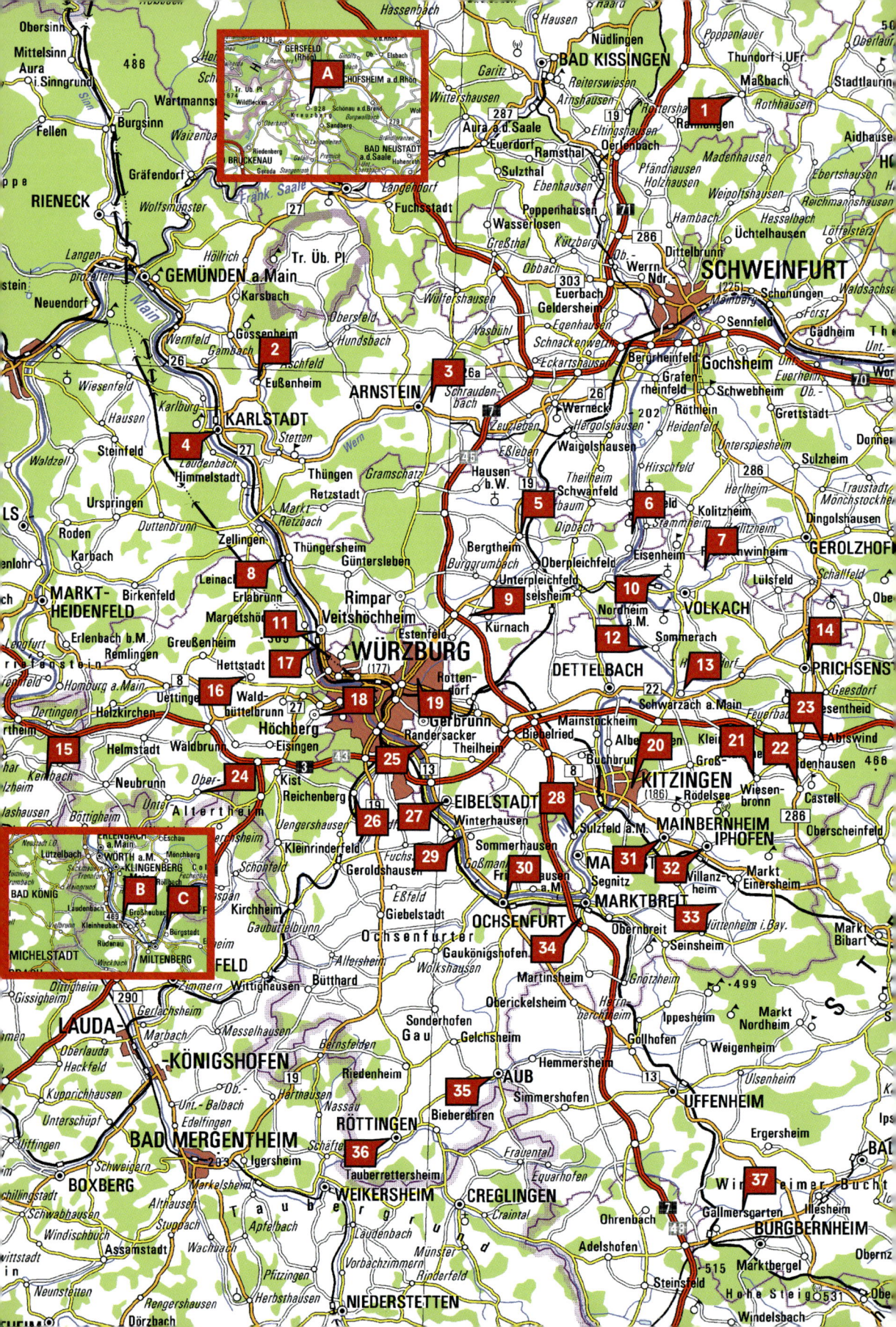

Autoren

Kerstin Böhning, Jahrgang 1967, führt seit 2001 die ‚agentur textgestalten' und hat sich auf die Kommunikationsberatung in den Bereichen Wein, Gastronomie, Gesundheit und Reise spezialisiert. Sie studierte in Bamberg Romanistik, Kommunikationswissenschaften und Psychologie. Als Bloggerin und freie Journalistin arbeitet sie für unterschiedliche Medien. Neben Franken sind die Bretagne und Südafrika ihre bevorzugten Genussziele.

Thomas Brandstetter, Jahrgang 1969, ist seit 1993 in Diensten der Main-Post, seit 1998 als festangestellter Redakteur in der Redaktion „Kultur und Journal" tätig. Er begleitet die Kabarettszene seit etwa 2002.

Dr. Heiko Braungardt, Jahrgang 1969, studierte Germanistik und Kunstgeschichte in Würzburg und arbeitet seit 1996 bei der Bayerischen Verwaltung der Staatlichen Schlösser, Gärten und Seen in Würzburg, daneben war er bis 2004 Dozent an der Handwerkskammer Würzburg für Gold- und Silberschmiede. Er promovierte in Kunstgeschichte zum Thema „Der Würzburger Goldschmied Georg Stephan Dörffer (1771-1824)".

Dr. Gabriele Brendel, Jahrgang 1958, studierte „Allgemeine Agrarwissenschaften" in Göttingen und Stuttgart-Hohenheim. Nach ihrer Promotion übernahm sie in der Rebschule Steinmann in Sommerhausen Forschungsaufgaben zur Rebenvermehrung und Rebenzüchtung. Parallel dazu hat sie sich in Marketing, Vertrieb und Fachjournalismus weitergebildet und beliefert seit vielen Jahren die Fachpresse mit Texten. Als Dozentin für Wein- und Genusskultur gibt sie ihr Wissen in vielfältiger Weise weiter.

Marion Dubler, geboren 1954, studierte in Weihenstephan Landespflege. 1999 absolvierte sie den Aufbaustudiengang Denkmalpflege in Bamberg. Seitdem ist sie freiberuflich in der Gartendenkmalpflege tätig und lehrt dieses Fach im Masterstudiengang Heritage Conservation. Ihre Leidenschaft gilt den historischen Gärten. Um die Begeisterung für die Schönheit dieser Kunstgattung zu wecken, hält sie Vorträge und veranstaltet für Gruppen sowie Individualreisende Tagestouren und Führungen in Franken.

Ursula Düring, Jahrgang 1948, arbeitete nach einem Volontariat im Würzburger Arena-Verlag in der dortigen Presseabteilung und im Lektorat. Anschließend war sie als Kinder- und Jugendbuchlektorin im Loewes-Verlag in Bayreuth zuständig für Verlagsprogramm, Autoren- und Grafikerkontakte, Werbe- und Klappentexte. In Würzburg arbeitet sie seit nunmehr 25 Jahren als freie Journalistin für Kultur, Magazin, Journal und Reise.

Johannes Engels, Jahrgang 1950, gehört zu den versiertesten Spezialisten der Flötenmusik des Barock. Er studierte in Köln Block- und Querflöte. 1978 erhielt er eine hauptamtliche Dozentenstelle am Hermann-Zilcher-Konservatorium der Stadt Würzburg. Seit der Fusion des Konservatoriums mit der Hochschule für Musik 2001 hat er dort einen Lehrauftrag für Musikwissenschaft inne. Im Februar 2004 wurde er als Kulturmanager und Leiter in den Fachbereich Kultur der Stadt Würzburg berufen.

Dr. Oliver van Essenberg, Jahrgang 1970, arbeitete als Mitbegründer eines Plattenlabels (Hyperium, Nürnberg) zunächst in der Musikbranche. Er studierte Germanistik mit Schwerpunkt Journalistik an der Universität Bamberg und promovierte 2003 in Literaturwissenschaft. Nach Tätigkeit in einer Agentur, wo er den Bereich Öffentlichkeitsarbeit verantwortete, machte er sich 2008 selbstständig und gründete 2010 den Verlag „selekt".

Joachim Fildhaut, geboren 1956, studierte Philosophie und Germanistik in Düsseldorf und ab 1979 in Würzburg. Seit 1982 ist er freiberuflicher Redakteur mit Schwerpunkt Kulturzeitschriften. Buchveröffentlichungen u. a.: „Edition Die deutschen Städte: Würzburg" (München 1996), „Würzburg. Eine kleine Stadtgeschichte" (Erfurt 2004) sowie als Herausgeber „Reise. Reise – Lektüre zum Abfahren" (Hannover1984), „Statt Blumen. Launige Gästegeschichten" (Frankfurt / Main 1987).

Otto Geisel, geboren 1960, absolvierte eine Ausbildung zum Koch in Günter Seegers Sterne-Restaurant "Hoheneck" (Schwarzwald) und besuchte anschließend die Schweizer Schule für Hotel-Management „Vieux Bois" in Genf. 2007 wurde er vom Restaurantführer Gault Millau Deutschland zum Gastronom des Jahres gewählt. Von 2006 bis 2009 war er Vorsitzender von Slow Food Deutschland. Mit seinem „Institut für Lebensmittelkultur", München, berät er DAX-Unternehmen, Spitzenrestaurants und Top-Weingüter in Deutschland, Frankreich und Italien (www.ottogeisel.de).

Dr. Markus Grimm, Jahrgang 1967, ist Schauspieler, Autor und Theologe. Er ist Träger des Würzburger Kulturförderpreises 2007 und des Sprachbewahrerpreises 2009. Vorrangig interessiert ihn die aktuelle Bedeutung historischer Ereignisse und Personen. Er organisiert Solo-Projekte und künstlerische Kooperationen. Zudem arbeitet er als Sprecher, Berater und Redakteur und hält Workshops. Buchveröffentlichung u.a.: „Balthasar Neumann – Architekt der Ewigkeit (Würzburg 2011)

Dr. Birgit Jauernig, Jahrgang 1958, studierte in Würzburg Volkskunde, Geschichte und Kunstgeschichte. Ihr erster Forschungsschwerpunkt Handwerksgeschichte führte sie in das Flößermuseum Unterrodach, das sie neu konzipierte. Es folgten Publikationen über die Geschichte der Flößerei und die Lebenserinnerungen der Frankenwaldflößer sowie zu zahlreichen weiteren kulturhistorischen Themen. Seit 1999 ist sie Leiterin des Bauernmuseums Bamberger Land und Trachtenberaterin für den Bezirk Oberfranken.

Dr. Hermann Kolesch, geboren 1954, studierte Agrarwissenschaften in Gießen und absolvierte eine Ausbildung zum Winzer. 1985 trat er in den Bayer. Staatsdienst ein. 1990 übernahm er die Leitung des Sachgebiets Weinbau an der Regierung von Unterfranken. Er arbeitete maßgeblich am Weintourismuskonzept „Franken – Wein.Schöner.Land." und an der Nachhaltigkeitsstrategie für die Fränkische Weinwirtschaft mit. Seit 2010 leitet er die neu strukturierte Abteilung Weinbau an der Bayerischen Landesanstalt für Weinbau und Gartenbau Veitshöchheim.

Rudolf Knoll, Jahrgang 1947, schreibt seit mehr als 30 Jahren über Wein, hauptamtlich ist er seit 1984 Redakteur des europäischen Weinmagazins Vinum. Daneben arbeitet Knoll regelmäßig für Fachmagazine, betreut einen Weinführer für Rheinhessen und verantwortet für den Wein Gault Millau das Anbaugebiet Franken. Der Autor hat eine Reihe von Wein-Publizistikpreisen gesammelt, darunter einen für einen TV-Beitrag über die „neuen" Anbaugebiete im deutschen Osten, die er als erster westdeutscher Weinjournalist bereits 1984 bereiste.

Georg Lang, Jahrgang 1948, begann nach dem Abitur ein ausschweifendes „studium generale" und widmete sich daneben dem Brotstudium Architektur/Stadt- und Regionalplanung in München und Berlin. Seine Berufstätigkeit führte ihn nach Berlin, Lörrach (Südbaden) und Bamberg. Seit 2004 ist er Sympathisant der internationalen Slow Food-Bewegung.

Dr. Jürgen Lenssen, geboren 1947, studierte katholische Theologie, Volkskunde und Kunstgeschichte in Würzburg und Münster. 1971 empfing er die Priesterweihe in Osnabrück. Nach dem Einsatz als Gemeindeseelsorger und Promotion in Liturgiewissenschaft ist er seit 1989 Bau- und Kunstreferent der Diözese Würzburg, seit 1991 auch Domkapitular. Er veröffentlichte diverse Beiträge zu Liturgie, Kirchenbau und Kunst. Seine künstlerische Tätigkeit umfasst liturgische Entwürfe für Kirchenräume sowie Paramente und Malerei.

Dr. Johannes Gottfried Mayer, geboren 1953, studierte Germanistik, Geschichte, Politikwissenschaft und Philosophie an der Universität Würzburg und promovierte an der katholischen Universität Eichstätt. Seit 2009 leitet er die Forschergruppe Klostermedizin. Vom Autor liegen über 100 wissenschaftliche und populärwissenschaftliche Publikationen vor. Er arbeitet an vielen Fernseh- und Rundfunkprogrammen mit (ZDF Terra-X, SWR/WDR ‚Planet Wissen', BR Sprechstunde, Magazin Gesundheit, Faszination Wissen).

Markus Mergenthaler, Jahrgang 1973, arbeitete zunächst als Schreiner und Restaurator sowie als Bürokaufmann und studierte anschließend in Würzburg und Wien Volkskunde, Geschichte, Ägyptologie, später Außereuropäische Ethnologie. Seit 2000 ist er leitender Direktor des Knauf-Museums Iphofen. Er beschäftigt sich seit Jahren als Sammler und Forscher mit dem Bocksbeutel. Zu diesem Thema wurden einige Ausstellungen in Franken von ihm organisiert und bearbeitet.

Roman Rausch, Jahrgang 1961, arbeitete nach dem Studium der BWL elf Jahre in Unternehmen und Medien als Marketing Manager. Mitte der 1990er Jahre krempelte er sein Leben vollständig um und wurde freischaffender Autor. Er lebt in Würzburg und Berlin. Buchveröffentlichungen u.a.: seit 2003 Kriminalserie um Kilian & Heinlein, seit 2006 Kriminalserie um Balthasar Levy, seit 2009 historische Romane (alle Bücher erschienen im Rowohlt Verlag, Hamburg).

Prof. Klaus Reder, geboren 1958, studierte Volkskunde, historische Hilfswissenschaften, Vor- und Frühgeschichte und fränkische Kirchengeschichte in Würzburg. Seit 1999 ist er Kulturdirektor und Leiter der Abteilung Kulturarbeit und Heimatpflege des Bezirks Unterfranken, Würzburg. Er arbeitet als Honorarprofessor für Europäische Ethnologie/Volkskunde an der Universität Würzburg.

Andreas Reuß, geboren 1954, studierte in Regensburg und Würzburg Katholische Theologie und Germanistik für das Lehramt an Gymnasien. Seit 1977 schreibt und fotografiert er für Zeitungen und Zeitschriften, seit 1990 entstanden – meist zusammen mit Stefan Fröhling – 18 Bücher bzw. Buchbeiträge. 2008 wurde Reuß Mitglied der Fraktion der Grünen im Bamberger Stadtrat.

Hans Steidle, Jahrgang 1951, studierte in Würzburg und Bamberg die Fächer Geschichte, Deutsch und Sozialkunde auf Lehramt und arbeitet als Lehrer an einem Würzburger Gymnasium. Er veröffentlichte mehrere Bücher und Aufsätze, unter anderem zur Geschichte und Kulturgeschichte Würzburgs, zum Dichter Leonhard Frank und zur jüdischen Geschichte in Würzburg. Seit 2009 ist er zudem als Stadtheimatpfleger in Würzburg tätig.

Dr. Peter A. Süß, geboren 1960, studierte Geschichte, Kunstgeschichte, Volkskunde, Philosophie sowie Anglistik und Romanistik an der Würzburger Universität und wurde mit einer Arbeit zur Geschichte der Universität Würzburg promoviert. Über viele Jahre war er als Lehrbeauftragter am Institut für Geschichte der Universität und am Fachbereich Allgemeinwissenschaften der Fachhochschule Würzburg–Schweinfurt tätig. Daneben wirkt er im Bereich des Kulturmanagement sowie als Referent, Seminarleiter und Führer in Würzburg und Franken, aber auch bei Studienreisen im Ausland. Seine publizistische Tätigkeit ist umfangreich.

Gerd Sych, geboren 1959, studierte Wirtschaftswissenschaft in Nürnberg und arbeitet seit 1986 an der Kaufmännischen Berufsschule Würzburg. Seit 2009 ist er Sprecher des Slow Food Conviviums Hohenlohe-Tauber-Mainfranken.

Impressum

Konzept, Redaktion, Porträttexte
Dr. Oliver van Essenberg

Mitarbeit (Porträttexte der Seiten)
Kerstin Böhning (102-105, 246)
Joachim Fildhaut (222-223)
Rudolf Knoll (54-57)
Dr. Claudia Lichte (182-183)
Mozartfest-Team (216-217)
Gisela Plettau (110)
Dr. Wolfgang Schneider (185-187)
Christoph Thein (241)
Werner Tiltz (208-209)
Silke Türck (120-121)

Bildbearbeitung
ADM Service, Bamberg

Fotografen
Eva Hagen / ADM Service (EH)
Josef Hagen / ADM Service (JH)
Michael Schinharl (MS)
Wolf-Dietrich Weissbach (WW)

Layout und Grafik
Stephan Drescher / globaldigital.de

Druck
DZA Druckerei zu Altenburg GmbH

Verlag
selekt
Untere Königstr. 19
96052 Bamberg
Tel. 0951 / 2975923
www.selekt.org
info@selekt.org

Bildnachweise
Seite, Fotograf / Copyright, Platzierung:

4-5: WW, 8-9: WW, 10: Joachim Fildhaut, 12-13: Andreas Bestle, 14-15: JH, 16-18: Hendrik Haase, 19: Jochen Tratz (o.), Fischzucht Gerstner (li.), JH (u.), 20: JH, 21: JH (o., m.), Ökokiste (u.), 22-23: JH, 24: Holger Riegel (li.), Schmelz-Fotodesign (m.), EH (r.), 25: Schmelz-Fotodesign, 26: Hans-H. Huss / Eichelschwein GmbH, 27: wikimedia / Jean Colombe (o.), Hans-H. Huss (u.) 28: JH (l.), Friedbert Bauer (r.), 29: JH (o.), Friedbert Bauer (u.), 30: JH, 31: wikimedia / böhringer friedrich (o.), Main-Post/Schwarzott (u.), 32: Vier Türme Verlag, 33-34: EH, 35: Weingut Bürgerspital, 36: Stadtarchiv Würzburg (o.), JH (u.), 37: Stadtarchiv Würzburg, 38-39: Weingut Bürgerspital, 40: JH, 41: Juliusspital (m., u.r.), JH (u.l.), 42: A. Bollinger, 43: Hetzfelder Flößerzunft, 44: A. Bollinger, 45: JH, 46-47: Katrin Heyer (o.), Staatl. Hofkeller (m., u.), 48-49: Weingut am Stein, 50: JH, 51-53: Markus Mergenthaler, 54: Trias/Mangold-Conzept, 55: Bayer. Landesanstalt für Weinbau und Gartenbau, Veitshöchheim (o.), Trias/Mangold-Conzept (Steine), 56: Trias/Mangold-Conzept, 57: Trias/Mangold-Conzept (o.), JH (u.), 58-60: JH, 61: EH, 62: Tillmann Grütz / Copyright: Bayer. Landesanstalt für Weinbau und Gartenbau, Veitshöchheim (li.), Weingut Castell (r.), 63: Weingut Castell, 64-65: Winzer Sommerach, 66: Robert Brembeck, 67: JH, 68-69: JH, 70-71: istockphoto / ansonsaw, 72: JH, 73: EH, 74: Katrin Heyer, 75: Weingut am Stein (o.), 76: Dieter Leistner / Copyright: Bayer. Landesanstalt für Weinbau und Gartenbau, Veitshöchheim (o.), proform / Jutta Burrlein (u.), 77: Dieter Leistner (o.), Verein Würzburger Festwirte (u.), 78-81: JH, 82-83: EH, 84: JH, 85: MS, 86: Wiener Botschaft, 87: JH, 88-89: Freihof, 90: Pater Stanislaus (o.), JH (u.), 91: JH, Pater Stanislaus (m.r.), 92-93: JH, 94: Fraassworx / Kai Fraass, 95: JH (o.), Fraassworx, 96: JH, 97-98: Restaurant Philipp, 99: Michael Philipp, 100: Bürgerspital Weinstuben (o.), EH (u.), 101: Bürgerspital Weinstuben (o.), JH (u.), 102: Stachel, 103: Stachel, JH (u.), 104: JH, 105: Respondek Fotografie, Rothenburg/Tauber (o.,u.), JH (m.), 106: MS, 107: JH, 108: EH, 110: Bianca Göß, 111: Vinothek Tiepolo, 112-113: Holger Riegel, istockphoto / ariusz (r.u.), 114: JH, 115: JH (o.), Schwanfelder (u.), 116-117: JH, 118: EH, 119: Café Centrale, 120: EH, 121: Andreas Riedel, 122-123: JH, 124-125: EH, 126: JH, 127: Barbara Hutten, 128-129: JH, 130-133: Dieter Leistner, 134: Gerhard Hagen, 135: Gerhard Hagen, JH (o.r.), 136: Diana Pfriem (o.), EH (u.), 137: Gerhard Hagen (o.), Diana Pfriem (u.), 138: EH, 139: Bayerische Schlösserverwaltung, München, 140: Andreas Bestle, 141: EH, 142: Andreas Bestle, 143: EH, 144-145: Andreas Bestle, 146: EH, 147: Peter Hellmund, 148-149: EH, 150-151: corollifex gifts & history, 152: WW, 153: EH, 154: cees (o.l.), EH (u.l.), marie-bibi (r.), 155: Wolfgang Maschke (l.), EH (m.), JH (r.o.), Herr Pfeffer (r.u.), 156: Thilo Wolf (o.l.), EH (u.l.), Inken Weise (m.), Odeeh (r.), 157: EH, 158: MS, 159: JH, Anne Boenisch (r.), 160-161: DRYKORN, 163: Bayerische Schlösserverwaltung, München, 164-165: www.advertising-trading.com, EH (Porträt), 166: Sven Paustian (l.), Knud Dobberke (r.), 167: Knud Dobberke (l.o., r.m.), EH (r.u.), Sven Paustian (l.u., l.m.), Rudi Scharf (r.o.), 168-169: Eva Maisch Schmuck, 170-171: JH, 172: JH, 173: JH (o.), Ingrid Reifenscheid-Eckert (u.), 174: JH (l.), wikimedia / Rainer Lippert, 175: JH (o.), Stadt Röttingen (u.), 176-177: JH, 179: EH, 182: Ulrich Kneise (l.), Schnell und Steiner (r.), 183: von der Mülbe (l.), Ulrich Kneise (r.), 184: JH, 185-189: Kunstreferat der Diözese Würzburg / Thomas Obermeier, 190-191: Knauf-Museum, 192: EH, 193: MS, 194-197: WW, 198-203: EH, 204: Familie Lenz, 205: EH, 206: Familie Lenz, 207: Werbestudio S-G Udo Schmidt, Würzburg (o.), EH (u.), 208: JH, 209: Renate Jung, 210: Falk von Traubenberg, 211: Umsonst & Draußen, 212: Hafensommer Würzburg, 213: Helmut Ölschlegel, 214: Andreas Bestle, 215: JH, 216-217: Oliver Lang, 218-219: WW, 220: Brückner&Brückner (o.), Bockshorn (u.), 221: Andreas Bestle (o.), 222-223: JH, 224-225: Katrin Heyer, 226: www.pelzig.de, 227: Thomas Brandstetter (o.), Gerald Kasten (u.), 228: Frank Eidel, 229: Inka Meyer, 230-235: EH, 236: die eine... agentur für gestaltung / Nico Manger, 237: Casablanca (o.), Chris Taube, Berlin (r., l.u.), 238-240: Angelika Relin, 241: Fränkisches Theater Schloss Maßbach, 242-245: JH, 246: Raum 5, 247: Ars Musica (o.), EH (u.), 248: EH, Ars Musica (o.r.), 249: EH, 250: EH, 251: Nationalbibliothek Kopenhagen, 252: JH, 253: Nationalbibliothek Kopenhagen, 254-256: Forum Botanische Kunst, 257-259: JH, 260-261: Luftfotografie Gerhard Launer / WFL GmbH, 262-263: CTW Stadt Würzburg, 264-265: Landesamt für Vermessung und Geoinformation, 266-269: die Autoren.